GÜNTHER JAKOBS

Studien zum fahrlässigen Erfolgsdelikt

Günther Jakobs

Studien zum fahrlässigen Erfolgsdelikt

Berlin 1972

WALTER DE GRUYTER · BERLIN · NEW YORK

Als Habilitationsschrift gedruckt mit Unterstützung der Deutschen Forschungsgemeinschaft.

ISBN 3 1100 3889 7

VORWORT

Die vorliegende Arbeit wurde im Dezember 1970 abgeschlossen und hat der Rechts- und Staatswissenschaftlichen Fakultät der Universität Bonn im Wintersemester 1970/71 und Sommersemester 1971 als Habilitationsschrift vorgelegen. Herr Prof. Dr. Dr. h. c. Hans Welzel hat das Thema angeregt und zudem das Entstehen der Arbeit mit großem Verständnis gefördert; hierfür danke ich ihm herzlich. Mein Dank gilt ferner Herrn Dr. Fritz Loos für vielfache Anregungen, die ich in zahlreichen Diskussionen mit ihm gewonnen habe. Auch danke ich der Deutschen Forschungsgemeinschaft, die durch ein Habilitandenstipendium die Anfertigung der Schrift bedeutend erleichtert hat.

Die nach Abschluß der Arbeit bis April 1971 erschienene Literatur konnte noch eingearbeitet werden. Bei dem Lehrbuch von *Stratenwerth* zum Allgemeinen Teil des Strafrechts wäre jedoch durch bloße Hinweise in Text oder Anmerkungen nicht mit der erforderlichen Deutlichkeit herauszustellen gewesen, daß sich die von *Stratenwerth* entwickelte Fahrlässigkeitslösung mit der von mir entworfenen in den entscheidenden Teilen deckt. Die Übereinstimmung soll deshalb an dieser Stelle kurz vermerkt werden.

Stratenwerth führt aus, wie bei den Unterlassungsdelikten „das Gebot . . . überhaupt nur dahin gehen kann, das Mögliche zu tun", müsse auch bei der Fahrlässigkeit der Tatbestand durch die individuellen Fähigkeiten des Täters konkretisiert werden (Rdn. 1165). Dies ist nicht nur als systematische Parallele zwischen Unterlassung und Fahrlässigkeit zu verstehen, sondern als Konsequenz aus einem Verhaltensbegriff, nach dem bei „handlungsmäßig nicht beherrschten Geschehensabläufe(n) . . ., sollen sie strafrechtlich relevant sein, . . . zumindest die Möglichkeit bestanden haben (muß), sie durch finales Handeln zu beeinflussen" (Rdn. 151). Freilich würde ich potentielle Finalität und Vermeidbarkeit nicht gleichsetzen (vgl. Anm. 40 zum 4. Kapitel und Abschnitt VIII des 5. Kapitels), an der Übereinstimmung mit dem Ansatz *Stratenwerths*, daß die Norm nie mehr verlangen kann, als der Täter leisten kann, ändert das jedoch nichts. Auch daß *Stratenwerth* bei der Beschreibung fahrlässigen Verhaltens von Sorgfalts*geboten* (Rdn. 158, 1154) oder Sorgfalts*pflichten* (Rdn. 1167, 1219) spricht, was ich aus normlogischen Gründen vermeiden möchte (vgl. Abschnitt VI des 5. Kapitels), deute ich als nur terminologische Differenz, zumal *Stratenwerth* klarstellt, daß „die Eigenschaft, eine ‚Pflicht' (nämlich ein Verbot oder Gebot) zu verletzen, . . . die fahrlässige Handlung mit jedem tatbestandsmäßigen Verhalten" teilt (Rdn. 1228), eine Sonderpflicht *neben* der Pflicht, etwas zu tun oder zu lassen, also nicht begründet werden soll. Auf einige weitere Punkte verweise ich in den Fußnoten.

Insgesamt sehe ich in der Übereinstimmung der Ergebnisse ein Indiz dafür, daß die Loslösung der Zurechnungssystematik von Systematisierungsaspekten eines anderen Bereichs, etwa der Rechtfertigungsgründe (auch hierzu *Stratenwerth*, Rdn. 1165, 440), methodisch nicht so fernliegt, wie es bei Betrachtung meines — der gewohnten Lehre widersprechenden — Entwurfs vielleicht scheinen mag.

Bonn/Bochum, Dezember 1971

G. Jakobs

INHALT

1. Kapitel

NORMZWECK UND NORMINHALT

I. Norm und Motivation

Das Strafrecht ist ein System von Sätzen, das nicht um seiner selbst willen, sondern zu dem Zweck aufgestellt wird, zur Vermeidung bestimmter Erfolge beizutragen und, falls das mißlingt oder unter noch zu konkretisierenden Umständen hätte mißlingen können, zu strafen. Ob die Strafe ihrerseits zur Vermeidung der bestimmten oder anderer bestimmter Erfolge beitragen soll oder aber des — potentiellen — Mißlingens wegen verhängt wird, steht hier dahin. Jedenfalls setzt sie ein Verhalten voraus, das dem Zweck des Rechts zuwiderläuft oder hätte zuwiderlaufen können. Das System der Sätze und die Systemwidrigkeit als Voraussetzung der Strafe für die Fahrlässigkeit zu entwickeln bildet die Aufgabe dieser Arbeit.

Ein System von Sätzen kann sich nur über die Motivation in der Realität auswirken. „Alle Gesetze wenden sich an die Seelenkräfte der Menschen — davon überzeugt, daß diese allein im Stande sind, ihrer Träger praktisches Verhalten zu bestimmen und so zwischen ihnen und dem Willen des Gesetzes eine Brücke zu schlagen"[1]. Nur innerhalb der vom Strafrecht nicht geschaffenen, sondern vorgefundenen Grenzen, in denen die Motivation die bestimmten Erfolge vermeiden kann, kann also der Zweck des Systems erreicht werden[2]. Zwar folgt hieraus nicht, daß die Sätze des Systems die Gesetze der Motivation respektieren müßten[3]. Vielmehr kann

---

[1] *Binding*, Normen, II 1, S. 5.

[2] Zwar folgt „die grundsätzliche Wertentscheidung", also der Zweck des Systems, „der sachlogischen Einsicht nicht nach, sondern geht ihr vorauf" (*Stratenwerth*, Natur der Sache, S. 20). Dieser Primat betrifft jedoch nur die *Auswahl* der rechtlich relevanten Sachzusammenhänge. Deren vom Recht isolierte Strukturierung, heiße sie Finalität oder Bezweckbarkeit oder Risikoerhöhung, wird bei der Bezugnahme vom Recht gerade vorausgesetzt. Wenn *Roxin* also meint, finale Tötung müsse stets tatbestandlich relevante Tötung sein (Honig-Festschrift, S. 148 f.), so bezieht auch er sich auf die rechtlich nur *ausgewählten* Sachverhalte. Selbst der Oberbegriff der „personalen Zurechenbarkeit" (*Roxin*, Radbruch-Gedächtnisschrift, S. 264) gewinnt nur durch Bezug auf eine Person, d. h. ein Subjekt mit vorrechtlich gegebenen Eigenschaften und Verhaltensmöglichkeiten, Konturen.

[3] Daß der Zweck, die Motivation zu bestimmen, auf den Inhalt der Norm nicht zwingend zurückwirkt, aber zurückwirken kann, hat *Engisch* mehrfach herausge-

das System, ohne an Wirksamkeit zu verlieren, einen weiteren Umfang haben, als durch die Macht der Motivation abgesteckt wird, jedoch ist jeder Schritt über die durch die Motivation gesteckten Grenzen hinaus zwecklos. Jenseits dieser Grenzen gibt es eine passiv-ästhetische Betrachtung und Bewertung des Weltverlaufs, die aber weder zur Vermeidung eines Erfolges noch zur Verhängung einer Strafe führt und deshalb bei allem wissenschaftlichen Reiz, den die Zwecklosigkeit ausübt, strafrechtlich nicht interessiert[4]. Die hier zu leistende Explikation des Systems wird also von vornherein durch dessen Zweck eingeschränkt.

Wodurch wird aber die Macht der Motivation begrenzt? Durch die realiter vorhandenen Motive und ihre Stärke ebenso wie durch den Umfang des Intellekts, das Geschick und die physischen Kräfte. Die Vermeidung eines hinreichend bedingten Erfolges bleibt beim Fehlen eines Motivs zur Erfolgsvermeidung in gleicher Weise aus, wie sie bei fehlender intellektueller Fähigkeit zur Erfolgsvoraussicht und bei fehlender physischer Fähigkeit zur Erfolgsabwendung ausbleibt. Daß das Recht gerade gebildet wird, um als Motiv zur Erfolgsvermeidung zu wirken, räumt den Motiven im Rahmen der Komponenten, die die Vermeidungssteuerung ausmachen, keine Sonderstellung ein: Wirkt das Recht nicht als Motiv, so ist es zur Erfolgsvermeidung ebenso nutzlos, wie es bei nicht hinreichenden intellektuellen oder physischen Fähigkeiten nutzlos ist. Die tatsächliche Bereitschaft zur Übernahme des einzelnen Rechtssatzes als Motiv kann vom Rechtssatz selbst nicht hergestellt werden.

Nun kann allerdings die Bereitschaft zur Normbefolgung schon deshalb nicht Norminhalt oder Normvoraussetzung werden, weil bei (fehlender) Bereitschaft zur Normbefolgung die Norm bereits als vorhanden vorausgesetzt wird[5]. Neben dieses formale, normlogische Argument tritt ein materiales: Der Rechtssatz beschreibt nicht das reale menschliche Verhalten, sondern schreibt es vor, d. h. er gibt ein Modell rechtlich richtigen Verhaltens. In diesem Modell müssen Verhaltensteile, die rechtlich falsch sind, zwangsläufig fehlen. Es ist zwar auch eine Frage des jeweiligen anthropologischen Bildes und des Rechtszwecks, was als möglicherweise rechtlich richtig oder falsch gilt. Hält man z. B. selbst unvermeidbare Denkfehler für rechtliche Fehler[6], konkretisiert sich die Verhaltensvorschrift nur durch absolut richtige Denkvorgänge, etwa in bezug auf die Voraussehbarkeit von

---

stellt (Mon. Schr. Krim. Biol., 1932, S. 420 ff., 424; Unrechtstatbestand, S. 422). *Engisch* erhofft allerdings von der motivationsunabhängig gestalteten Norm „mehr Kraft und Strenge" (Mon. Schr. Krim. Biol., 1932, S. 425; ebenso *Deutsch*, Fahrlässigkeit, S. 421) als von der Norm, die ein „Spiel von Motivationen" berücksichtigt (Unrechtstatbestand, S. 423). Jenseits des motivatorisch Möglichen wandelt sich jedoch die Macht der Norm *zwingend* in machtlose Deklaration.

[4] Zum repressiven Schutz s. u. S. 16 ff.

[5] Hierzu s. u. S. 11 f.

[6] Zu dieser überwundenen Lehre von der sog. Verstandesschuld — in Wahrheit eine Lehre vom Verstandesunrecht — vgl. *Exner*, Fahrlässigkeit, S. 95 ff.

Folgen des Verhaltens. Nun gibt es jedoch Verhaltensteile, die sich vom Recht nicht beeinflussen lassen, deren Erklärung als rechtlich fehlerhaft also stets nutzlose Deklaration bleibt. Soll das Recht zur Vermeidung bestimmter Erfolge beitragen, kann es sich solche Deklarationen sparen, wie auch die Sanktionierung einer zweckhaften Norm, mag die Sanktion der Schuld wegen oder zur Prävention verhängt werden, nicht an irgendwelche rechtlichen Fehler, sondern nur an rechtlich beeinflußbare Fehlvorgänge anknüpfen kann. Der beeinflußbare Bereich ist aber einzig die Motivation.

Wenn der Zweck des Strafrechtssystems erfüllt werden soll, müssen für das System Sätze ausgewählt werden, die nach Inhalt und Form über die Motivation wirken können. Geben die Sätze eine Regel für die Motivation nicht schon unmittelbar, so muß sich doch zumindest eine solche aus ihnen ableiten lassen, sollen sie nicht für den Zweck der Erfolgsvermeidung untauglich sein. Sie müssen also besagen, daß ein bestimmtes Verhalten oder ein Verhalten mit einem bestimmten Erfolg richtig oder falsch ist, während deren Ausbleiben falsch oder richtig ist; denn das Richtige und das Falsche sind die Orientierungspunkte der Motivation[7], soweit sich diese überhaupt bewußt vollzieht. Mit dieser Formulierung wird keine Neuerung gegenüber der üblichen Bezeichnung des Norminhaltes als „Sollen" beansprucht[8], sie dient vielmehr nur einer Klarstellung. Auch werden durch die Berücksichtigung des Motivationsvorgangs der Rechtssatz und sein Zweck nicht vermischt, sondern aus dem Stoff eines wie auch immer gearteten „reinen" Rechtssatzes wird das zweckvoll Brauchbare ausgesondert und unter Zweckgesichtspunkten inhaltlich ausgefüllt[9,10]. „Richtig" und „falsch" werden hier-

---

[7] Ebenso auf die „Richtigkeit" abstellend: *Larenz*, Methodenlehre, S. 78.

[8] *Klug* hat die logische Umformbarkeit von Sollens-, Dürfens- und Verbotssätzen dargetan (Logik und Logikkalkül, S. 115 ff., 117 ff.) und daraus geschlossen, der Begriff der Norm sei als rechtstheoretischer Grundbegriff nur dann brauchbar, wenn er als Oberbegriff alle drei Satzarten umfasse (aaO., S. 119, 125). Die Rechtsnorm ist aber nur definierbar, sofern sie gegen einen rechtsneutralen Horizont, d. h. einen nicht aus Rechtsnormen bestehenden Bereich, abgegrenzt werden kann. Die Begriffe (z. B.:) „verboten" oder „erlaubt" besagen nur etwas als Abgrenzung eines geregelten von einem ungeregelten Bereich. *Klugs* Umformung beruht auf der Koplementarität (z. B.:) des Verbotenen mit dem Gedurften (vgl. die Definitionen aaO., S. 118). Das Fehlen von verbietenden Rechtsregeln läßt bei diesem Verständnis den Satz zu, daß eine Erlaubnis besteht, und umgekehrt. Das sind aber nur insoweit rechtliche Aussagen, als es Aussagen über das *Fehlen* von verbietendem oder erlaubendem Recht sind. Das Recht kann total als Verbots- oder Gewährungsmaterie definiert werden, nicht aber als beides für denselben sachlichen Bereich.

[9] *Kelsen* hat freilich die Relevanz des Zweckgedankens für die Rechtswissenschaft als normative Disziplin bestritten. „Die an sich gewiß unleugbare Tatsache, daß Normsetzung zu bestimmten Zwecken geschieht, unter dem Zweckgesetze steht, m. a. W.: teleologischer Natur ist, kann in keiner Weise präjudiziell sein für die Natur der auf der Norm beruhenden Begriffe, aus der Norm abgeleiteten Korrelarien. . . . Die Eliminierung des Zweckmomentes aus der juristischen Begriffsbil-

bei als objektive Beurteilungen verstanden, über deren Berechtigung dogmatisch nichts ausgemacht werden kann. Wie über die Richtigkeit etwa der Regeln des Schachspiels oder der Betriebsanleitung einer Maschine jenseits

---

dung läßt die Rechtsbegriffe als formale Kategorien bestehen" (Hauptprobleme, S. 91 f.). Die jeden Zweckes bare Norm wird natürlich auch nicht an der Funktionsweise der Motivation ausgerichtet: „Die Norm kann prinzipiell alles fordern . . ." (Hauptprobleme, S. 72). Es soll hier nicht bestritten werden, daß die Konkretisierung der Norm aus Zweckgesichtspunkten, also aus einem juristisch extrasystematischen Bereich, der Sache nach Rechtssetzung ist. Wer aber nicht bereit ist, um den Preis der Reinheit die *praktische* Nutzlosigkeit des Normverständnisses und der Norminterpretation in Kauf zu nehmen, wird einen zweckhaften Normbegriff und Norm*inhalte* ermitteln müssen, worin eine Gefahr für die wissenschaftliche Exaktheit so lange nicht liegt, wie die vorausgesetzten Zwecke benannt und als vorausgesetzt bezeichnet werden. Selbst die rein normative, formale Problematik ist nur unter einem Zweckgesichtspunkt als dem Systematisierungskriterium von Interesse und bestimmbar. Nicht erst die Berücksichtigung des Motivationsumfanges, sondern schon die Explikation des Sollens als Behauptung der Richtigkeit — statt (etwa) als bedingtes Gebieten oder Erlauben eines Zwangsaktes (*Kelsen,* Reine Rechtslehre, S. 26, 124) oder als autoritatives Wollen — ist nur unter Zweckgesichtspunkten möglich; auch *Kelsens* Sollensverständnis als die Verknüpfungsform eines Zwangsaktes mit seiner Bedingung bleibt ohne den leitenden Gesichtspunkt, einen logischen Konnex des staatsinternen Verhaltens herzustellen, sowohl in seiner Beschränkung auf das Gesolltsein der Sanktion als auch in seiner Erweiterung auf Ermächtigung und Erlaubnis (Reine Rechtslehre, S. 26, 124) unverständlich. Selbst unter Verzicht auf die Teilnahme an dem Optimismus bezüglich der rechtswissenschaftlichen Möglichkeiten, der in *Fechners* Verdikt über *Kelsens* Rechtslehre als einer „scientifistisch verengende(n) Ideologie" liegt (Ideologie und Rechtspositivismus, S. 106), erscheint die von *Kelsen* gegebene Lösung des Sollensproblems verengt, da sie die Variabilität der Sollensfunktionen zugunsten *einer* Funktion übergeht. Weniger funktional und mehr wertbezogen formuliert: „Es gibt so vielfältige Arten der Rede vom Sollen, als es verschiedene Arten von Werthaltungen . . . gibt" (*Husserl,* Logische Untersuchungen, I, S. 42). Eine zweckapriorische, reine Sollenslehre, die Lehre eines Sollens-an-sich, kann mangels jeglichen Orientierungspunktes nicht gegeben werden. *Kelsens* Evidenzargument, der Unterschied zwischen Sein und Sollen sei dem „Bewußtsein unmittelbar gegeben" (Reine Rechtslehre, S. 5), trifft nicht Sein-an-sich und Sollen-an-sich (wem wären diese unmittelbar im Bewußtsein gegeben?), sondern die Differenz zwischen Seinsweisen und Sollensweisen, wie sie nur in einzelnen Konkreta unmittelbar gegeben ist. So bleibt auch *Cossios* Aussage, die Verbindung, die das Verbum Sollen ausdrücke, mache die Normativität aus, leer, so daß die „totale eidetische Adäquation" „zwischen der Normativität als Begriff und dem kopulativen Sollen" (Öst. Z. f. öff. Recht, 1948, S. 353) mangels eines Erkenntnisgegenstandes nichts besagt.

[10] Auch *Nowakowski* schießt mit der Formulierung: „Die Gründe der Effektivität sind aber nicht in der Struktur des Rechtssatzes zu suchen" (ZStW 63, S. 292), über das von ihm angesteuerte Ziel, die Trennung der Normativität von der tatsächlichen Geltung, hinaus; denn ein Satz, der nicht zumindest seiner Struktur nach effektiv sein *kann,* gehört nicht zu dem normativen System, dessen sich der Gesetzgeber zur Erreichung bestimmter Ziele bedient. Die Struktur des Rechtssatzes muß dessen Effektivität zumindest ermöglichen.

der intrasystematischen Folgerichtigkeit nur von einem Metasystem aus geurteilt werden kann, so ist auch die Richtigkeit der Sätze des Strafrechts *im System* fraglos. Kein System kann seine eigene Geltung verankern oder lösen. „Jeder Satz in der Form einer Norm ... tritt mit der Prätention auf, ein (gültiger) Rechtssatz zu sein; aber dieser Satz selbst kann nicht darüber entscheiden, ob er dies wirklich ist"[11]. Der Sinn der Sollenssätze hängt von ihrer Wahrheit nicht ab[12].

Die Kennzeichnung der Beurteilung als objektiv löst also für die intrasystematische Betrachtung den Rechtssatz von den Modalitäten seiner Entstehung. Damit setzt sich die Lösung zu der imperativistischen Deutung des Rechtssatzes als Wollenskundgabe, also als notwendig subjektbezogene Aussage, in Widerspruch. Wenn *K. Wolff* behauptet: „Sollen im technischen Sinn ist der sprachliche Ausdruck entweder für eine Zusinnbarkeit[13] oder für eine Richtigkeit"[14], so ist dies freilich zunächst eine Frage der Terminologie; man kann (zusinnbar) Gewolltes und (behauptet) objektiv Richtiges unter einen Begriff fassen. Dabei bliebe jedoch ungeklärt, ob mit dem Gewolltsein das sollensbegründende Moment eines Imperativs überhaupt erfaßt ist. *Kelsen* hat schon in den „Hauptproblemen" die Unbrauchbarkeit eines imperativistisch geformten und nur als Willenskundgabe verstandenen Rechtssatzes in einer Kritik unter Zweckgesichtspunkten dargetan: „... das bloße Bewußtsein, daß ein anderer etwas will, ist durchaus nicht geeignet, motivierend auf den eigenen Willen zu wirken. Soll der eigene Wille mit dem fremden in Übereinstimmung gebracht werden, dann muß zu der Vorstellung des fremden Willens die Vorstellung eines eigenen Interesses hinzutreten ..."[15]. Soll also ein Imperativ überhaupt funktionieren, so muß er jenseits der Kundgabe vom Faktum eines Willens etwas enthalten, das den (Befehls-)Empfänger zu allererst in die Lage versetzt, sich kraft dessen Gültigkeit zu motivieren[16]; m. a. W.: „Niemand soll bloß dar-

---

[11] Armin *Kaufmann*, Bindings Normentheorie, S. 63.

[12] *E. Husserl*, Logische Untersuchungen, I, S. 43 f.

[13] Die „Zusinnbarkeit" steht hierbei dem „Gewolltsein" gleich, wobei Gewolltsein nicht als psychisches Faktum, sondern als erschließbare Bedeutung zu verstehen ist; *K. Wolff*, Grundlehre, S. 10.

[14] Grundlehre, S. 24.

[15] Hauptprobleme, S. 202 f.

[16] Allerdings meint *Hare*, handlungslenkende Richtlinien müßten imperativische Form haben (The Language of Morals, S. 171 f.); ein „pure statement of fact" sei als Richtlinie ungeeignet (aaO., S. 29). Imperativisch geformte Sätze könnten aber nie „be valid drawn from a set of premises, which does not contain at least one imperative" (aaO., S. 28). Bei der Umwandlung einer Richtigkeitsbehauptung in einen Imperativ stecke der Imperativ in der Umwandlungsregel: „handle richtig" (aaO., S. 48). Handlungsrichtlinien seien deswegen auch nicht auf nicht-imperativisch geformte Werturteile reduzierbar (aaO., S. 49; ebenso: *Tammelo*, ARSP 1963, S. 273). *Hares* Ansatz, es sei Funktion der Norm, auf die Frage, „was soll ich tun?", zu antworten (aaO., S. 29), ist richtig; daß die Antwort imperativisch geformt sein müsse, ist falsch: Die Frage zielt auf Nennung eines Handlungsziels

um, weil ein anderer will"[17], sondern nur, weil das vom anderen Gewollte richtig ist, und zwar deshalb richtig, weil der Imperativ nur die Kundgabe oder Wiederholung des (behauptet) objektiv Richtigen ist oder aber ein objektiv richtiger Blankettsatz des Inhalts behauptet wird, imperativistische Äußerungen bestimmter Stellen seien als objektiv richtig zu behandeln[18]. Der Zweck einer Willensbestimmung kann also nur erreicht werden, wenn der Imperativ ein objektiv gültiges System des Richtigen und Falschen behauptet, und sei es beschränkt auf die Ausrichtung des Richtigen und Falschen nach der Willkür des Wollenden. Der Imperativ kann das Sollen nicht erzeugen, sondern nur bestimmen, um welches System des Richtigen und Falschen es aktuell geht[19]. Nicht der Imperativ als Willenskundgabe[19a],

oder Handlungsmusters, und diese können in einem Imperativ gezeigt werden, sind aber nicht selbst Imperative, sondern Aussagesätze, in denen die indiskutable Richtigkeit einer Handlung bewiesen, zumindest aber behauptet wird. *Hares* Einwand, solche Urteile seien beschreibend, nicht aber „evaluating (i. e. really seeking to guide conduct)" (aaO., S. 147), übersieht, daß die Wirkung einer Norm davon abhängt, ob das Handlungsmuster vom Individuum als richtig übernommen wird. Diese Übernahme kann nur auf Grund einer Einordnung in das autonome Wertgefüge erfolgen, nie aber auf Grund des Befohlen-Seins, es sei, das Befohlene werde als richtig, also gerade transformiert übernommen.

[17] Felix *Kaufmann*, Logik, S. 71.

[18] *Amselek* will die „idée mystérieuse" des Sollens durch den Modellbegriff ersetzen: „Précisément, une proposition constitue une norme à partir du moment où j'assigne à ce qu'elle signifie, la fonction de modèle" (Méthode Phénoménologique, S. 81, 76). Jedoch ist das Modell nur „prescriptif" (aaO., S. 72 f.), wenn es vom nur möglichen Seinsentwurf zum „instrument d'évaluation" (aaO., S. 81) durchstößt, d. h. als das *richtige* Modell behauptet wird. Ohne (behauptete) Richtigkeit bleibt das Modell ohnmächtig.

[19] *Olivecrona* faßt das Gesetz als freistehenden, d. h. nicht auf persönlichen Beziehungen aufbauenden Imperativ auf (Der Imperativ, S. 26, 28). Zweck des Befehls ist nicht, den Willen eines Sprechers kundzutun, sondern die „gegebene Handlungsbereitschaft in einer bestimmten Richtung sozusagen auszulösen" (aaO., S. 21). Daß vor dem psychischen Akt der Auslösung eine objektive Richtigkeitsbehauptung stehen muß, hat *Olivecrona* gesehen (aaO., S. 28), ohne diese jedoch als Teilstück des Imperativs zu erkennen und ihre formale Eigenständigkeit gegenüber der Auslösung des psychischen Prozesses herauszuarbeiten. Vielmehr meint *Olivecrona* für ein Normverständnis als einer reinen Richtigkeitsbehauptung, „it would be impossible to understand how any legal order could exist" (Law as Fact, S. 126). Die von *Olivecrona* herausgestellten „forces of suggestion" (Law as Fact, S. 126) setzen jedoch als Elemente der tatsächlichen Geltungschance der Norm diese voraus. Auch zeigt *Olivecrona* nicht, wie der Imperativ trotz seiner Nutzlosigkeit im Falle seiner Mißachtung (vgl. Imperativ, S. 32) die *durchgängige* Form des Gesetzes sein soll.

[19a] *Engisch* führt zum Imperativ aus: „ . . . die verbotene Tötung ist auch eine mißbilligte Tötung, aber sie ist noch mehr, da der Befehlende die Nichttötung will und deshalb durch seine autoritative Anrede bemüht ist, sie zu verhüten" (Mon. Schr. Krim. Biol., 1932, S. 423 f.; vgl. ferner Unrechtstatbestand, S. 414; Einführung, S. 22). Jedoch vermögen Wille und Autorität in der Motivation per se nichts.

sondern als Behauptung objektiver Richtigkeit begründet ein (behauptetes) Sollen: die imperativische Form ist also überflüssig[20,21,22]. Gerade „psychologisch" kann nicht „der Rechtssatz . . . als persönlicher Imperativ wirken"[23]; vielmehr bleibt das Problem der Normativität für die Imperativentheorie „vorthematisch"[24]. Bei der o. a. Aufteilung des Sollens in eine Richtigkeitsbehauptung und eine Zusinnbarkeit durch *K. Wolff* handelt es sich also weder um „verschiedene Erklärungen des gleichen Sollens", noch um „zweierlei ‚Sollen' mit verschiedener Bedeutung"[25], sondern um eine Erklärung eines Sollens, scil. der Behauptung objektiver Richtigkeit, wobei allerdings das imperativentheoretische Beiwerk die Einheitlichkeit verschleiert.

Da die Behauptung objektiver Richtigkeit sich zur Lenkung der Motivation eignet, liegt es nahe, von einer Bestimmungsnorm[25a] oder einer Be-

---

Erst die Transformation zur Beurteilung als richtig oder falsch eröffnet den Bereich für eine möglicherweise motivierende Wirkung. Natürlich vermag ein drohendes Verdikt autoritativer Stellen die — notgedrungen — billigende Übernahme einer Richtigkeitsbehauptung zu fördern. Die Autorität des die Norm Erlassenden braucht sich hierzu aber nicht in der Norm niederzuschlagen.

[20] Felix *Kaufmann*, Logik, S. 74.

[21] Deshalb trifft *Kelsens* spätere Trennung von Rechtsnormen als „Befehlen, Imperativen" (Reine Rechtslehre, S. 73), die Werte „konstituieren" (aa.O., S. 17), und Rechtssätzen bloß deskriptiven Charakters (aaO., S. 83) insoweit zu, als die Norm festlegt, um welches Wertsystem es nach dem Willen des Normgebers *tatsächlich* geht; „konstituieren" kann dieses Wertsystem der *Wille* des Befehlenden jedoch nicht, so wahr kein Sollen aus einem Sein folgt.

[22] Daß „die Imperativentheorie als Konstruktionsversuch logisch möglich" bleibe (Uwe *Krüger*, Adressat, S. 59), wird für das Imperativische an der *Konstruktion* hier bestritten, abgesehen davon, daß der *Versuch* der Konstruktion kein Problem der Logik, sondern der Geschichte ist: *Krügers* Substantiierung, die „stattliche Reihe hervorragender Rechtswissenschaftler" könne bezüglich des Adressatenproblems „sich nicht jahrzehntelang mit einem Scheinproblem abgegeben" haben (aaO., S. 43), läßt denn auch die Verwechslung von Logik und Geschichte deutlich werden.

[23] Wie jedoch *Nowakowski*, ZStW 63, S. 292, meint.

[24] *Cossio*, Öst. Z. f. öff. Recht, 1948, S. 351.

[25] Im letzteren Sinne: Armin *Kaufmann*, Bindings Normentheorie, S. 51, mit dessen Schlußfolgerung jedoch die hier entwickelte Lösung übereinstimmt: „Nur für die Gültigkeit, für das Problem der Rechtsgeltung . . . , ist — gegebenenfalls, . . . — die Setzung eines ‚Befehles' durch einen bestimmten Befehlenden maßgebend, nicht aber für die Form des Urteils über den Inhalt einer Rechtsverbindlichkeit" (aaO., S. 63).

[25a] Die Frage, ob den zur Verhaltenslenkung aufgestellten Normen Werturteile vorzugehen haben (hierzu insbesondere Armin *Kaufmann*, Bindings Normentheorie, S. 69 ff.; *Esser*, Rittler-Festschr., 1946, S. 7 ff.), wird hier nicht weiter verfolgt. Selbst wenn das Recht eine Wertordnung voraussetzt und „nur um deretwillen Pflichtgebot" ist (*Esser*, aaO., S. 13), braucht die vorausgesetzte Wertordnung nicht eine *rechtliche* zu sein. Soweit das Recht als zweckvoll verwendbares Ordnungssystem verstanden wird, fällt kein *rechtliches* Urteil ohne Funktion.

stimmungsfunktion der Norm zu sprechen[26]. Sofern damit über die Kennzeichnung der Intention des Gesetzgebers hinaus prätendiert werden soll, daß die Norm mehr sei, als objektive Richtigkeitsbehauptung, liegt dies jenseits dessen, was zur Konstruktion eines juristisch brauchbaren Normbegriffs notwendig ist. Eine Normteleologie an Stelle einer Teleologie des Normsetzungsaktes sprengt die Norm als juristisch-funktionalen Begriff; denn der Gesetzgeber schafft die Norm als *Mittel* zur Vermeidung bestimmter Erfolge, so daß er an ihr juristisch auch nur die Funktionen eines Mittels legitimiert. Auch soweit die Richtigkeitsbehauptung zur Lenkung der Motivation verwendet wird, bleibt die Norm selbst völlig instrumental; das „teleologische Moment", der „Sprung in die Rechtswirklichkeit"[27], liegt einzig in der Handhabung durch den Normsetzenden oder den Normunterworfenen. Nur bei psychologisierender Betrachtung kann schon die Richtigkeitsbehauptung selbst teleologisch verstanden werden. Eine Anknüpfung an die Psyche wird bei der Deutung der Norm als Imperativ[28] ebenso deutlich (der Befehlende will und erwartet die Befolgung) wie in der objektivierteren Formulierung: „. . . jede Norm ‚will' wirken, es liegt in ihrem Wesen, nicht nur abstraktes Gedankengebilde zu bleiben, sondern befolgt zu werden"[29]. In diesen Formulierungen werden die vom Gesetzgeber beim Erlaß der Norm intendierten Zwecke der Norm selbst implantiert. Freilich wird die Norm „ausgesprochen, um das Normsubjekt damit anzusprechen"[30]. Das teleologische Moment des Aussprechens soll hier nicht bezweifelt werden. Ein teleologisches Moment der Norm folgt hieraus jedoch so wenig, wie aus dem teleologischen Moment eines Hammerschlags ein solches für den Hammer folgt.

Mit der Deutung des Rechtssatzes als einer Behauptung objektiver Richtigkeit oder Falschheit sind zugleich die Weichen für das „Adressatenproblem" gestellt. Der Rechtssatz hat so wenig einen Adressaten wie andere Richtigkeitsbehauptungen, etwa die Regeln des Schachspiels oder die Betriebsanleitung einer Maschine. Wer sich nicht daran hält, spielt falsch oder bedient eine Maschine falsch und verstößt schon deswegen nicht gegen einen an ihn adressierten Befehl, weil die genannten Systeme ohne Autorität auch nur behaupteter Art entwickelt worden sind. Alle diese Sätze beziehen sich als Aussagen, daß etwas objektiv richtig oder falsch sei, von der Form her nicht auf einen bestimmten Adressaten, sondern auf einen bestimmten Fall,

---

[26] Grundlegend hierzu in neuerer Zeit: Armin *Kaufmann*, Bindings Normentheorie, S. 75 ff. — Gemeint ist die Funktion des Rechtssatzes, den Rechtsunterworfenen zu einem Verhalten zu bestimmen, nicht aber die Bestimmung als verhaltensunabhängige Geltungsanordnung, die *Larenz* (Engisch-Festschrift, S. 154 ff.) im Anschluß an *Reinach* dem Rechtssatz als Bestimmungssatz zuschreibt.

[27] Armin *Kaufmann*, Bindings Normentheorie, S. 76.

[28] *Engisch*, Mon. Schr. Krim. Biol., 1932, S. 422 ff.; Unrechtstatbestand, S. 414 f.; *Stratenwerth*, Schw. Z. StR. 79, S. 248.

[29] Armin *Kaufmann*, Bindings Normentheorie, S. 76.

[30] Armin *Kaufmann*, aaO.

und soweit es um die Bestimmung des Falles geht, über den die Rechtssätze etwas sagen, geht allerdings das Problem des Adressaten als Teil des Normzweckproblems im Problem des Inhalts der Norm auf. Denn der Inhalt einer zweckvoll verwendbaren Richtigkeitsbehauptung kann nicht ohne Blick auf den Normunterworfenen konkretisiert werden, sofern erreicht werden soll, daß die Richtigkeitsbehauptung den durch den Zweck abgesteckten Rahmen ausfüllt, aber auch nicht übersteigt. „Ausfüllen" heißt, zur Handlungslenkung taugliche und erschöpfende Richtlinien aufstellen; „nicht übersteigen" heißt, unerfüllbare Richtlinien vermeiden.

II. Verhaltensnorm und Sanktionsnorm

Obwohl es in dieser Arbeit zur Fahrlässigkeit um die inhaltliche Bestimmung der Rechtssätze geht, soweit sie das primär erlaubte oder verbotene Verhalten und die Stellung des Rechtsunterworfenen zum Verbot als Sanktionsvoraussetzung betreffen, muß doch das Problem der Sanktionierung insoweit geklärt werden, als die Sanktion eine Bedingung spezifisch rechtlichen Sollens sein könnte. Es geht hier also nicht darum, ob im Recht zum Sollen ein Zwangsmoment additiv hinzukommt, sondern ob das rechtliche Sollen nur im Blick auf den Zwang bestimmt werden kann.

In der Bestimmung des Sollens als intrasystematisch fragloser Richtigkeit fehlt ein Bezug auf die Sanktion, obgleich diese für Strafrechtssätze typisch ist. Felix *Kaufmann* hat für die Unabhängigkeit der nicht-imperativisch verstandenen Norm von der Sanktion[31] die Begründung gegeben, die Sanktion könne nicht Konstituens der Pflicht sein, da es unmöglich sei, „das Wesen normativer Begriffe durch Seinsdaten zu erfassen"[32]. Allerdings kann auch nicht das *Gesolltsein* der Sanktion die Rechtspflicht erkennen lassen, da „kein Verhalten gegenüber einer Person sich schon durch seinen *Inhalt* als Strafe oder Exekution manifestiert"[33], das *rechtliche* an der gesollten Sanktion also gerade in Frage steht[34]. Soll ein endloser Regreß[35] des Sollens in das Sollen der Sanktion etc. vermieden werden, bleiben nur die Möglichkeiten, rein definitorisch lediglich sanktionierte Sollenssätze Rechtssätze zu

[31] Von den Imperativentheoretikern so schon *Bierling*, Prinzipien, I, S. 49 ff.; *Thon*, Rechtsnorm, S. 6 f.; *Engisch*, Einführung, S. 21 ff.; sehr zwiespältig: *Hold v. Ferneck*, Rechtswidrigkeit, I, S. 164 ff., der zwar behauptet, „nur Drohung schafft eine Pflicht" (S. 164), den Begriff der Drohung aber bis zu den „Lebensverhältnissen" als zur Normerfüllung treibender Kraft verwässert (S. 176).

[32] Kriterien, S. 73, 78.

[33] Kriterien, S. 73.

[34] Auch mit *Kelsens* Lösung, *nur* die Sanktion für gesollt zu halten (Reine Rechtslehre, S. 26, 124), ist nichts gewonnen, da das Problem der Ermittlung des *Rechts*charakters des Gesollten bei gleichem Lösungsabstand vom primären Verhalten des Rechtsunterworfenen auf das Verhalten der Staatsorgane verlagert wird; vgl. *Engisch*, Einführung, S. 20.

[35] Den Armin *Kaufmann*, Bindings Normentheorie, S. 55, aufzeigt.

nennen, also in der Sanktion ein Kennzeichen der Klasse des rechtlich zu nennenden und als rechtlich zu behandelnden Sollens zu sehen[36], oder sich damit zu begnügen, daß die rechtliche Beurteilung „*irgendwie* zum Ausdruck gelangt“[37].

Ohne eine Entscheidung der Alternative vorauszusetzen, kann die Sanktion die Qualität des Sollens schon deshalb nicht berühren, weil das rechtlich gesollte Verhalten, dessen Gegenteil eine Voraussetzung der Sanktion (oder des Gesolltseins der Sanktion) bildet, als logisches Prius[38] vor der Sanktion sich nicht nach dieser bestimmen kann. Nicht die logische Bestimmung eines sanktionslosen rechtlichen Sollens gibt Probleme auf, sondern seine Behandlung. Letztere aber ist wiederum eine Frage der Zweckmäßigkeit.

Zwar mag es der Intention des Gesetzgebers im Strafrecht entsprechen, durch die Sanktionsdrohung eine Übernahme der Richtigkeitsbehauptung des Rechtssatzes durch das normunterworfene Subjekt zu erzielen. Trotzdem bleibt die Richtigkeitsbehauptung über das Verhalten des Normunterworfenen formal und inhaltlich selbständig. Damit ist allerdings noch nicht entschieden, ob die Sanktion, insbesondere die Strafe, nicht einen Höhenmesser für die Bedeutung des Sollens bildet, so daß z. B. die Kenntnis einer Norm ohne Kenntnis der Höhe ihrer strafrechtlichen Sanktionierung oder überhaupt ohne Kenntnis ihrer Sanktionierung andere rechtliche Konsequenzen zeitigen kann als die Kenntnis der Norm nebst Sanktion. Ferner bleibt die oben genannte Möglichkeit offen, definitorisch die Klasse des rechtlichen Sollens als sanktioniertes Sollen zu erfassen, so daß die Kenntnis des Rechts die Sanktionskenntnis einschließen muß. Diese Fragen nach dem Gegenstand der strafrechtlichen Verbotskenntnis sind hier nicht weiter zu verfolgen, da das Sollen selbst jedenfalls ohne Blick auf die Sanktion als Richtigkeitsbehauptung zu fassen ist. Auch wäre es verfehlt, anzunehmen, der Gesetzgeber *könne* des möglichen psychischen Einflusses wegen die Sanktion in die Verhaltensregel einbauen, sei es als Druckmittel für die spezielle Norm, sei es über eine generelle Verbindung rechtlichen Sollens mit einer Sanktion. Mag die Sanktion noch so typisch für das Recht und zur Vermeidung bestimmter Erfolge noch so wirksam sein, so setzt diese affirmative und indizielle Wirkung der Sanktion doch die Verhaltensnorm, also die Richtigkeitsbehauptung, voraus.

---

[36] Felix *Kaufmann*, Kriterien, S. 78.

[37] Armin *Kaufmann*, Bindings Normentheorie, S. 55.

[38] Felix *Kaufmann*, Kriterien, S. 77: In der Bezeichnung als Unrechtsfolge liegt die Beurteilung dessen, worauf es folgt. Auch *Cossios* Versuch, vermittels der Konjunktion „oder“ als Verbindung der primären Forderung mit der Forderung der Sanktion „jede Anspielung auf einen Zeitablauf“ zu vermeiden (Öst. Z. f. öff. Recht, 1953, S. 66; ferner Öst. Z. f. öff. Recht, 1948, S. 474; ARSP 1952/53, S. 174 f.), kann das Bedingungsverhältnis zwischen dem Ausbleiben des primär Geforderten und dem Gesolltsein der Sanktion nicht auflösen; so zutr.: Armin *Kaufmann*, Bindings Normentheorie, S. 53.

Wie der nach diesen Kriterien zu entwickelnde Inhalt des bislang allein beschriebenen Rechtssatzes als Verhaltensnorm auch ausfallen mag, jedenfalls kann er aus logischen Gründen nur solche Momente enthalten, die nicht bereits durch ihn selbst beeinflußt sind oder ihn selbst voraussetzen. Er kann also nur solche Vorgänge für richtig oder falsch erklären, in denen er nicht selbst als bedingender Umstand vorkommt[39]. Es kann nicht schon in der Verhaltensnorm bestimmt werden, daß bei ihrer Übertretung eine Sanktion verwirkt ist. Freilich kann das Recht darauf verzichten, seine Sanktion auf die Verletzung einer Verhaltensnorm zu verhängen, und statt dessen *anläßlich* eines bestimmten Verhaltens auf Grund eines anderen Vorgangs, etwa der generellen Rechtsgesinnung, strafen. Das Problem der Sanktionierung einer Verhaltensnorm taucht dann entweder — mangels Verhaltensnorm — nicht auf oder wird, falls der Anlaß normiert ist, lediglich verschoben.

Bedeutsamere Folgen als die Teilung des Strafgesetzes in den Rechtssatz als Verhaltensnorm und als Bestimmung der Sanktionsvoraussetzungen bringt für die Auslegung eine Untersuchung des Zwecks der Sanktion. Zielt nämlich die Sanktion auf eine Bestrafung wegen schuldhaften Rechtsbruchs oder auf eine Verhinderung weiterer Rechtsbrüche und soll die Beziehung des Subjekts zur Norm für die Schuld und die Sanktionswürdigkeit (auch) maßgebend sein, so muß die reale oder potentielle psychische Beziehung des Rechtsunterworfenen zum Recht Sanktionsvoraussetzung sein können. Da auch der Rechtssatz als sanktionierte Verhaltensnorm sich nicht selbst voraussetzen kann, kann die Beziehung zum Recht nur in der Beziehung zur Verhaltensnorm liegen. Neben das System der Rechtssätze, die den Zweck des Gesetzgebers, bestimmte Erfolge zu vermeiden, für die Motivation des Rechtsunterworfenen formulieren, muß demnach ein weiteres System treten, das im Blick auf den Strafzweck formuliert wird, und erst in diesem zweiten System findet das Verhältnis des Rechtsunterworfenen zum Recht einen Platz[40].

Eine Norm, in der — konventionell gesprochen — alles Unrecht und alle Schuld oder alle sonstigen Strafvoraussetzungen konfundieren, läßt sich also nicht bilden, wenn die Beziehung des Subjekts zur Norm für Schuld oder

---

[39] *zu Dohna,* Aufbau, S. 49.

[40] Ob *Welzels* frühere Konfundierung von Rechtswidrigkeit und Schuld bei der Fahrlässigkeit (ZStW 58, S. 561 f.; AT[1], S. 80; Lehrbuch[2], S. 85) schon aufgegeben werden mußte, weil „das Recht . . . dem Handelnden . . . eine objektive Pflicht zu einer bestimmten finalen Leistung auf(erlegt)" (Lehrbuch[3], S. 95), wird später zu untersuchen sein. Hier jedoch steht schon fest, daß die von *Welzel* zum Schuldvorwurf geforderte sinnhafte Vermeidbarkeit der unrichtigen Wertvorstellungen (ZStW 58, S. 561), also die Möglichkeit der Übernahme der rechtlichen Wertentscheidung, nicht auf der Rechtssatzstufe beurteilt werden kann, deren Bewertungen übernommen werden sollen; der Schuldprüfung muß also eine rechtliche Wertung vorgelagert sein.

Prävention beachtlich sein soll; denn die Begriffe Schuld oder Präventionsbedürftigkeit knüpfen dann nicht nur an außerrechtliche Momente, sondern auch an rechtliche Wertungen an[41]. Natürlich kann man die Rechtswidrigkeit gleich der Schuld definieren, muß dann aber trotzdem ein dem Schuldurteil vorgehendes *rechtliches* Urteil anerkennen[42]. Dies übersieht insbesondere *Hold v. Ferneck*, wenn er trotz eines immensen Aufwandes an wertenden Begriffen (pflichtwidrig, rechtswidrig, normwidrig, wider ein Individualinteresse, ein Durchschnittsinteresse, einen Gemeinwillen)[43] das Recht als „Motiv im widerstrebenden Verpflichteten" ungestuft mit dem „Complex von Imperativen" identifiziert, aus dem das Recht ausschließlich bestehen soll[44] und durch den zugleich die Befolgbarkeit der Imperative geregelt werden soll[45] Freilich will sich *Hold* mit der „voraussichtlichen Möglichkeit"[46] der Befolgung durch einen Durchschnittsangehörigen der angesprochenen Gruppe[47] als Bedingung des Imperativs begnügen, hat damit jedoch nichts gewonnen; denn selbst wenn die „voraussichtliche Möglichkeit" nicht für den konkreten Imperativ, sondern modellhaft für Imperative der in Frage stehenden Art gestellt wird, verringert dieser Verweis auf die Befolgbarkeit eines Systemteils durch typisierte Gruppenangehörige den Lösungsabstand nicht, da dann für diese Personen im Modell das Problem der Bewertungsstufung bezüglich der Systemteile unverkürzt bestehen bleibt[48].

---

[41] Freilich kann man für die Schuld statt auf die Beziehung zum Recht auf die Beziehung zur Sozialschädlichkeit abstellen, und man könnte diese rechtsunabhängige Normensystem in die Verhaltensnorm aufnehmen. Gegen die Preisgabe der (potentiellen) Rechtskenntnis: *Rudolphi,* Unrechtsbewußtsein, S. 56 ff., m. Nachw.

[42] Mag die Norm also noch so subjektivistisch ausgestaltet werden, sie muß gestuft sein. Das übersieht schon *A. Merkel* (Krim. Abhandlungen, S. 43 f.; Grünhuts Z., VI, S. 383; Verbrechen und Strafe, S. 82 ff.): Die Schuld soll das an den geltenden Werturteilen gemessene kausale Verhalten sein, Zurechnung jedoch die Möglichkeit der Pflichtkenntnis voraussetzen, sich also auf eine Wertung beziehen.

[43] Rechtswidrigkeit, I, S. 378.

[44] AaO., S. 105.

[45] AaO., S. 361, 391.

[46] AaO., S. 365.

[47] AaO., S. 200.

[48] *Kohlrausch* (Irrtum, S. 23 f., 41, 53, 187) und Graf zu *Dohna* (Rechtswidrigkeit, S. 28) haben das Problem gesehen, wenngleich bei ihnen die Frage nach der Form des Rechtssatzes engstens mit dem materialen Problem der Begründung der Strafwürdigkeit verknüpft ist — was den hier leitenden Intentionen nicht widerspricht. — *Bindings* Ansatz bei der dem Strafgesetz vorgehenden Norm ist zur Lösung an sich bestens geeignet. Doch entnimmt *Binding* der Norm auch die Mißbilligung wegen Mißachtung des Appells, der erst von der Norm ausgeht (Normen, II 1, S. 134, 140; zustimmend: Armin *Kaufmann,* Bindings Normentheorie, S. 180 f. m. weiteren Nachw. zu Binding). Die Norm kann aber über die Bewertung ihrer Wertungen nicht selbst befinden. Man mag den Inhalt der „Vorwerfbarkeit" (hierzu Armin *Kaufmann,* aaO., S. 182) für etwas vorrechtlich Feststehendes halten, jedenfalls ergibt er sich nicht aus der Norm i. S. *Bindings.*

Der hier nach Zweckgesichtspunkten und normlogischen Kriterien ermittelte Befund, nach dem die Macht der Motivation die Verhaltensnorm begrenzt, jedoch das Verhältnis des Normunterworfenen zur Verhaltensnorm nicht schon in der Verhaltensnorm selbst gewertet werden kann, weist enge Berührungspunkte mit der von *Welzel* herausgestellten Trennung von (unrechtsrelevanter) Handlungssteuerung und (schuldrelevanter) Antriebssteuerung auf[49]. Allerdings sollen nicht, wie der Terminus Antriebssteuerung nahelegt, Teile des Motivationsvorgangs von der Handlung gelöst werden (auch der schuldlos Handelnde benötigt eine Antriebssteuerung); die Handlungssteuerung soll vielmehr ihren Ursprung, die Antriebssteuerung, als psychisches Faktum umfassen. Jedoch ist die Antriebssteuerung als „(Wert-) Entscheidung zugunsten der Durchführung der Handlung" zugleich „der Gegenstand des Schuldvorwurfs"[50], und da es allein um den rechtlichen Wert der Entscheidung und den rechtlichen Schuldvorwurf geht, wird die Verhaltensnorm als rechtliche Konstituierung des Richtigen und Falschen oder Werthaften und Wertwidrigen hierbei vorausgesetzt. Die Motivation wird also doppelt bewertet: als Handlungsmoment in der Verhaltensnorm und als Wertentscheidung durch den Schuldvorwurf.

III. Insbesondere: Die Pflicht zur Normerkenntnis

Der Rechtssatz als Bestimmung der Sanktionsvoraussetzungen beurteilt das Funktionieren der Verhaltensnorm als richtig, wenn die Sanktion als Folge falsch wäre — und umgekehrt. Er hat dieselbe Form wie der Rechtssatz als Verhaltensnorm, weil er Verhaltensnorm für den Richter sein muß. Allerdings mag im Einzelfall auch der Bürger aus der Bestimmung der Sanktionsvoraussetzungen Schlüsse für sein Verhalten ziehen, insbesondere wenn er meint, die Sanktion hänge von einer bestimmten Schuldform ab, etwa dem Handeln in unmittelbarer oder unmittelbar aktualisierbarer Verbotskenntnis. Freilich kennt der Rechtsunterworfene mit der Sanktion in der Regel auch das verbotene Verhalten, jedoch kann, vorweg im Nebenstrafrecht, das Wissen gegeben sein, daß für einen bestimmten Lebenskreis irgendwelche durch Sanktionen gesicherte Pflichten bestehen, während der Inhalt der Pflichten auch nicht mehr annähernd vergegenwärtigt werden kann. Soweit die Rechtsmeinung von dem Maß der Verantwortlichkeit der rechtlichen Beurteilung entspricht, fällt die Problematik einer Rückwirkung der Sanktionsvoraussetzungen auf das Verhalten nicht auf, anders in Irrtumsfällen; hier ist zu entscheiden, ob trotz der Fehlvorstellung über die Verantwortlichkeit die Sanktionsvoraussetzungen gegeben sind. Die logische Seite scheint keine Schwierigkeiten zu bieten: Die Verantwortlichkeit kann nicht ihre eigene Kenntnis voraussetzen. Fraglich bleibt jedoch, ob nicht die Intensität, mit welcher der Bürger die Verhaltensnorm verfolgen muß, ihrerseits durch eine Norm vorgeschrieben wird; wenn nämlich neben den Verhaltensnormen noch Normen zur Erkenntnis der Verhaltensnormen,

---

[49] ZStW 51, S. 718.
[50] ZStW 58, S. 504.

also zur Regelung dieser Intensität, stehen sollten, so könnte die Kenntnis dieser Hilfsnormen zu den Sanktionsvoraussetzungen zählen. Damit ergibt sich als vorrangiges Problem die Frage nach dem Vorhandensein dieser Hilfsnormen, die eine auf Normen bezogene Rechtsbeachtungspflicht begründen würden.

Funktion einer Pflicht, sich „zur Erkenntnis durchzuringen, daß Rechtssätze bestehen", die das vorgenommene Verhalten „gebieten oder verbieten", soll „die Erkenntnis der besonderen Art des Unrechts" sein, „das begangen zu werden droht"[51]. Wäre freilich die Unrechtskenntnis Endzweck, führte die auf Normen bezogene Rechtsbeachtungspflicht zum Handeln mit Unrechtsbewußtsein, statt ohne[52]. Die Unrechtskenntnis — etwa bezüglich einer *Handlung* — soll jedoch ihrerseits ermöglichen, die Handlung „dann noch rechtzeitig unterlassen zu können"[53]. Kommt es aber letztlich auf die Befolgung der Verhaltensnorm an, so kann auf die Rechtsbeachtungspflicht überhaupt verzichtet werden. Die *tatsächliche* Befolgung der Verhaltensnorm erfordert deren Kenntnis als psychisches Faktum, das durch einen normativen Bezug nicht zu ersetzen ist. Durch eine Rechtsbeachtungspflicht wird die psychische Möglichkeit einer Erkenntnis der Verhaltensnorm weder eröffnet noch erweitert. Es wird auch kein Anlaß zur Normbeachtung geboten, der über den Anlaß, den die Verhaltensnorm selbst gibt, hinausginge; denn sofern der Täter nach dem Recht fragt, bedarf es der Rechtsbeachtungspflicht nicht mehr; fragt er aber nicht, hilft auch die Rechtsbeachtungspflicht nicht weiter. *Normativ* aber wird die Verhaltensnorm selbst ohne Blick auf ihre Kenntnis bestimmt. Neben der Verhaltensnorm kann keine weitere Vorschrift für richtiges Verhalten bestehen, da sich mehr als richtige Motivation sinnvoll nicht vorschreiben läßt[54]. Die Intensität der Beachtung der Verhaltensnorm läßt sich auch außerhalb der Verhaltensnorm normativ nicht absichern, da die Intensität der Beachtung der absichernden Norm nicht ohne infiniten Regreß normativ bestimmt werden kann[55]. Die Norm beansprucht ihre Beachtung absolut; dieser Sprung ins System kann durch Normbeachtungsregeln nur verschoben werden. Eine Quantifizierung oder Mediatisierung der Normativität sprengt die Grenzen *eines* Systems. Selbst die Konstruktion eines Delikts der Rechtsmißachtung könnte nur die Rechtsbeachtung als Verhalten fordern, ohne über die Beachtung *dieser* Verhaltensnorm etwas sagen zu können.

---

[51] *Engisch*, Vorsatz und Fahrlässigkeit, S. 308.

[52] Parallel die Kritik Armin *Kaufmanns* zu der auf Tatsachen bezogenen Diligenzpflicht, ZRV 1964, S. 53. Ferner *Radbruch*, ZStW 24, S. 347 Anm. 27, der allerdings ohne Preisgabe der Diligenzpflicht präsumiert, nach der Erfüllung der Diligenzpflicht werde unterlassen: die Unterlassungspflicht wird überflüssig.

[53] *Binding*, Normen, IV, S. 499; *Engisch*, Vorsatz und Fahrlässigkeit, S. 316.

[54] Ausführlich darstellend: *Horn*, Verbotsirrtum, S. 60 ff., *Rudolphi*, Unrechtsbewußtsein, S. 196 ff.

[55] Armin *Kaufmann*, Eb. Schmidt-Festschrift, S. 330; ders., Unterlassungsdelikte, S. 145.

Auch die Verbindung des faktischen mit dem normativen Aspekt in den Sanktionsvoraussetzungen als der Beurteilung des Verhaltens zur Norm muß ohne Blick auf die Rechtsbeachtungspflicht geleistet werden: „Daß eine Pflicht nicht erfüllt worden ist, gibt nicht im mindesten einen Grund dafür ab, eine andere Pflichtwidrigkeit als vorwerfbar zu erklären"[56]. „Das Einsehen-Können . . ., nicht die Verletzung eines Einsehen-Müssens, führt zur gerechten Verurteilung"[57]. Das gilt für ein rein präventives Sanktionsverständnis gleichermaßen, solange es bei der Verhaltensnorm um die Vermeidung bestimmter Erfolge geht und ein Delikt der Rechtsmißachtung fehlt. Die Rechtsbeachtung bestimmter Intensität ist keine rechtliche Teilleistung, sondern lediglich psychische Voraussetzung des Funktionierens der Verhaltensnorm.

Normlogisch bliebe der Ausweg, die Verletzung der Rechtsbeachtungspflicht *gesondert* (positiv oder negativ) neben die Beurteilung der Verhaltensnormverletzung unter die Sanktionsvoraussetzungen zu stellen; positiv: bei Handeln in Verbotskenntnis entfiele die Sanktion — ein absurdes Ergebnis; negativ: bei Unmöglichkeit der Rechtsbeachtung entfiele die Sanktion — ein Ergebnis, das mit dem Urteil über die Befolgbarkeit der Verhaltensnorm stets zusammenfällt.

Aus diesen Darlegungen folgt allerdings nicht, die Vorstellung des Rechtsunterworfenen von den Grenzen der rechtlichen Verantwortlichkeit müsse trotz ihrer evidenten motivatorischen Relevanz rechtlich bedeutungslos bleiben. Die je spezifische Schärfe der Sanktionsvoraussetzungen, insbesondere des Schuldvorwurfs, läßt die je spezifische Bedeutung erkennen, die das Recht den Verhaltensnormen zumißt. Ein Irrtum über die generelle Bedeutung aller oder einzelner Normen oder der Normen in einer bestimmten Situation (etwa in einer dem sog. entschuldigenden Notstand nahekommenden Lage) kann vom Recht, so ihm das eine zweckmäßige Korrektur der Sanktionsvoraussetzungen erscheint, dadurch berücksichtigt werden, daß es den Stellenwert, den das Recht nach unvermeidbarer Ansicht des Rechtsunterworfenen generell oder in bestimmten Situationen beansprucht, für die

---

[56] Armin *Kaufmann*, Schmidt-Festschrift, S. 330; ders., Unterlassungsdelikte, S. 146. — Das gilt gleichermaßen, ob nun die Rechtsbeachtungspflicht aus der Verhaltensnorm für fahrlässiges Verhalten hergeleitet wird (was die auf Normen bezogene Rechtsbeachtungspflicht angeht also: aus der die Rechtsfahrlässigkeit betreffenden Norm) (*Engisch*, Vorsatz und Fahrlässigkeit, S. 338; *Binding*, Normen, IV, S. 505, der allerdings der Überleitung der Pflicht in eine psychische Notwendigkeit nahekommt, insbes. in: Schuld im deutschen Strafrecht, S. 123) oder — wie die Handlungspflicht bei unechten Unterlassungsdelikten — aus außerstrafrechtlichem Bereich (*Goldschmidt*, Notstand, S. 29) oder ob sie allgemein vorausgesetzt wird (*Engelmann*, Rechtsbeachtungspflicht, S. 167, 170 Anm. 1; *Hardwig*, ZStW 78, S. 3 f.). Weitere Nachweise bei *Engisch*, Vorsatz und Fahrlässigkeit, S. 339 Anm. 26; Armin *Kaufmann*, Unterlassungsdelikte, S. 144 Anm. 129, 130.

[57] *Binding*, Normen, IV, S. 505, der deswegen von einer sekundären Pflicht spricht; ein psychisches Vermögen ist jedoch überhaupt keine Pflicht.

Ermittlung der Grenzen der Verantwortlichkeit heranzieht. Auch die Sanktionsvoraussetzungen können natürlich nicht durch ihre eigene Kenntnis bedingt werden, jedoch kann die Beurteilung des Verhältnisses zwischen Rechtsunterworfenem und Verhaltensnorm ebensogut von der Beachtungsintensität ausgehen, die sich der Rechtsunterworfene als Minimum des zum geordneten Gemeinschaftsleben Erforderlichen unvermeidbar vorstellt, wie von dem objektiv erforderlichen Maß dieser Intensität. Die soziale Bedeutung der Stellung des Rechtsunterworfenen zur Verhaltensnorm ist quantifizierbar, und Kriterium einer Differenzierung der Quantitäten ist einzig der Sanktionszweck. Allein von ihm hängt also die Bedeutung der Vorstellung über die Grenzen der Verantwortlichkeit ab. Das gilt für die fehlerhafte Vorstellung über die Intensität der Rechtsbeachtung wie über sonstige rechtlich nicht anerkannte Gründe des Verantwortungsausschlusses gleichermaßen.

IV. Die Grenzen des Systems

Zur Klärung der dogmatischen Besonderheiten der Fahrlässigkeit muß der Inhalt zweier Stufen des Strafgesetzes beschrieben werden: des Rechtssatzes, der zur Vermeidung bestimmter Erfolge durch Wirkung auf die Motivation vom Gesetzgeber erlassen wird (Verhaltensnorm), und des Rechtssatzes, der unter dem Gesichtspunkt des Strafzwecks das Funktionieren des ersteren beurteilt (Bestimmung der Sanktionsvoraussetzungen, Sanktionsnorm). Schon jetzt wird allerdings deutlich, daß bei dieser funktionalen Auslegung des Strafgesetzes die dogmatischen Hilfsbegriffe wie „Tatbestand" und insbesondere „Rechtswidrigkeit" nur noch im Bereich dieser Systematisierungskriterien gültig definiert werden können[58]. Das axiologische Problem etwa, welche Angriffe als rechtswidrig i. S. des § 53 StGB zu beurteilen sind, kann wiederum nur aus dem Zweck der Notwehrbestimmungen ermittelt werden[59], und für die Klärung dieses Zwecks bietet weder ein Kleben am Begriff der Rechtswidrigkeit, der ohne Blick auf seine Funktion nicht bestimmt werden kann, noch ein Rückgriff auf Erkenntnisse, die aus anderen Grundgedanken entwickelt wurden, einen Ersatz[60].

Die Entscheidung, wann Notwehr zulässig ist, ist insbesondere durch eine Konkretisierung des Inhalts der Verhaltensnorm nicht zu gewinnen. Daß das Recht eine soziale Größe ist oder Recht dem Unrecht nicht zu weichen braucht, besagt so wenig, *erst* bei einer Verhaltensnormwidrigkeit wie *schon* bei einer Verhaltensnormwidrigkeit dürfe Notwehr geübt werden; denn weder versteht es sich von selbst, daß nur steuerbare Angriffe abgewendet werden dürfen, noch daß die Steuerbarkeit oder selbst die Einstellung des

---

[58] Ebenso ansetzend: *Gallas,* ZStW 67, S. 16; *Schaffstein,* MDR 1951, S. 199 f.
[59] *Gallas,* ZStW 67, S. 39 f.
[60] *Engisch,* Vorsatz und Fahrlässigkeit, S. 358; *Welzel,* Fahrlässigkeit und Verkehrsdelikte, S. 28.

Angreifenden zum Recht[61] für die Abwehr eines Angriffs durch Eingriff in die Rechte des Angreifers irrelevant sind[62]. Andererseits wird mit der Bestimmung der Notwehrvoraussetzungen nichts über den Inhalt der Verhaltensnorm ausgemacht: Deren Inhalt richtet sich allein nach dem Zweck des Strafgesetzes, zur Vermeidung bestimmter Erfolge beizutragen, also alle vermeidbaren Erfolgsherbeiführungen und nur diese zu erfassen.

Die — nicht einheitliche[63] — Funktion der Rechtswidrigkeit im Zivilrecht soll hier erst recht unerörtert bleiben.

Entsprechend richtet sich auch bei weiteren Rechtsfolgen, die nicht an volldeliktisches Verhalten anknüpfen (§ 42 b StGB, Einziehung, etc.), der Anknüpfungspunkt nach dem Zweck der Rechtsfolge, nicht aber nach dem Inhalt von Beurteilungsstadien, die nach anderen Zweckgesichtspunkten entwickelt wurden. Systematische Querverbindungen setzen verbundene Systemgesichtspunkte voraus; darüber hinaus sind sie zufällig.

Daß allerdings hierdurch die Bedeutung, die die einzelnen Stufen des mittlerweile „klassischen" Dreiteilungsschemas[64] von Tatbestand, Rechts-

---

[61] Für die Berücksichtigung von Schuld- oder Verantwortlichkeitsmängeln bei der Notwehr insbes. *Schmidhäuser*, Honig-Festschr., S. 196 f.; für die Beschränkung auf vorsätzlich-schuldhafte Angriffe: *H. Mayer*, AT, S. 204; ders., Studienbuch, S. 99; für die Beschränkung auf schuldhaftes Handeln: *Beling*, Grundzüge, S. 36; methodologisch explizierte Interpretation der Notwehrvoraussetzungen bei *Roxin*, Kriminalpolitik, S. 24 ff., m. w. Nachw.

[62] Das Maß der Konfusion um die Bedeutung der Rechtswidrigkeit zeigt die Lösung von Eike *Schmidt* zur Stellung des § 193 StGB. Bei einem Rechtfertigungsgrund sei dem Verletzten auch die actio negatoria abgeschnitten (JZ 1970, S. 8), nicht aber bei der Auslegung der Wahrnehmung berechtigter Interessen als Einhaltung der objektiven Sorgfalt (aaO., S. 11). Zwar werde auch im letzteren Fall das „Handeln nicht mit dem negativen Werturteil der Rechtswidrigkeit" belegt, jedoch bleibe die Möglichkeit der Notwehr oder der actio negatoria gegen sorgfältiges, aber verletzendes Verhalten. *Schmidt* spricht also bei § 193 StGB als Rechtfertigungsgrund von der Rechtswidrigkeit als dem Rechtszweck zuwiderlaufendem Zustand (Folge: keine Notwehr, keine actio negatoria), bei § 193 als objektiver Sorgfaltsregel jedoch von der Rechtswidrigkeit als Widerspruch gegen eine Verhaltensnorm, so daß auch bei insoweit fehlendem Widerspruch noch ein widersprechender Zustand vorliegen kann. Diese Funktionalisierung der Rechtswidrigkeit ohne systematische Konsequenzen kompliziert die Dogmatik, ohne Gewinn zu bringen. Warum soll nicht auch gegen gerechtfertigtes Verhalten, solange die Rechtfertigung nur eine Aufhebung der Verhaltensnorm bedeutet, nicht aber ein Urteil über den rechtszweckgemäßen Zustand, die actio negatoria erhoben werden können, und warum soll es nicht — schon wegen des Begriffs der Rechtfertigung nicht! — wiederum gerechtfertigt abgewehrt werden können? Funktionalisiert man die Rechtswidrigkeit und bildet Verhaltensnormen, so läßt sich gerechtfertigtes Verhalten nicht anders behandeln als objektiv sorgfältiges. Die Differenz von Tatbestandsausschluß und Rechtfertigungsgrund besteht bezüglich der Rechtswidrigkeit gerade nicht.

[63] *Deutsch*, Fahrlässigkeit, S. 273.

[64] Zu seiner Entstehung: *Welzel*, JuS 1966, S. 421 ff.

widrigkeit und Schuld für das System des gesamten Rechts haben, aufgehoben wird, ist evident. Dieser Preis muß für die Funktionalisierung dieser Begriffe gezahlt werden; denn nur die Funktionalisierung bietet einen Ausweg aus einer begrifflichen — statt sachorientierten — Systematik. Für das hier zu behandelnde Thema bedeutet dies eine Hinwendung zu einer Systematisierung unter Zurechnungsgesichtspunkten.

Das systematische Denken soll allerdings nicht preisgegeben, sondern es sollen die Systematisierungskriterien einer um so schärferen intrasystematischen Konsequenz wegen klargelegt werden. Jeder Systemteil gilt dann nur noch unter dem Aspekt, unter dem er angetreten ist. Freilich ist die Wahl des Aspektes immer zugleich Wahl der Konsequenzen.

2. Kapitel

DIE KAUSALITÄT

I. Grundlagen

Das Recht stellt Regeln zur Vermeidung von Erfolgen auf, wie etwa Tötung, Körperverletzung, Freiheitsberaubung, Sachbeschädigung. Das erste Kriterium der Vermeidbarkeit ist der (reale, vorgestellte oder — unter noch zu konkretisierenden Bedingungen — vorstellbare) Bedingungszusammenhang, in dem der Rechtsunterworfene und der Erfolg gemeinsam stehen. Die Frage, warum gerade der Bedingungszusammenhang und nicht etwa der zeitliche oder räumliche Zusammenhang einen tauglichen Ansatz für die Vermeidbarkeit liefert, scheint leicht zu beantworten: Mit der Entscheidung über die Bedingung fällt die Entscheidung über den Erfolg. Entgegen dieser originär (bezogen auf den sachlichen, nicht den historischen Ursprung) nur heuristischen Funktion bei der Frage nach der Vermeidbarkeit hat sich der Bedingungszusammenhang in der Dogmatik verselbständigt. In diesem Kapitel wird die Reduktion auf die reine Mittelfunktion versucht.

Es ist ein ausgetragenes Problem, daß nicht nur der naturwissenschaftlichen Äquivalenzursache rechtliche Bedeutung zukommt, wobei hier die Äquivalenz auf die wirkende und die verursachte *Kraft* bezogen wird: causa aequat effectum[1]. *Traeger* formuliert: „Ob jemand eine äquivalente Bedingung zu einem Erfolge setzt oder nur einen Auslöseakt vollzieht, ist in juristischer Hinsicht völlig gleichwertig. In den meisten und gerade wichtigsten Fällen stellt sich des Täters Handlung (Körperbewegung) nur als ein Auslösungsprozeß für vorhandene Energiegrößen dar"[2]. *Traeger* ist zuzustimmen; es dürfte recht wenige Fälle geben, in denen die Veränderung, welche die Rechtsgutsverletzung ausmacht, noch aus den Energiequellen der Tathandlung gespeist wird; die chemische Reaktion eines Giftes, die Kraft explodierenden Pulvers sind ebenso nur ausgelöste Vorgänge wie der Widerstand, den eine Wand dem Eingesperrten entgegensetzt, oder die Kraft, die eine vom Tisch gestoßene Vase zerschmettert.

Als Auslöseakte sind Vorgänge zu verstehen, die aktuell (Blutkreislauf eines Menschen) oder potentiell (automatische Feuerlöschanlage) wirkende Schranken eines schadenbringenden Kausalverlaufs beseitigen oder für die Freisetzung von Energie die erste Kraft liefern (Anreiben eines Streichholzes). Bloße Auslöseakte sind auch psychische Beeinflussungen (Anstiftung)[3].

---

[1] Hierzu aus der neueren Literatur eingehend: *Engisch*, Weltbild, S. 127 ff., 135.

[2] *Traeger*, Kausalbegriff, S. 30.

[3] *Traeger*, Kausalbegriff, S. 36 f.; aus der neueren Literatur: *Engisch*, Weltbild, S. 126 f.

Es dürften sich weitere Typen finden lassen; die Typenbildung ist jedoch juristisch uninteressant, da es einzig darauf ankommt, daß eine Lage, die nach den Naturgesetzen, die Regeln über psychische Vorgänge eingeschlossen, nicht zu einem bestimmten Erfolg führt, so geändert wird, daß sie zum Erfolg führt. Der Grund dieser Ausdehnung des rechtlich relevanten Bedingungszusammenhangs auf Auslöseakte ist nach dem eingangs Gesagten evident: Da nicht nur durch Bestimmung über eine Äquivalenzursache im naturwissenschaftlichen Sinn, sondern auch durch Bestimmung über bloße Auslöseakte der Erfolg bestimmt werden kann, ist dieser weite Bedingungszusammenhang notwendiger und tauglicher Anknüpfungspunkt für Regeln über die Erfolgsvermeidung.

Nun herrscht bis in die jüngste Literatur Streit darüber, inwiefern zur Ermittlung des Bedingungszusammenhanges Hypothesen oder Alternativen gebildet werden müssen und dürfen[4], ein Streit, der aufs engste mit der heuristischen Funktion des Bedingungszusammenhanges verknüpft ist, nämlich mit der Trennung von Bedingung und erfolgsrelevanter Bedingung. Wird der Bedingungszusamenhang mit Hilfe der Frage ermittelt, was ohne den zu prüfenden Umstand geschehen wäre, so können Ersatzbedingungen in den Zusammenhang eintreten; will man diese eliminieren, so muß man vorab wissen, ob es sich bei dem zu prüfenden Umstand um eine Bedingung handelt. Prüft man, was ohne Bedingung und Ersatzbedingung geschehen wäre, erfährt man nicht, welches die *Ersatz*bedingung ist. Auf diesem Weg läßt sich also die Erfolgsrelevanz einer Bedingung ermitteln, jedoch nur um den Preis einer Vermischung von entfalteten und hypothetischen Bedingungen. *Spendel*[5] hat deswegen vorgeschlagen, im hypothetischen Verlauf nur tatsächlich verwirklichte Umstände zu berücksichtigen. Abgesehen davon, daß bei dieser Einschränkung der Abbruch rettender Bedingungsreihen nicht mehr zu erfassen ist, kann ohne Wissen, welche Umstände sich gerade als Folge des hypothetisch eliminierten Faktors erweisen, der Erfolg aus dem Bedingungszusammenhang nie herausgenommen werden; m. a. W.: Eine mit Hypothesen arbeitende Formel zur Ermittlung des Bedingungszusammenhangs setzt die Kenntnis des Bedingungszusammenhangs bereits voraus[6]. Eine solche Formel kann auch nicht als Definition durchgehen[7]: das Definiendum erschiene im Definiens, die Definition wäre ein Zirkel[8].

Läßt sich also mit der Hypothesenbildung zur Ermittlung oder zur Definition der Bedingung nichts anfangen, so kann das Spezifische der Bedingung nur noch darin gefunden werden, daß sie die Folge *gesetzmäßig*

---

[4] *Rödig*, Alternative, S. 119 f.

[5] *Spendel*, Kausalitätsformel, S. 34 ff., 38.

[6] *Engisch*, Weltbild, S. 130; ders., Kausalität, S. 16.

[7] Hierzu *Engisch*, Weltbild, S. 130 Anm. 288.

[8] Ganz besonders falsch: *Seebald*, GA 1969, S. 198: „Zur Feststellung der Kausalität dient in allen Fällen die Gegenüberstellung des tatsächlichen (aktuell-realen) Kausalverlaufs und eines hypothetischen Kausalverlaufs". Wer den Kausalverlauf kennt, braucht nichts mehr gegenüberzustellen, um die Kausalität zu ermitteln.

bringt[9]. Daß die Folge folgt, also die zeitliche Sukzession, verbindet sie mit allen Antezedentien; die Antezedentien aber, auf die sie *immer* folgt, sind eben dadurch ausgezeichnet. Gegen dieses Verständnis der Bedingung ist allerdings eingewendet worden, es besage auch nur, die Folge ändere sich, wenn die Bedingung geändert werde[10]. Doch ist der Einwand verfehlt: Einmal kann die Folge unverändert bleiben, weil eine Ersatzbedingung bereitsteht; zum anderen kann, soweit eine Ersatzbedingung fehlt, zwar auf die Veränderung des Erfolges *geschlossen* werden, jedoch ist dieser Schluß nur durch *Anwendung* der Kenntnis von der Bedingung möglich.

Die Gesetze der Bedingungszusammenhänge werden gelernt, indem Sachverhalte mit Erfolgseintritt und solche ohne Erfolgseintritt auf die differierenden Momente untersucht werden. Das Wissen vom Bedingungszusammenhang setzt erlebte Alternativen voraus, wie überhaupt jede Erfahrung eine Differenz zwischen dem Erfahrenen und seiner Umgebung voraussetzt. Die Alternative trägt aber nicht schon deswegen etwas zum Begriff des Bedingungszusammenhanges bei; denn sie ist inhaltlich beliebig, nur darf sie nicht auch den zu prüfenden Bedingungszusammenhang enthalten, und schon diese negative Begrenzung setzt den Bedingungszusammenhang voraus.

Der Bedingungszusammenhang als die gesetzmäßige Verknüpfung von Bedingung und Folge erfaßt auch den Abbruch rettender Verläufe[11]. Ein

---

[9] *Engisch*, Kausalität, S. 21; *Jescheck*, Lehrbuch, S. 191, m. w. Nachweisen; *E. A. Wolff*, Kausalität, S. 14 f.

[10] *Rödig*, Alternative, S. 119.

[11] *Engisch*, Kausalität, S. 27 f., mit dem Zusatz, in diesen Fällen lasse sich die Hypothese, daß die rettende Bedingung sonst gewirkt hätte, also ein Irrealis, nicht vermeiden (aaO., S. 27 Anm. 6). Jedoch ist der Abbruch rettender Verläufe nicht deswegen Bedingung, weil der Erfolg sonst nicht eingetreten wäre, sondern der Erfolg konnte nur eintreten, weil — in einer Lage, in der rettende Verläufe gegeben waren — der Abbruch gesetzmäßiges Antezedens war. Die Gesetzmäßigkeit wird durch Erfahrung von alternativen Fällen gelernt. Das Ergebnis ist jedoch frei von Hypothesen. Hiermit dürften *E. A. Wolffs* Bedenken gegen den Bedingungscharakter eines Abbruchs rettender Verläufe (Kausalität, S. 18 und dort Anm. 24) entfallen. — *Kahrs*, Vermeidbarkeitsprinzip, S. 22, argumentiert, der Zusammenhang beim Abbruch rettender Verläufe sei nicht naturgesetzlich. Das ist insoweit richtig, als man den naturgesetzlichen Konnex auf Bedingungen beschränkt, die dem Satz „causa aequat effectum" genügen. (Aber auch bei letzteren hängt es vom Stand der Erkenntnis ab, ob die causa die Schranken eines Effektes beseitigt oder den Impuls zum Effekt tradiert.) Die „logische" Bedingung (*Engisch*, Kausalität, S. 31) umfaßt jedenfalls jede naturwissenschaftliche. *Kahrs'* Argument, es könne „eine Kausalbeziehung zwischen der Hinderung eines rettungswilligen Helfers und dem Erfolg keinen anderen Inhalt haben als denjenigen, der für die Unterlassung des nicht rettungswilligen Helfers in Betracht kommt" (Vermeidbarkeitsprinzip, S. 31), ist verfehlt: Daß rettende Verläufe abgebrochen werden, ist gesetzmäßige Voraussetzung eines ansonsten *nicht* hinreichend bedingten Erfolgseintritts; daß rettende Verläufe fehlen, besagt hingegen nur, daß der Erfolgseintritt hinreichend bedingt ist; vgl. u. S. 23 f.

Beispiel: Daß eine auf schiefer Ebene festgehaltene Kugel sich bewegt, wenn sie losgelassen wird, ist ein ebenso gesetzmäßiger Vorgang wie derjenige, daß eine auf ebener Fläche ruhende Kugel sich bewegt, wenn sie angestoßen wird. Nicht erforderlich ist, daß die Hemmung des Verlaufs zum Erfolg bereits aktuell „wirkt"[12]; denn auch die Beseitigung einer nur zukünftig wirkenden Hemmung ist gesetzmäßige Voraussetzung des Erfolgseintritts: Immer wenn eine Hemmung beseitigt wird, die dem ansonsten hinreichend bedingten Erfolg entgegensteht, tritt der Erfolg ein.

Die so verstandene Bedingung besagt nichts über ein „propter hoc"[13], sondern über die Gesetzmäßigkeit eines „post hoc". Hieraus ist geschlossen worden, daß auch Unterlassungen Bedingungen eines Erfolges sein könnten, und weil diese Frage, wie noch zu zeigen sein wird, mit der rechtlich nur heuristischen Bedeutung des Bedingungszusammenhanges verknüpft ist, sei hierauf eingegangen. *Engisch* formuliert vom Standpunkt der conditio-sine-qua-non-Formel aus: „Das Verhalten, das weggedacht werden muß, ist beim positiven Tun ein ganz bestimmter, konkreter Energieeinsatz, es ist beim Unterlassen die Negation eines solchen; denke ich diese letztere Negation weg, so gelange ich nach dem Grundsatz ‚duplex negatio est affirmatio' zur hinzugedachten Handlung, die also vollkommen sinnidentisch ist mit der weggedachten Unterlassung"[14]. Sofern jedoch von der Unterlassung einer erfolgshindernden Handlung oder allgemein vom Fehlen eines erfolgshindernden Energieeinsatzes die Rede ist, liegt die alleinige Ursächlichkeit dessen, was gehindert werden kann, schon im Vorgriff: Nur die Beschränkung *hinreichender* Bedingungen eines Erfolges ist für dessen Ausbleiben relevant (Bedingung als conditio sine qua non) und nur bei Beschränkung *hinreichender* Ursachen bleibt gerade auf die Beschränkung hin der Erfolg gesetzmäßig aus (Bedingung als gesetzmäßige Verknüpfung). Das Fehlen von Hindernissen ist in der Behauptung, ein Erfolg sei bedingt, mitbehauptet und kann nicht *weitere* Bedingung *neben* den hinreichenden Bedingungen sein[15]. Also ist das Fehlen eines Umstandes, soweit es um sein Fehlen geht und nicht um die alternativ gesetzte Hypothese, der Umstand sei gegeben, für die Folge ohne Bedeutung: „. . . ein nicht stattgehabtes Ereignis, d. h. ein ‚nichts',

---

[12] So *Kelsen*, Hauptprobleme, S. 120 in Anm. 2 aus S. 119.

[13] Auch das naturwissenschaftliche Denken erschöpft heute selbst bei der Äquivalenzursache (also z. B. bei der „Übertragung" eines mechanischen Impulses) seine Forschungen im — in Grenzwerten berechenbaren — post hoc; vgl. *Hennemann*, Z. f. phil. Forschung 1968, S. 378; *Engisch*, Weltbild, S. 116 f., m. w. Nachweisen; kritisch gegen diese Beschränkung: *Heyde*, Entwertung, S. 40 ff. — Die Probleme der Anwendung naturwissenschaftlicher Hypothesen über ein Modell auf die historische Wirklichkeit bleiben hier außer Betracht.

[14] Mon. Schr. Krim. Biol. 1939, S. 426; ebenso in Kausalität, S. 31, und Weltbild, S. 135; ferner Armin *Kaufmann*, Unterlassungsdelikte, S. 60, m. w. Nachweisen; vgl. aber *Kaufmanns* Spezifizierung aaO., S. 61 f. — Hiergegen *Traeger*, Kausalbegriff, S. 61 ff., *Kelsen*, Hauptprobleme, S. 119 Anm. 2.

[15] Das übersieht auch Felix *Kaufmann*, Strafrechtsschuld, S. 83.

kann nicht zu den Faktoren gerechnet werden, die den Erfolg . . . herbeigeführt haben"[16]. Ex nihilo nihil fit.

Der Bedingungszusammenhang einer Unterlassung betrifft die Hypothese, es sei — statt unterlassen — eine erfolgsvermeidende Bedingung gesetzt worden, bezieht sich also auf den Erfolg, der in der Hypothese statt des realiter eingetretenen Erfolges eintritt. *Engischs* Einwand, bei der conditio-sine-qua-non-Formel werde auch bei der Begehung der Bedingungszusammenhang mit einer Hypothese ermittelt[17], übersieht — von den *Engisch* freilich bekannten konstitutionellen Schwächen dieser Formel abgesehen —, daß in der Hypothese zur Begehung gerade der Erfolg ausbleibt, das Bedingtsein also die reale Alternative betrifft, während es bei der Unterlassung umgekehrt ist.

Zudem ist die Unterlassung keine Negation eines Energieeinsatzes im Sinne einer negativen Größe, sondern, sofern überhaupt ein zu negierender Energieeinsatz da ist, der Zustand *nach* der Negation, also das Fehlen einer Energie, nichts, und damit auch nicht wegdenkbar[18].

Allerdings ist *Rödig* zuzustimmen, wenn er ausführt, es sei lediglich „eine Frage . . . des Standpunktes, ob man anstatt von der Kausalität des Tuns von der des Unterlassens spricht"[19]. Man *kann* den Bedingungszusammenhang konsequent von einer Hypothese her bestimmen, nicht aber in *einem* System von der Realität (für die Begehung) und einer Hypothese (für die Unterlassung) zugleich[20]. „Eine Kausalfrage gibt es demnach auch bei der Unterlassung", jedoch nur im hypothetischen Bereich[21]. Das gilt für die Be-

---

[16] *Traeger*, Kausalbegriff, S. 63; hierzu auch *Hardwigs* Uhrenbeispiel (Nicht-Gespanntsein der Uhrfeder nicht causa deren Stehenbleibens), Zurechnung, S. 94.

[17] Mon. Schr. Krim. Biol. 1939, S. 427.

[18] Freilich ist es nicht aus logischen Gründen geboten, jedoch praktikabel, den Nullzustand juristischer Bedingungen parallel zum Nullzustand naturwissenschaftlicher Energieverteilung anzusetzen. Auch die Vornahme einer bestimmten Handlung könnte als Nullzustand definiert werden, so daß ihre Nichtvornahme *in diesem System* ein negativ gekennzeichnetes Etwas wäre. Das System ist dann aber nicht das bei den Begehungsdelikten zur Ermittlung des Bedingungszusammenhanges angewendete, sondern müßte ad hoc nach dem Inhalt der Norm gebildet werden, wobei zu dessen Ermittlung das bei der Begehung verwendete System (unter der Frage: welche Bedingung würde den Erfolg vermeiden) wiederum Voraussetzung wäre.

[19] *Rödig*, Alternative, S. 129.

[20] *Rödigs* These (bezogen auf die Kausalität von *Verhalten*): „S_1 ist nur dann kausal für S_2, wenn es wenigstens ein S_3 gibt, dergestalt, daß S_3 eine Unterlassung von S_1 ist" (Alternative, S. 126), operiert — wie die conditio-sine-qua-non-Formel — statt mit dem, was ist (S_1), mit der Erfolgsdifferenz des Realen (S_1) und einer alternativen Hypothese (S_3). Die Erfolgsrelevanz einer Bedingung ist zwar rechtlich bedeutsam, setzt jedoch den Bedingungszusammenhang voraus. Zur Erfolgsrelevanz s. u. S. 24 ff., 100 ff.

[21] *Traeger*, Kausalbegriff, S. 72; ebenso *Eb. Schmidt*, Arzt im Strafrecht, S. 87.

dingung als gesetzmäßige Verknüpfung wie auch für die — erstere ja voraussetzende! — Bedingung als conditio sine qua non.

II. Die Erfolgsrelevanz

Nun gibt es Fälle, in denen die Bedingung einen Erfolg bringt, der ohne diese Bedingung von einer Ersatzbedingung gebracht worden wäre. Will das Recht Erfolgsvermeidung bewirken, so ist es nutzlos, in solchen Fällen Vorschriften zu erlassen. Anderenfalls verselbständigte sich die Bedingung als das originär nur heuristische Mittel zur Steuerung des Erfolges zum Selbstzweck: Das Verbot, einen Erfolg herbeizuführen, würde zum Verbot, sich in eine Erfolgsherbeiführung einzumischen, verfälscht; an die Stelle der Erfolgsmächtigkeit eines Verhaltens träte das Unreine des Aktes. Das „juristische Bedürfnis, jemanden für einen Erfolg strafrechtlich oder zivilrechtlich verantwortlich zu machen"[22], muß vor der Unvermeidbarkeit des Erfolges kapitulieren, will das Recht nicht seine Funktion, Regeln zur Erfolgsvermeidung aufzustellen, preisgeben[23]. Zwar sind die bewirkte Kausalität, die entfaltete Bedingung als tatsächlich typische Indizien der Erfolgsrelevanz praktisch verwendbar — die hier zu behandelnden Fallgruppen sind Ausnahmen —, ohne aber die Erfolgsrelevanz stets hinreichend zu indizieren; denn nicht die Genesis eines Erfolges interessiert, sondern daß er hätte ausbleiben können[24].

Um den erfolgsrelevanten Bedingungszusammenhang festzustellen, muß über die Tatsache des Bedingens hinaus ermittelt werden, ob die gedank-

---

[22] So treffend *Engisch* zur Wurzel der conditio-sine-qua-non-Formel, Weltbild, S. 133.

[23] Das gilt auch, soweit die bereits angelegte Bedingung ihrerseits nicht in einem Naturgeschehen, sondern in einem durch einen anderen Täter beherrschbaren Verlauf besteht (a. A. *Kahrs*, Vermeidbarkeitsprinzip, S. 75 ff., 77 , 283, und die h. L., vgl. *Schmidhäuser*, Strafrecht, 8/79 f., m. w. Nachweisen). Auch hier wird der Erfolgsvermeidung nicht durch Unterlassen des Anfangs einer weiteren Bedingungsreihe gedient, sondern nur durch Hinderung der schon angelegten.

[24] Wenn nicht erfolgsrelevante Bedingungen aus dem rechtlich relevanten Bedingungszusammenhang ausfallen, ist dann gegen das Setzen solcher Bedingungen noch Notwehr möglich? Soweit mehrere kumulativ erfolgsrelevante Bedingungen durch Notwehrakte alle beseitigt werden können, sind sie in der Prognose, die zur Ermittlung der Erforderlichkeit über die Wirkungen der Notwehr anzustellen ist, auch je einzeln als potentiell zuletzt übrigbleibende Bedingungen erfolgsrelevant. Die Lage ist nicht anders als bei Differenzierung nach einer „wirkenden" und mehreren hypothetisch bleibenden Bedingungen: Darf gegen den Täter, der die „wirkende" Bedingung setzt, und die Täter, die die hypothetischen Bedingungen steuern, zugleich vorgegangen werden? Da bei der Notwehrprognose die „wirkende" Bedingung als „wirkende" ausfällt, rücken die bislang hypothetischen nach. Kann aber nur eine der kumulativ erfolgsrelevanten Bedingungen beseitigt werden, so ist die Abwehr nicht erforderlich, da sie den Erfolg nicht vermeiden hilft. Ob das Recht in dieser Lage jedoch den psychischen Drang des Angegriffenen, etwas zur Abwehr zu tun, berücksichtigt, ist eine andere Frage.

liche Alternative, daß der als Bedingung zu prüfende Umstand vorliegt oder nicht vorliegt, nach den Erfahrungssätzen von den Bedingungszusammenhängen auch eine Alternative des Erfolgseintritts bedeutet[25]. Will das Recht Regeln zur Erfolgsvermeidung aufstellen, so ist nur eine Bedingung, von deren Vorliegen oder Nichtvorliegen der Eintritt des Erfolges abhängt, geeigneter Anknüpfungspunkt, nicht aber eine Bedingung, die sich, lediglich Modalitäten des Weges verändernd oder ersetzend, in einen hinsichtlich des Erfolges unabänderlichen Verlauf einmischt.

Evident ist die Bedeutung der Erfolgsrelevanz bei dem hypothetischen Bedingungszusammenhang der Unterlassung. Wer einen schädlichen Verlauf nur dadurch hindern kann, daß er einen dem Rechtsgut gleichermaßen schädlichen neuen Verlauf initiiert, kann nur retten und schaden in einem, d. h. zur Bewahrung des Rechtsgutes nicht beitragen; er ist zur Erfolgsvermeidung unfähig.

Gleichermaßen evident ist die Bedeutung der Erfolgsrelevanz bei der Unterbrechung rettender Bedingungszusammenhänge. Wer einen Rettungsverlauf, der sowieso gescheitert wäre, inhibiert, hätte auch durch Unterlassung seiner Handlung das Rechtsgut nicht erhalten können[26].

Nun kann es unmöglich von der Art des Bedingungszusammenhanges, einmal als „Bewirken", einmal als „Unterbrechen rettender Kausalität", abhängen, ob das schlichte Bedingen Gegenstand der rechtlichen Bewertung ist

[25] Die gedankliche Alternative, das „Wegdenken" eines real vorliegenden Umstandes, ist problematisch; scheint doch dieser Eingriff in das Reale nicht möglich zu sein, ohne das Kausalprinzip und damit die Grundlage eines Nachsinnens über Bedingungszusammenhänge zu zerstören. *Rödig* (Alternative, S. 127) will dieser Schwierigkeit entgehen, indem er für die Alternative eines Verhaltens — bei *Rödig* bereits Vehikel zur Ermittlung der juristischen Kausalität — die Freiheit des Willens voraussetzt. Damit entfiele für alle determinierten Vorgänge die Möglichkeit, sie sinnvoll auf eine Erfolgsrelevanz zu prüfen. *Rödigs* Ausweg ist jedoch versperrt: Das Verhalten als psycho-physisches Faktum ist homogen kausal. Hierzu bietet die Freiheit des noumenalen Menschen keine Alternative. Die Alternative bedarf jedoch auch keiner Realitätsnähe, sie muß nicht „infrage kommen" (*Rödig*, Alternative, S. 123, 127), sie ist auch keine Hypothese über die Realität, sondern die Anwendung der *allgemeinen* Prinzipien der Realität auf irreale Konkreta. Ihr Ergebnis lautet immer, „so wäre es, wenn . . .", und dieser Wennsatz ist casus irrealis. Daß die reale Welt und diejenige der Alternative getrennt sind, hat *Rödig* ansonsten erkannt; vgl. Alternative, S. 125 und passim.

[26] Hier liegt der Einwand nahe, ein zum Scheitern verurteilter Bedingungszusammenhang sei nicht mehr „rettend", folge doch auf einen wirkungslosen Rettungsverlauf der Erfolgseintritt gesetzlich. Jedoch folgt der Erfolg auf alle Ersatzbedingungen gesetzlich, sofern noch eine „wirkende" Bedingung vorhanden ist, ohne daß die Ersatzbedingung damit zur „wirkenden" Bedingung wird. Es ist aus den konkreten Umständen eines Falles zu entscheiden, welche von mehreren potentiellen Bedingungen die anderen überspielt und sich realisiert. Dies ist diejenige, die gesetzmäßige Voraussetzung der dem Erfolg vorgehenden und auch eingetretenen Zwischenerfolge ist, die also den konkreten Verlauf bedingt. Ein Beispiel: Ein Mensch droht in einem Fluß zu ertrinken. A hält den rettungswilligen X mit

oder das erfolgsrelevante Bedingen. Soweit das Recht Mittel zu Vermeidung von Erfolgen ist, muß es stets vor erfolgsirrelevanten Bedingungen kapitulieren. Hier kann es abstrakte Gefährdungen, unreine Akte pönalisieren, nicht aber Erfolge anlasten. Das gilt für alle Formen des Bedingungszusammenhanges.

Nur beiläufig sei bemerkt, daß der Ausweg versperrt ist, mit Hilfe von Erfahrungssätzen über die Unmöglichkeit, eine gegebene Situation bis ins Detail zu wiederholen, aus der Differenz des Weges zum Erfolg auf eine — wenn auch noch so minimale — Differenz des Erfolges zu schließen: Der grobe Raster der rechtlichen Erfolgsbeschreibung kann atomistische Differenzen nicht fassen[27]. Je konkreter ein Erfolg bestimmt wird, um so zahlreicher werden seine Bedingungen; denn jede Veränderung hat ihre Gründe. Der Erfolg, „wie er sich in concreto in allen seinen Einzelheiten bis hinein ins kleinste abgespielt hat"[28], ist jedoch rechtlich bedeutungslos. Ob beim Totschlag die Sonne scheint, ob die zerstörte Vase bemalt ist, das hat mit dem rechtlichen Erfolg nichts zu tun. Der über die rechtlich relevanten Merkmale hinaus konkretisierte Erfolg ist ein Produkt der Theorie der conditio-sine-qua-non, die ihn als Vehikel benötigt, im Fall der bereitstehenden Ersatzbedingung überhaupt einen Bedingungszusammenhang konstatieren zu können. Dementsprechend wird auch nach dieser Theorie die Haftung dessen, der zum Erfolg ein Superfluum beigesteuert hat, nicht ernsthaft erwogen: Bedingungen jenseits der rechtlichen Relevanz werden stets nur als Mittel zur Konkretisierung der Bedingung für die rechtlich relevante Folge verstanden. Die Theorie von der Bedingung als gesetzmäßiger Folge kann auf den Erfolg „in allen seinen Einzelheiten" verzichten.

Gewalt zurück. Es kann festgestellt werden, daß X wegen starker Strömung, die durch Öffnen einer Schleuse hervorgerufen wurde, den Ertrinkenden nicht hätte erreichen können. Der Zwischenerfolg „Retter wird festgehalten" ist eingetreten, bedingt durch A. Der Zwischenerfolg „Retter wird abgetrieben" ist ausgeblieben; das Öffnen der Schleuse blieb also ersatzweise Bedingung.

[27] Dies ist keine Feststellung zum Bedingungszusammenhang (so aber *Traeger*, Kausalbegriff, S. 41; *M. L. Mueller*, Kausalzusammenhang, S. 12 ff.), sondern zur Erfolgsrelevanz des — vorausgesetzten — Bedingungszusammenhangs. *Tarnowski* argumentiert, es komme nicht auf den konkreten, sondern den abstrakten Erfolg nach Maß seiner rechtlichen Beschreibung an (Kausalitätstheorie, S. 38 ff.). Dieser könne durch eine „unendliche Mannigfaltigkeit von Bedingungskombinationen herbeigeführt werden" (aaO., S. 46). *Tarnowski* zielt jedoch nicht auf den Erfolg als begriffliches Abstraktum, sondern auf das sinnenfällige Ereignis, jedoch unter generalisierendem Blickwinkel (aaO., S. 46). Er abstrahiert nur von rechtlich irrelevanten Konkreta. Der solcherart bestimmte Erfolg kann zwar praktisch durch verschiedene Bedingungskombinationen herbeigeführt werden, ist jedoch immer durch eine bestimmte Kombination bedingt. *Tarnowskis* Argumentation sucht im Begriff der Bedingung deren Erfolgsrelevanz. Dasselbe gilt für *E. A. Wolffs* Lehre (Kausalität, S. 24), nur gefahrerhöhende Veränderungen eines zur Rechtsgutsverletzung führenden Prozesses seien für diese kausal.

[28] *Mezger-Blei*, Strafrecht, AT, S. 73.

Es geht also nicht darum, den juristischen Bedingungszusammenhang zu verengen[29], noch die Tatbestandsmerkmale durch Erwägungen zum Normzweck zu vermehren, sondern den Bedingungszusammenhang — freilich aus Normzweckerwägungen — als ein Merkmal zu entlarven, das nur ein — allerdings praktisch typisches — Indiz für den Normwiderspruch ist und dem Obergedanken der Erfolgsrelevanz untersteht, so daß es nur solchermaßen spezifiziert überhaupt rechtlich bedeutsam ist. Da sich die Erfolgsrelevanz in der Erfolgsdifferenz eines realen und eines hypothetischen Bedingungszusammenhanges zeigt, ist jedoch ohne den Bedingungszusammenhang als heuristisches Prinzip nicht auszukommen. Dies vorausgesetzt, mag der juristisch bedeutsame Bedingungszusammenhang sogleich in einer die Alternative umfassenden Formel ermittelt werden, ohne daß dadurch der „logische" Bedingungszusammenhang[30] beseitigt wäre: Er bleibt als Mittel unentbehrlich.

Die Differenz von Begehung und Unterlassung kann auch durch diese Lösung, die der Bedingung nur im Rahmen der Erfolgsrelevanz Bedeutung zumißt, nicht übersprungen werden[31]. Trotzdem besteht ein gemeinsamer Ansatz: Es geht bei der Begehung nicht allein um das reale Bedingen, sondern darum, daß die Alternative der Bedingung auch eine Alternative zum Erfolg bietet. Diese Alternativenverknüpfung fehlt auch bei der Unterlassung nicht, wenn auch hinsichtlich des realen und des hypothetischen Verlaufs die Vorzeichen umgekehrt sind. Ob nun aber die Alternative lautet „was bringt die Bedingung — was wäre ohne sie?" (Begehung) oder „was wird — was würde mit der Bedingung?" (Unterlassung), zählt *für die Erfolgsdifferenz* gleich viel. An der Differenz ist nicht mehr zu erkennen, ob der reale oder der hypothetische Verlauf den Erfolg bringt oder vermeidet. Der Satz *Radbruchs*[32], es stünden „Handlung und Unterlassung unverbunden nebeneinander" gilt nicht für die sich in der Bedingungsalternative zeigende Erfolgsdifferenz.

---

[29] So *Rödig,* Alternative, S. 120 ff., 125, 130. Seiner These: „Die Frage nach dem naturgesetzlichen Zusammenhang ordnet sich der Frage nach der ‚Kausalität' im juristischen Sinne lediglich als eine Teilfrage unter" (Alternative, S. 120), ist zuzustimmen, nur hängt nicht „jeder Sachverhalt, der auf irgendeinen früheren folgt, mit diesem auf naturgesetzliche Weise zusammen" (so aber *Rödig,* aaO., S. 118 f.). *Engischs* Bedingungsbegriff (Kausalität, S. 21) wählt aus den Antezedentien die gesetzmäßigen aus. In dem berühmten Beispiel, daß C und D dem A einen Stock hinhalten, A C's Stock ergreift und B verprügelt *(Engisch,* Kausalität, S. 15; *Spendel,* Kausalitätsformel, S. 31; *Welzel,* Strafrecht, S. 44, teils unwesentlich abgewandelt), ist — auch nach *Rödigs* Maximen (aaO., S. 136 ff.) — eine vollendete Tat (Beihilfe) C's immerhin diskutabel, aber doch nicht D's! C's und D's Beiträge sind jedoch unter dem Gesichtspunkt der Erfolgsrelevanz so wenig differenzierbar wie unter dem der Vorzeitigkeit.

[30] *Engisch,* Kausalität, S. 31.

[31] So aber *Rödig,* Alternative, S. 125 ff.

[32] Handlungsbegriff, S. 142.

3. Kapitel

ANTRIEB UND BEWUSSTSEIN

Das Recht kann nur wirken, soweit es die Motivation des einzelnen beeinflussen kann und soweit durch Beeinflussung der Motivation Erfolge vermieden werden können. Die Motivation muß, wenn das Recht der Erfolgsvermeidung wegen dasein soll, den Erfolg nicht nur „bewirken", sondern erfolgsrelevant bedingen, um einen Anknüpfungspunkt für die Norm zu bieten. Im Bereich des bei rechtmäßiger Motivation nicht Vermeidbaren mag es an rechtmäßiger Motivation fehlen, eine solche wäre aber zur Erfolgsvermeidung auch nicht geeignet. Der Zusammenhang zwischen Motivation und Erfolg ist eine Konkretisierung des Bedingungszusammenhanges zu demselben Zweck, zu dem der Bedingungszusammenhang den einzelnen Bürger aus dem Kreis der Rechtsunterworfenen konkretisiert: zur Ermittlung eines zweckorientierten Norminhalts. Wie der Zweck der Norm, zur Vermeidung bestimmter Erfolge beizutragen, verfehlt werden muß, wenn die Differenz zwischen einer Handlung und ihrer Unterlassung oder der Unterlassung einer bestimmten Handlung und dieser Handlung keine Erfolgsdifferenz bringt, so auch dann, wenn das Motiv zur Vermeidung eines Erfolges die Erfolgsrelevanz des Verhaltens nicht tangiert. Es geht also auch hier nicht darum, eine Norm bereits bestimmten Inhalts durch außerrechtliche Momente zu begrenzen, sondern den zur Zweckerreichung tauglichen Inhalt der Norm zu allererst zu ermitteln.

Im Strafrecht wird als das steuernde Moment, das es zu beeinflussen gilt, der Wille angesehen. Mit dem Begriff des Willens hat allerdings die Disziplin, die es angeht, nämlich die Psychologie, erhebliche Schwierigkeiten: „Lange Zeit wurde das Studium des Willens stellvertretend für das der Motivation schlechthin angesehen und behandelt. Unter dem Einfluß behavioristischen Denkens scheint der Begriff ‚Wille' dagegen oft aus ‚modernen' Darstellungen der Psychologie gestrichen worden zu sein"[1]. Nun wäre es sinnlos, ein Motivationsmodell, dem die Erkenntnisse der Psychologie widerstreiten, auf seine rechtliche Relevanz zu untersuchen. Deshalb sollen die folgenden Ausführungen — ohne jeden Anspruch auf Originalität — den Raum begrenzen, aus dem das Strafrecht nach seinen Wertungen Anknüpfungspunkte auswählen kann[2]. Das behavioristische Verdikt über introspek-

---

[1] *Thomae*, Motivation, S. 94.

[2] Einen Überblick über die psychologischen Lehren von der Verhaltensbildung gibt *Gössel*, Wertungsprobleme, S. 34 ff.

tiv gewonnene Erkenntnis ist freilich nicht verbindlich. Innere Erlebnisse sind zwar als Erlebnisse nicht verifizierbar, trotzdem jedoch jedem kommunikationsfähigen Subjekt nicht weniger evident als äußeres Geschehen. Der Bereich des hiervon intrasubjektiv plausibel Beschreibbaren — über den der Behaviorismus mangels Verifikation nichts ausmachen kann[3] — kann vom Strafrecht als Ausgangspunkt des Verhaltens berücksichtigt werden.

Antriebe, Motive werden in der Psychologie als Erlebnisse angesehen, die sich nicht unbedingt bewußt vollziehen[4]. Selbst soweit das Antriebserlebnis mit Hilfe einer Antizipation gedeutet wird[5], ist nicht *bewußte* Antizipation gemeint: „Jedes Antriebserlebnis . . . ist Antizipation, Vorgriff in die Zukunft, der freilich gar nicht in der Form einer klaren Vorstellung gegeben zu sein braucht, sondern dunkel, verschwommen, bildlos, gegenstandslos und ungestaltet erlebt werden kann . . ."[6]. Dabei kann die Richtung des Vorgriffs bis zum „weg vom Jetzt" verkümmern[7]. Immerhin werden Antriebe „erlebt", setzen also ein psychisch intaktes (wenn auch nicht notwendig „normales") Subjekt voraus und unterscheiden sich dadurch von Reflexen als „Reaktionen des Teilganzen des Organismus"[8]; juristisch bedeutsamer formuliert: Antriebe gehören zu einem Bereich, dessen Inhalte modifiziert werden können, wenn sie ins Bewußtsein gehoben werden. Reflexe können sich allenfalls begleitet vom Bewußtsein vollziehen.

Nun kann ein Verhalten bereits allein auf den so charakterisierten Antrieb folgen, also „antriebsunmittelbar", „impulsiv"[9]. Neben der Instinkthandlung sind hier vor allem die Erfahrungshandlungen zu nennen, „die Gewohnheiten aus denen heraus wir im Laufe des Alltags handeln"[10]; zu denken ist insbesondere an Reaktionen des geübten Autofahrers. Diese mit assoziativer Notwendigkeit in der Reizsituation angetriebenen Verhalten vollziehen sich unbewußt, sie haben gerade die Funktion, das Bewußtsein von Kleinarbeit zu entlasten[11]. Die Verbindung des Subjekts mit dem Geschehen beschränkt sich darauf, daß es die Antriebserlebnisse des Subjekts sind, welche die Handlung bedingen. Selbst wenn die automatisierte Hand-

---

[3] *Bergius*, Handbuch der Psychologie, 2 II, S. 821 ff., 860 f.; *Thomae*, Motivation, S. 15 f.

[4] *Lindworsky* (bei Thomae, Motivation, S. 38 f.) trennt die Verursachung seelischen Geschehens vom bewußten Wählen und beschränkt den Terminus Motiv auf letzteren Vorgang; jedoch soll das Problem tauglicher psychologischer Begriffsbildung — hierzu *Thomae*, Motivation, S. 36 — hier dahinstehen.

[5] *Lersch*, Aufbau, S. 124; *Thomae*, Motivation, S. 63 f.; ders., Handbuch der Psychologie, 2 II, S. 58 ff. m. w. Nachweisen.

[6] *Lersch*, Aufbau, S. 124.

[7] *Thomae*, Motivation, S. 65.

[8] *Lersch*, Aufbau, S. 469.

[9] *Lersch*, Aufbau, S. 481; *Wellek*, bei Thomae, Motivation, S. 156.

[10] *Lersch*, Aufbau, S. 472.

[11] *Lersch*, Aufbau, S. 471 f.

lung[12] bewußt wird, muß nicht ein weiteres Steuerungselement hinzukommen. Das Subjekt kann seine Bereitschaft zum automatisierten Verhalten und dessen Vollzug ohne Einflußnahme beobachten, gut nachvollziehbar etwa beim Wechsel der Augen vom Zeilenende zum Zeilenanfang beim Lesen dieses Textes. Auch die Erweiterung der Beobachtung zum Bewußtsein, eingreifen zu können, führt nicht über das Antriebserlebnis hinaus; es bestätigt vielmehr durch die Potentialität des Eingreifens die bis zum Eingriff gegebene Autonomie im Ablauf des Antriebs. Zu denken ist etwa an das auswendige Spielen eines sicher beherrschten Musikstücks. Jeder Musiker weiß, daß er dabei intensiv über sachfremde Probleme nachdenken kann, aber auch frei ist, zu beobachten, wie die Reproduktion „läuft". Dabei ist er sich bewußt, den Ablauf nicht nur ganz hemmen, sondern auch in Einzelheiten nuancieren zu können.

Ein höheres Maß einer Beteiligung des Subjekts an seinem Verhalten liegt vor, wenn „sich der Mensch als bewußtes, einheitliches Ichzentrum nicht pathisch getrieben und gesteuert, sondern als aktiv steuernd" erfährt *(Lersch)*[13], oder, zur Vermeidung der Spaltung in einen steuernden und einen davon erfahrenden Menschen, „wenn sich ein Mensch in klarbewußtem Erleben und mit voller innerer Zustimmung für ein bestimmtes Ziel entscheidet oder es ablehnt" *(Rohracher)*[14]. Dieser Vorgang wird in der Nachfolge von *Ach*[15] und *Lindworsky*[16] in der neueren Psychologie als „Wollen" bezeichnet[17]. Daß „bei allen Erlebnissen, die mit dem Ich zusammenhängen, die Sprache in noch höherem Maße versagt als bei Gefühlserlebnissen"[18], sollte kein Grund sein, die Beschreibung des Wollens abzulehnen. Zwar wird

---

[12] *Lersch* trennt die Erfahrungshandlung von der automatisierten Handlung (Aufbau, S. 481 f., 489 f.) und sieht in letzterer nur eine Annäherung an die Impulshandlung, hebt aber gleichzeitig hervor, daß zwischen Impulshandlung und Willenshandlung „alle möglichen Übergänge" bestehen (aaO., S. 482). Das totale Fehlen des Bewußtseins ist jedoch zumindest in einigen Fällen (Zug an der Zigarette, Zeilenwechsel beim Lesen, Verbeugung beim Gruß, kleinere Lenkkorrekturen beim Autofahren) evident.

[13] *Lersch*, Aufbau, S. 484.

[14] *Rohracher*, Einführung, S. 450.

[15] *Ach*, bei Thomae, Motivation, S. 149, 154.

[16] *Lindworsky*, bei Thomae, Motivation, S. 37 ff.

[17] *Lersch*, Aufbau, S. 434; *Rohracher*, Einführung, S. 450; *Rothacker*, Schichten, S. 15; *Thomae*, Motivation, S. 65; *Wellek*, bei Thomae, Motivation, S. 156 f. — Die in der Psychologie umstrittene Deutung des Wollens als autogenetisches oder heterogenetisches (aus Gefühlen oder Vorstellungen ableitbares) Phänomen (hierzu: *Hofstätter*, Psychologie, Stichwort „Wollen"; *Rohracher*, Einführung, S. 484 ff.; *Wellek*, bei Thomae, Motivation, S. 136 ff.; *Gössel*, Wertungsprobleme, S. 38 ff.) braucht hier nicht zu interessieren; denn auch bei einer heterogenetischen Willenstheorie ist der Wille durch die hinzutretenden Momente (er ist nicht *nur* Vorstellung und nicht *nur* Gefühl) ausgezeichnet, so daß er Anknüpfungspunkt besonderer Wertungen sein kann.

[18] *Rohracher*, Einführung, S. 449.

sich die Subjektivität irgendeines Subjekts nie in transmissible Formen fassen lassen, jedoch ist das Erlebnis der eigenen Subjektivität soldhermaßen alltäglich, daß der Inhalt eines Icherlebnisses auch ohne Möglichkeit der Verifikation hinreichend bestimmt ist. Die als Wollen bezeichnete, bewußt erlebte Zustimmung des Subjekts setzt nicht unbedingt einen „Kampf der Motive“[19] voraus[20]. Das Subjekt kann ohne Erlebnis einer Alternative die Antriebsverwirklichung bewußt und zustimmend übernehmen. Entscheidend ist, daß nicht der Antrieb unmittelbar zum Verhalten führt, sondern indem er bewußt geworden und ihm zugestimmt worden ist. Sofern Widerstände fehlen, verkümmert also der „Willensruck“ als „eine gegen Widerstände gerichtete Anspannung“[21]. Immerhin trennt auch bei der einfachen Willenshandlung der „Hiatus der Bewußtheit“[22] Antrieb und Verhalten.

Der Willensbildungsprozeß wird psychologisch problematischer, wenn das Subjekt sein Handlungsziel nicht findet, weil es einerseits ohnmächtig ist, sich vom Antrieb, den es ja als *eigenen* erlebt, zu distanzieren, andererseits aber das vom Antrieb geforderte Verhalten nicht ohne Preisgabe anderer Interessen vollzogen werden kann. Hierzu kommt es nicht nur, wenn zwei unvereinbare Antriebe schon gleichzeitig auftreten, sondern auch dann, wenn sich bei der Suche nach einem antriebskonformen Verhalten nur eine Möglichkeit bietet, die mit interessewidrigen Folgen verbunden ist. *Rohrachers* Aussage, „was für ein Entschluß schließlich zustande“ komme, hänge „von der Art und Stärke der beteiligten Triebe und Interessen ab“[22a], ist nur eine Weise des Erklärens: Die bewußte Zustimmung ist bei dieser an determinierenden Kraftvorstellungen anknüpfenden Deutung[23] nur Funktion des Antriebes, und der ganze Wollensapparat dient nur der optimalen Berechnung und Durchsetzung von Antrieben. Eine andere Weise ist die von *Lersch*, dem Wollen zwar keine eigene Strebungskraft, aber doch ein Lenkungsvermögen[24] nach dem Kommando des Ich[25] zuzugestehen. Bei dieser schichtentheoretischen Konzeption können also die Antriebe im Willen überlistet, vor den Karren der „Selbstbestimmung“ gespannt werden[26].

Bei *Rohrachers* Lösung bleibt die Entstehung des bewußten Einstimmens in ein Verhalten, also gerade das Wollen, dunkel, will man nicht eine prästabilierte Harmonie oder gar ein Kausierungsverhältnis zwischen den Antrieben und dem wollenden Subjekt behaupten. Bei *Lersch* hingegen bleibt

---

[19] Bezeichnung von *Rohracher*, Einführung, S. 460.

[20] *Lersch*, Aufbau, S. 488: einfache Willenshandlung; *Haensel*, Strukturanalyse, S. 123; auch *Rohracher* (Einführung, S. 450) hält ein Unsicherheitsstadium nicht für eine zwingende Voraussetzung des Wollens.

[21] *Lersch*, Aufbau, S. 488.

[22] *Lersch*, Aufbau, S. 489.

[22a] *Rohracher*, Einführung, S. 484.

[23] Vgl. *Rohracher*, Einführung, S. 460.

[24] Aufbau, S. 485 ff.; ebenso: *Wellek*, bei Thomae, Motivation, S. 157.

[25] Aufbau, S. 548.

[26] *Lersch*, Aufbau, S. 531.

die Frage ungelöst, woher das Wollen die Kraft zum Lenken nimmt[27] — eine spezifische Crux der Schichtentheorie. Die Schwierigkeiten gründen darin, daß bei zergliederndem Denken das einheitliche Erlebnis nur in getrennten Teilen behandelt werden kann, wodurch die Frage nach der Abhängigkeit der Teile voneinander erst aktuell wird.

Thomae hat versucht, diesem Dilemma[28] durch eine existentialistische Deutung zu entgehen, nämlich durch eine Entscheidungstheorie ohne Vorgriff auf eine das individuelle Subjekt fixierende Entscheidungsinstanz. Der Konflikt von „Motiven oder Trieben bzw. Neigungen oder Pflichten" „ist gleichbedeutend mit einer Konfiguration mehr oder minder dicht aufeinanderfolgender Entwürfe der Persönlichkeit in die . . . Zukunft hinein"[29]. Die Orientierung in die Zukunft, das prospektive Ich, enthält zugleich eine Regulation „in dem Sinne übergreifender Belange und Ziele"[30], da sie nicht an den „Aufforderungscharakter der momentanen Situation"[31] gebunden bleibt[32]. Der Entscheidungskonflikt endet, wenn die „existentielle Bedeutsamkeit der einen der beiden Möglichkeiten künftigen Handelns evident wird"[33]; mit der existentiellen Bedeutsamkeit knüpft *Thomae* an eine individuelle Leitlinie des Lebens, an einen gegebenen individuellen Lebenssinn an. Nur bei „echter Multivalenz", also bei Gleichgewichtigkeit der sich bietenden Alternativen[34], geben die Grenzen des „wachenden, kontrollierenden und normierenden prospektiven Ich"[35] keinen Halt, und es wird Platz für eine „impulsive Reaktion"[36]. Aber auch diese impulsive Reaktion kann nur „in jener Bahn, die im Grunde schon festlag, bevor die Multivalenz einsetzte", erfolgen[37]. Sie ist am „generellen Entwurf der Zukunft"[38], am

---

[27] Hierzu *Lerschs* Prismenbeispiel, Aufbau, S. 519; aber auch zur Brechung des Lichtes bedarf es einer Kraft.

[28] Vgl. die Ausführungen in: Entscheidung, S. 39.

[29] *Thomae*, Entscheidung, S. 62.

[30] AaO., S. 84.

[31] AaO., S. 84.

[32] Lenkung durch den Willen, besser: im Wollen; vgl. *Thomae*, Entscheidung, S. 84 Anm. 96.

[33] AaO., S. 88. Das heißt nicht, die Evidenz ergebe sich nach rationaler Ermittlung der Verhaltensmöglichkeiten. Selbst bei der mathematischen Entscheidungstheorie des maximalen Nutzens ist für Entscheidungen unter Unsicherheit das Entscheidungskriterium streitig (*Stegmüller*, Wissenschaftstheorie, I 3, S. 395). Beim Individuum dürfte schon die Antriebsgestaltung die Wahl des Entscheidungskriteriums beeinflussen und so den „wohl nie restlos entwirrbaren Zusammenhang zwischen dem Bereich der Strebungs- und Erkenntnisvorgänge" (*Thomae*, Entscheidung, S. 77) weiter komplizieren.

[34] *Thomae*, Entscheidung, S. 88.

[35] AaO., S. 148.

[36] AaO., S. 148.

[37] AaO., S. 148.

[38] AaO., S. 155.

„allgemeinen Sinnhintergrund“ („propulsive Sphäre“)[39] orientiert und mag diese zwar in Einzelheiten umkonturieren[40], aber ohne „radikale Richtungs- und Sinnänderung“[41].

Ist das Wollen bei *Rohracher* Funktion des Triebes und des Interesses, so bei *Thomae* — selbst nach impulsiver Konfliktslösung — des individuellen Lebenssinnes; aus diesen Grenzen gibt es hier wie dort keinen Ausbruch. Doch bleibt bei allen inhaltlichen Differenzen formale Gleichheit: *Wollen ist die* (das Ich bildende) *Identität*[42] *von Antrieb und Bewußtsein,* mag nun das Bewußtsein nur Regulativ zur optimalen Antriebssteuerung sein *(Rohracher)* oder die Antriebe nach dem individuellen Lebenssinn *(Thomae)* oder dem Kommando des Ich *(Lersch)* ordnen können.

---

[39] AaO., S. 186.

[40] AaO., S. 186.

[41] AaO., S. 264.

[42] Nicht nur Parallelität: wer z. B. weiß, daß er schwitzen wird und damit auch einverstanden ist, erbringt trotzdem keine Leistung des Ich, wenn er schwitzt.

4. Kapitel

DIE VERMEIDBARKEIT

I.) Angestrebte Folgen

Bei der Antriebssteuerung fällt dem Bewußtsein nebst dem Denkapparat bei nicht antriebsunmittelbarem Verhalten die Aufgabe zu, das zum Antriebsziel führende Verhalten zuallererst zu ermitteln. Welches Verhalten zum Antriebsziel führt, läßt sich nur durch Antizipation möglicherweise in Gang zu setzender Bedingungszusammenhänge feststellen, wobei sich dasjenige Verhalten, durch dessen Folgen das Antriebsziel realisiert wird, dann als tauglich herausstellt, wenn keine unerwünschten Nebenfolgen antizipiert werden oder der auf Nebenfolgen bezogene Vermeidungsantrieb überwunden wird. Unbekümmert um die Frage, ob der Mensch nur sein Verhalten wollen kann — wofür im Blick auf die Definition des Wollens als Identität von Antrieb und Bewußtsein einiges spricht — oder auch dessen Folgen, sind diejenigen Folgen, die Mittel zur Verwirklichung des Antriebszieles sind, dadurch ausgezeichnet, daß sowohl das äußere Verhalten in seiner Ausgestaltung als auch die Identität von konkretisiertem Verhaltensantrieb und Bewußtsein, also das inhaltlich bestimmte Wollen, Folgen ihrer Antizipation sind. Die Erfolge, um deren Verwirklichung es beim Verhalten geht, also die beabsichtigten Folgen, werden nachfolgend als *gesteuert* bezeichnet.

Nun würde es sich mit der Verwendung des Begriffs Steuerung im Alltagssprachgebrauch stoßen, wenn hier Folgen, die nicht vermieden werden können, als gesteuert bezeichnet würden. Freilich ist evident, daß auch die zur Erreichung des Antriebszieles notwendigen Verhaltensfolgen vermieden würden, wenn — im System *Rohrachers* — der Antrieb ein anderer wäre oder — bei *Thomae* — der individuelle Lebenssinn oder — bei *Lersch* — das kommandierende Ich[1]. Soll die rechtlich unerwünschte Folge, soweit die Motivation reicht, jedenfalls vermieden werden, muß die Änderung allerdings solcherart sein, daß die Folge auch bei keinem alternativen Verhalten eintritt; jedem Antrieb, der eine solche Folge erkennbar mit sich bringt, muß also ein *dominanter* Gegenantrieb gegenüberstehen, der auf die Vermeidung dieser Folge zielt. Damit impliziert die Änderung eine Auflösung der konkreten Identität von Antrieb und Bewußtsein, also eine Auflösung des konkreten Wollens und damit des konkreten Subjekts. Die Frage

---

[1] S. o. S. 31 ff.

der Vermeidbarkeit scheint nur theoretisch gelöst: Die Annahme einer Steuerung des Verhaltens und seiner Folgen durch die Motivation führt zur Hypothese einer Änderung des Subjekts, dessen Steuerung geprüft wird. Als Ausweg eine Steuerung der Motivation durch ein jenseits der Motivation identisches Subjekt behaupten, hieße aber, das Problem bei gleichem Lösungsabstand zu verschieben.

Die Bedenken, Steuerung von Verhaltensfolgen durch ein Subjekt dann anzunehmen, wenn ein in bestimmter Weise geändertes Subjekt die Folgen vermieden hätte, sind jedoch überwindbar. Sie rühren von einer Vermischung der Steuerung mit der Vermeidechance und der Verhaltenszurechnung her. Ob es für eine Unterdrückung oder Umordnung der in das Wollen eingegangenen Antriebe subjektiv gute Gründe gibt oder keine Gründe, ob die Unterdrückung geboten ist oder verboten, sind Fragen, welche die Chance der Realisierbarkeit eines anderen Verhaltens und die Bewertung der Motivation zum eingeschlagenen Verhalten betreffen. Bei der Frage der Vermeidbarkeit in Form der Steuerung geht es aber gerade nicht darum, die Kluft zwischen dem realen Verhalten und seiner Alternative, die als Alternative zur Realität zwingend eine von der Realität abweichende Hypothese voraussetzt, durch Wahrscheinlichkeitsgrade zu nivellieren oder durch Transposition in die normative Sphäre zu überspringen, sondern zur Ermittlung, ob es sich für das Recht überhaupt lohnt, mit einer Verhaltensnorm regelnd anzusetzen, reale und ideale (d. h. dominant vermeidende) Motivation gegenüberzustellen[2]. Der Begriff der Steuerung, wie er hier verwendet wird, bezeichnet eine wahrscheinlichkeitsfreie Möglichkeit, nämlich daß ein bestimmte Folgen bringendes Verhalten gewollt wurde und daß es unter der Hypothese einer auf Vermeidung dieser Folgen zielenden dominanten Motivation (was freilich heißt, unter der Hypothese eines geänderten Subjekts) vermieden worden wäre, dies allerdings, ohne damit schon eine psychologische Wahrscheinlichkeit, eine Freiheit zur Alternative oder eine Richtigkeit oder Falschheit der realen Motivation zu implizieren. Insbesondere ist dem Begriff noch nichts Rechtliches beigemengt, wenn auch seine Eignung, im Recht verwendet zu werden, seine Bildung veranlaßt. Beispielhaft gesprochen: Schlägt ein Autofahrer das Steuerrad ein, um eine Kurve zu fahren, so steuert er eine Kurve, gleich ob in eine Einbahnstraße oder in eine freigegebene Straße, gleich ob ihm der Gedanke, nicht um die Kurve zu fahren, vernünftig oder absurd erschiene. Es geht hier nur um die Feststellung, daß „das Geschehen dem Subjekt als eigene Tat zugehörig" ist[3], nicht aber um die Bewertung dieser Zugehörigkeit.

---

[2] Der „komplexe Zusammenhang" der Zurechnung ist also — entgegen *Hardwig*, Zurechnung, S. 170 — notwendig so aufzubrechen, daß das Können als Voraussetzung des Sollens ermittelt werden kann. Das hier entwickelte Modell stimmt jedoch mit *Hardwigs* (aaO., S. 120) und *Kahrs'* (Vermeidbarkeitsprinzip, S. 36 ff., 41) insoweit überein, als die Vermeidbarkeit stets von der Hypothese abhängt, daß der Täter vermieden hätte, „wenn er es gewollt hätte" (*Hardwig*, aaO., S. 120).

[3] *Welzel*, ZStW 51, S. 718.

Faßt man den Begriff des Wollens so weit, daß er sich nicht nur auf das Verhalten, sondern auch auf die angestrebten Folgen erstreckt, so umfaßt er die hier als gesteuert bezeichneten Folgen. Es ist lediglich eine Frage der Praktikabilität bei der Begriffsbildung, ob man den Begriff des Wollens auf die Identität von Antrieb und Bewußtsein beschränkt oder auch die zur Bildung dieses Wollens im engeren Sinne notwendig antizipierten Folgen mit umfaßt. Beide, Verhalten und beabsichtigte Folgen, sind nicht nur antizipiert, sondern stehen auch in Verbindung mit dem Antrieb. Nur ist die Verbindung mit den beabsichtigten Folgen mediatisiert: Sie sind zwar Bedingung der Identität von Antrieb und Bewußtsein, aber ohne *unmittelbare* Entsprechung im Antriebsbereich. Erst bei den Nebenfolgen wird die Verbindung zur Motivation, also ihre Steuerung (oder, bei einem weiten Wollensbegriff, ihr Wollen) problematischer.

II. Erkannte Nebenfolgen

Sofern Nebenfolgen, also Folgen, die zur Erreichung des Antriebsziels nicht notwendig sind, ohne vorausgehenden Kampf der Motive und Gegenmotive antizipiert werden, besteht die aktuelle psychische Beziehung des Subjekts zu dieser Folge allein in dem anläßlich der Motivation aufgetretenen Bewußtsein, daß die Folge — vielleicht — eintritt, und zwar als Folge des eigenen Verhaltens. Der Verhaltensantrieb wird durch das Bewußtsein der Folge weder gefördert noch gehemmt. Voraussetzung einer solchen psychischen Lage ist also Gleichgültigkeit gegenüber dem Eintritt der Folge, m. a. W. Unabhängigkeit des Bewußtseins der Folge von der Motivation. Die psychische Beziehung zu einer gleichgültigen Nebenfolge des eigenen Verhaltens ist von der Voraussicht eines verhaltensunabhängigen Geschehens, etwa der kommenden Konstellation des Mondes oder dem Verhalten Dritter, nur dadurch ausgezeichnet, daß das *eigene* Verhalten als Bedingung der Folge erkannt wird. Auch dadurch gewinnt die Folge jedoch keinen Konnex mit der Antriebsseite des Verhaltens. Die gleichgültige Nebenfolge kann also nicht mehr als gesteuert oder gewollt bezeichnet werden, sofern diese Begriffe noch eine aktuelle psychische Beziehung, die nicht in der bloßen Voraussicht besteht, erfassen sollen. Allerdings sind gleichgültige, erkannte Nebenfolgen *steuerbar,* denn sie sind unter derselben Voraussetzung zu vermeiden, unter der sie als beabsichtigte Folgen vermieden werden: unter der Voraussetzung eines dominanten Antriebes, der auf ihre Vermeidung zielt.

Die Verbindung einer gleichgültigen Nebenfolge mit der Motivation ist also potentiell: Ihr Ausbleiben könnte Motivationsinhalt werden, ohne daß ihr Eintritt aktuell Motivationsinhalt ist. Auch hier stehen — wie bei beabsichtigten Folgen — die tatsächlichen Chancen und die rechtliche Beurteilung der Vermeidung dahin; der Begriff „Steuerbarkeit" impliziert weder subjektiv noch rechtlich gute Gründe, wegen der Nebenfolge das konkrete Verhalten zu variieren.

Bei den erkannten Nebenfolgen, deren Eintritt nicht gleichgültig, sondern unerwünscht ist, wird der Antrieb zur Vermeidung der Folgen letztlich überwunden, wie sich daran zeigt, daß das Subjekt ein Verhalten einschlägt, das die Folgen bedingt. Das konkrete Wollen enthält auch in diesem Fall die Nebenfolgen nicht, sondern bildet sich gerade entgegen dem angelegten, aber zu schwachen Vermeideantrieb. Die psychische Beziehung des Subjekts zu solchen Folgen beschränkt sich also auf die Voraussicht und den für das konkrete Wollen belanglosen Wunsch, die Folgen zu vermeiden; mit der Überwindung des Vermeideantriebs durch das Verhaltensmotiv ist die Verbindung zur Antriebsseite erschöpft. Aktuell bleibt nur die fortdauernde Dominanz des Verhaltensmotivs, also die Irrelevanz des Vermeideantriebs. Deshalb ist auch hier keine aktuelle Steuerung (oder: kein aktuelles Wollen) der Nebenfolgen gegeben, sondern lediglich Steuerbarkeit, d. h. nur eine potentielle Teilhabe des Vermeideantriebs an der Motivation.

Allerdings erkennt das Subjekt die Steuerbarkeit der gleichgültigen oder unerwünschten Folgen, und zwar ist diese Kenntnis identisch mit der Kenntnis des eigenen Verhaltens als Bedingung. Damit kennt das Subjekt den Wirkungsbereich seines Verhaltens, seine Tatmacht, und es ist nicht a priori ausgeschlossen, diesen psychischen Zustand noch als Wollen zu bezeichnen. Jedoch würde eine solche Terminologie, der „Willenstheorie" nahekommend, mit einem Wollensbegriff operieren, in dem die aktuelle Antriebsseite fehlt: Die definitorische Klarheit wäre vernichtet[4].

Wenn eine solche Begriffsbildung der besseren Differenzierung wegen hier vermieden wird, bedeutet das allein noch keinen Ausschluß des Wollens aus dem rechtlich zu bewertenden psychischen Sachverhalt: Auch das Verhalten, das Nebenfolgen bringt, ist gewollt, und dieser Wille kann unter noch zu konkretisierenden Umständen rechtlich fehlerhaft sein, ohne daß damit auch schon die Nebenfolge gewollt sein müßte. Diese Erkenntnis findet sich bereits bei *Binding*, wenn auch dort die vorsatztheoretische Einkleidung das Steuerungselement verschleiert: „Die verschiedensten Vorstellungen und Gefühle des tätig Gewordenen können . . . (seine) Tätigkeit ausgelöst haben wie begleiten, sie kommen für die Konstruktion der Handlung gar nicht in Betracht: das Wollen der den widerrechtlichen Tatbestand verursachenden Tätigkeit . . . bildet den eisernen Bestandteil jeden rechtswidrigen Tuns"[5].

Die stärkere begriffliche Differenzierung der Steuerungsvorgänge hat den Vorteil, die Aufschlüsselung der psychischen Befunde für das Zurechnungsproblem zu erleichtern. Bevor *Binding* sich dazu durchrang, das Verhalten als gewollt und dessen Folgen — gleich ob erkannt oder nicht — lediglich als „Willenswerk" zu bezeichnen[6], hatte er den Willensbegriff auf Verhal-

[4] *Schmidhäuser*, Vorsatzbegriff, S. 13.

[5] Normen, IV, S. 366; hierzu Armin *Kaufmann*, Bindings Normentheorie, S. 112.

[6] Normen, IV, S. 364, 366; vgl. aber noch S. 364 f.; der Erfolg als „gewollt".

ten und Erfolg erstreckt: „Wir wollen . . . mit den Ursachen unbesehen alle ihre Folgen, weil wir überhaupt nicht anders wollen können, als daß wir die Folgen mit in den Kauf nehmen“[7]. Die Konstruktion eines hinsichtlich der Folgen unbewußten Willens[8] ist *Binding* angekreidet worden[9]. *Lammaschs* Verdikt über diesen Willensbegriff als „Gespenst der Philosophie eines unphilosophischen Zeitalters“[10] trifft den Kern: *Binding* wollte sich vom Willen als psychischem Faktum abwenden und einem nach juristischen Zweckgesichtspunkten gebildeten — philosophischen — Willensbegriff zuwenden[11], ist aber, anstatt die juristisch relevante Vermeidbarkeit anzusteuern, weiter — unphilosophisch — im Bereich des Wollens als psychischem Faktum (bezüglich des Verhaltens) und der Kausalität herumgeirrt und hat aus diesen Stücken einen Willensbegriff zusammengesetzt, der dem juristischen Zweck nicht genügt, weil er über die Kausalität mehr Folgen in den Bereich des Zurechenbaren zieht, als rechtlich für die Zurechnung in Frage kommen. So stellt sich für *Binding* die Aufgabe, zu zeigen, daß Stücke des im Rechtssinne Gewollten unter Steuerungsgesichtspunkten[12] rechtlich irrelevant sind[13].

Der Makel, an dem *Bindings* Willensbegriff leidet, nämlich sich weder konsequent nach psychischen Sachverhalten noch konsequent nach Zurechnungsgesichtspunkten auszurichten, belastet auch die sogenannte Willenstheorie des Vorsatzes[14]. Da sich der Verhaltensantrieb nicht der Nebenfolge wegen, sondern gerade trotz der Erkenntnis der Nebenfolge bildet, die Nebenfolge also antriebsindifferent ist, fehlt ein psychisches Substrat, das man „Wollen“ nennen könnte. Die Kenntnis der Tatmacht aber „Wollen“ zu nennen, bringt über den Kernsatz der Vorstellungstheorie, es komme darauf an, daß die Vorstellung des Erfolges nicht vom — gewollten![15] — Verhalten abgehalten habe[16], keine neue Erkenntnis, sondern nur eine neue Bezeichnung. Dies geschieht um den Preis einer Spaltung des Willensbegriffs: Die beabsichtigten Folgen, die „vermöge ihres positiven Gefühls-

---

[7] Normen, II 1, S. 318.

[8] Gehört zum Wollen das Bewußtsein, sind die Folgen eines Verhaltens nicht „unbesehen“ gewollt; können auch „unbesehene“ Folgen gewollt sein, ist das Bewußtsein Superfluum. Mit letzterem hat *Binding* das unbewußte Wollen impliziert. A. A. Armin *Kaufmann*, Bindings Normentheorie, S. 113 m. w. Nachweisen.

[9] *Exner*, Fahrlässigkeit, S. 59 ff.; *Kelsen*, Hauptprobleme, S. 153 f.; *Hälschner*, Das gemeine deutsche Strafrecht, S. 312 Anm. 1; *Radbruch*, Handlungsbegriff, S. 122.

[10] *Lammasch*, GS 44, S. 167 Anm. 1.

[11] Normen, IV, S. 359 Anm. 6, S. 364.

[12] „Vermeidbarkeit“, Normen, IV, S. 509 f.

[13] So auch die Kritik bei *Exner*, Fahrlässigkeit, S. 60 f.

[14] Auf eine Darstellung der Problematik Vorstellungstheorie—Willenstheorie wird in dieser der Fahrlässigkeit gewidmeten Arbeit verzichtet. Verwiesen sei auf die differenzierende Analyse bei *Engisch*, Vorsatz und Fahrlässigkeit, S. 126 ff.

[15] *Frank*, Aufbau, S. 23, 26.

[16] *Frank*, Aufbau, S. 27.

wertes mitwirkten für die Bildung des Willensentschlusses und demgemäß als gewollt erscheinen"[17], sind psychisch gewollt, die Nebenfolgen hingegen nur im Sinne der Zurechnung zum Vorsatz[18,19].

III. Nicht erkannte Nebenfolgen

A) Vermeidbarkeit als vorrechtlich bestimmter Sachverhalt

Schon bei der Absicht steht neben dem Wollen die Vermeidbarkeit, und sie steht bei den anderen Vorsatzformen neben der Voraussicht. Das die Vorsatzformen einigende Band ist nicht das Wollen — es findet sich als ausgezeichneter psychischer Befund nur bei der Absicht und auch dort nur bei extensiver Begriffsbildung — noch die Voraussicht allein — nicht jeder vorausgesehene Erfolg ist überhaupt vom Subjekt bedingbar und vermeidbar —, sondern die Kenntnis der Abhängigkeit des Erfolges vom eigenen Wollen. Kein Erfolg ist gesteuert, weil er gewollt ist, sondern weil er als gewollter Erfolg vermeidbar ist, und kein Erfolg ist bewußt steuerbar, weil er vorausgesehen wird, sondern weil er als vermeidbarer Erfolg vorausgesehen wird. Der Gegenstand der für den Vorsatz bedeutsamen Kenntnis ist also die Vermeidbarkeit des Erfolges. Bevor gezeigt wird, daß auch bei der Fahrlässigkeit die Vermeidbarkeit in eben derselben Form, wenn auch nicht als bewußte Vermeidbarkeit, anzutreffen ist, soll noch dargelegt werden, welcher Natur die hier ins Zentrum gerückten Begriffe „Steuerung", „Steuerbarkeit" und der Oberbegriff „Vermeidbarkeit" haben und inwieweit ihnen als psychologisch orientierten Begriffen juristische Relevanz zukommt.

Das Kennzeichen der Vermeidbarkeit, daß der Erfolg bei dominanter Motivation, ihn zu vermeiden, nicht eingetreten wäre, enthält eine Hypothese über einen psychischen Sachverhalt und seine Folgen. Die Hypothese wird so gebildet, daß die Vermeidung des vorausgesehenen Erfolges als dominantes Motiv unterstellt wird. Die genannten Begriffe sind also vorrechtlich, „natürlich"; es bedarf keines Rückgriffs auf einen Rechtssatz (oder eine sonstige Wertung), um sie zu konstruieren.

Die Begriffe setzen sich damit der Kritik *Kelsens* aus, die dieser für den Willensbegriff beispielhaft vorgebracht hat: „Der Wille der Psychologie ist eine empirisch durch Selbstbeobachtung festzustellende *Tatsache*, die der Welt des *Seins* angehört, — der Wille der Ethik und Jurisprudenz ist eine unter dem Gesichtspunkt der Norm, des *Sollens* vollzogene *Konstruktion*, der im

---

[17] *v. Hippel*, Grenze, S. 77 f.

[18] *Exner*, Fahrlässigkeit, S. 128.

[19] Soweit die Willenstheorie als Lösungsentwurf für die Gleichstellungsproblematik von psychischen Sachverhalten mit dem als Ausgangsfall verstandenen Wollen im engeren Sinne verstanden wird (Nachweise bei *Engisch*, Vorsatz und Fahrlässigkeit, S. 138 f.), vgl. die Kritik bei *Engisch*, aaO., S. 140.

realen Seelenleben des Menschen kein konkreter Vorgang entspricht"[20]. *Kelsen* stützt diese Behauptung auf drei Argumente: Erstens soll die Trennung schon der Erkenntnis des Seins von der Erkenntnis des Sollens es verbieten, irgendwelche Seinstatsachen oder Seinsgesetze, wie Kausalität, Willen, Bewußtsein, als zwingende Voraussetzung eines Sollens zu reklamieren[21]. Zweitens soll die juristische Zurechnung die Person, nicht aber das psychophysische Subjekt treffen, so daß psychische Vorgänge dem Recht auch ihrer Qualität nach nicht genügen[22]. Und drittens soll es der Fahrlässigkeit wegen auch praktisch unmöglich sein, eine psychische Beziehung als Normvoraussetzung anzunehmen, denn die Fahrlässigkeit sei „nicht psychologischer, sondern rein (sic!) juristisch-ethischer Natur"[23,24].

Gegen das erste Argument soll nichts eingewendet werden. Die hier aufgezeigten Steuerungsprinzipien sind keine apriorischen Normvoraussetzungen, sondern davon abhängig, daß das Strafrecht nicht als l'art pour l'art oder aus nicht einsehbaren Gründen der Gerechtigkeit ein Verhalten normiert, vielmehr Regeln zur Vermeidung bestimmter unerwünschter Erfolge aufstellt. Damit ist ein Interpretationskriterium gewonnen, dem die ganze Norm unterliegt: Nur vom Normzweck her läßt sich der Norminhalt begründen. „Denn der Inhalt des Sollens ist eben der Zweck"[25]. Da der Zweck *theoretisch* beliebig gewählt werden kann — *praktisch* ist er ein Problem der Rechtspolitik —, hängen die gesamten hier getroffenen inhaltlichen Aussagen von der Hypothese einer Wahl des bezeichneten Zwecks ab.

Gegen das zweite Argument spricht neben der verblüffenden Erscheinung, daß sich (im Sollenssystem *Kelsens* gedacht:) die strafrechtlichen Sanktionen als *Zwangsakte* an einer *Person* nur bei einem abenteuerlichen Aufwand an spekulativer Philosophie vollziehen lassen, *Kelsens* eigene Feststellung, es sei „ein Postulat verfeinerten Rechtsempfindens, daß wegen sozialschädlicher Erfolge, die durch die Rechtsordnung verhindert werden sollen, womöglich nur solche Menschen bestraft werden, bei denen gewisse Willens- oder Vor-

---

[20] Hauptprobleme, S. 146. Was *Kelsen* hier „Wille" nennt, kann je nach den anzuwendenden Zurechnungskriterien jeden beliebigen Inhalt annehmen; der Begriff erhellt nichts über das durch den Zurechnungsbegriff Erhellte hinaus (Hauptprobleme, S. 145 f., 156); nur die Sprache ist eine — verwirrende — Konzession an das Dogma von der Willensschuld.

[21] Hauptprobleme, S. 71 ff., 121 ff., 138, 146.

[22] Hauptprobleme, S. 124, 156, auch S. 142 ff.

[23] Hauptprobleme, S. 135, 134, ferner auch S. 136, 139.

[24] *Kelsens* weiteres Argument, selbst wo das Recht den Willen fordere, werde er präsumiert, da innere Vorgänge nur durch Selbstbeobachtung erschlossen werden könnten und somit Dritten verschlossen bleiben müßten (Hauptprobleme, S. 127 f., 157), trifft nur die Beweisfrage, nicht aber die Natur des zu beweisenden Sachverhalts. Soweit *Kelsen* den Willen als Zurechnungsbegriff versteht, also ein psychischer Sachverhalt nicht erforderlich ist, wird selbst diese Präsumtion zum Superfluum.

[25] *Kelsen*, Hauptprobleme, S. 69, dort freilich im umgekehrten Sinne gemeint.

stellungsakte in bezug auf den schädlichen Erfolg vor sich gehen"[26]. Bei „verfeinertem Rechtsempfinden", d. h. bei Betrachtung der Norm unter Zweckgesichtspunkten, ist auch die Art des Zurechnungsendpunktes Funktion des Zwecks. Zwar trifft die reine, formale Zurechnung stets ein nur normativ bestimmtes Subjekt, welches man Person nennen mag; jede inhaltliche Bestimmung gibt jedoch dem Subjekt Konturen in der physischen, psychischen, sozialen oder sonst zur zweckhaften Gestaltung ausgesuchten Realität. Psychische Vorgänge genügen also dem Recht in ihrer Qualität immer dann, wenn es das Seelenleben rechtlich zu beeinflussen gilt. Das ist bei einem auf Motivationsvorgänge abstellenden Strafrecht der Fall.

Es bleibt somit der dritte Einwand, der nur durch den Nachweis vorrechtlicher Vermeidbarkeit auch bei Folgenunkenntnis, also vorrechtlicher, „natürlicher" Fahrlässigkeit entkräftet werden kann. Freilich ist die „natürliche" Fahrlässigkeit perhorresziert[27] und als „Widerspruch in sich"[28] abgetan worden, ja es wurde für „heute geklärt" gehalten, „daß die Fahrlässigkeit . . . nur mit Hilfe normativer Gesichtspunkte zu fassen ist"[29], und die fahrlässigen Delikte wurden in Pflichtdelikte umfunktioniert[30]. Da aber die Verhaltensnorm, soll sie wirken können, die Vermeidbarkeit voraussetzt, bildet die „natürliche", vorrechtliche Fahrlässigkeit hinsichtlich des Verhaltens bereits die Fahrlässigkeit überhaupt. Wer sie nicht kennt, kennt keine Fahrlässigkeit mehr.

B) Die Fahrlässigkeit

Nun soll weder erneut zur „Jagd nach dem Vorsatz in der Fahrlässigkeit"[31] geblasen werden, noch sollen die Begriffe Wille und Vorstellung abermals auf das Prokrustesbett rechtlicher Begriffsbildung gezerrt werden, um ihre Erfolgsbezogenheit zu kappen oder sie bis zur Kongruenz mit der Verursachung auszudehnen. Der Fehler solcher Lösungen liegt im Ansatz und zeigt sich treffend in *Hegels* einseitiger Formulierung: „Das Recht des Willens aber ist, in seiner Tat nur dies als seine Handlung anzuerkennen, und nur an dem Schuld zu haben, was er von ihren Voraussetzungen in seinem Zwecke weiß, was davon in seinem Vorsatze lag"[32]. *Larenz* kritisiert: „In diesem Satz begeht Hegel den Fehler, zu verkennen, daß das Wissen selbst Tat der Freiheit ist, daß mir daher auch das Nicht-Gewußte in-

---

[26] Hauptprobleme, S. 138.
[27] *Mezger,* Moderne Wege, S. 34.
[28] *Maurach,* Strafrecht, AT, § 30 II B 3 c.
[29] *Niese,* Finalität, S. 33.
[30] *Roxin,* Täterschaft, S. 527 ff.; Kriminalpolitik, S. 22 f.
[31] *Binding,* Normen, IV, S. 328.
[32] Rechtsphilosophie, § 117. Freilich steht dieser Satz im Abschnitt über die Moralität, also über die Zurechnung zur Schuld (hierzu *Maihofer,* ZStW 70, S. 167). Die Kritik richtet sich jedoch nicht gegen die Abgrenzung Unrecht—Schuld, sondern gegen die Bedeutung von Wille und Bewußtsein.

sofern zugerechnet werden kann, als . . . das Wissen für mich ein mögliches war"[33]. Aber auch diese Kritik verschiebt nur das Problem vom Vorsatz in den möglichen Vorsatz. Es kommt nicht darauf an, ob das Wissen „Tat der Freiheit" sein kann, ob also Vorsatz möglich ist, sondern welche „Freiheit" durch ein vorhandenes Wissen oder die Erreichbarkeit eines Wissens eröffnet wird. Was ein Mensch will und was er sich als Folgen seines Verhaltens vorstellt, ist ihm nicht schon allein wegen des Wollens und der Vorstellung steuerbar, denn der auf einen Erfolg abzielende oder einen Erfolg bedingende Motivationsvorgang bleibt ohne die Hypothese, daß auch die Vermeidung des Erfolges Motivationsinhalt werden könnte und der Erfolg dann ausbliebe, ein schlichter Kausalprozeß[34].

Unter der Hypothese einer auf Vermeidung gerichteten, dominanten Motivation können aber auch nicht vorausgesehene Nebenfolgen vermieden werden[35]. Hätte nämlich ein Subjekt unter der genannten Hypothese eben auf Grund der Motivation zur Vermeidung den Eintritt der Nebenfolge erkannt, so hätte es das Verhalten vermieden, da in der Hypothese das Vermeidemotiv dominiert. Allerdings ist hierzu erforderlich, daß der Handelnde das Vermeidemotiv rational verarbeitet und sich folgerichtig verhält. Um diese Implikationen des Motivs näher zu bezeichnen, muß sein Inhalt spezifiziert werden.

Schon als anfänglichen Inhalt des Vermeidemotivs zu setzen, daß der — noch nicht real vorausgesehene — konkrete Erfolg als Folge des vorgenommenen konkreten Verhaltens vermieden werden soll, ist bereits des Steuerungsbegriffs wegen ausgeschlossen. Die im Steuerungsbegriff enthaltene Hypothese bezieht sich *unmittelbar* allein auf Verhaltensmotive, nicht aber auf den Kenntnisstand des Subjekts. Das hypothetische Motiv darf deshalb keine Kenntnis von Verhaltensfolgen voraussetzen oder fordern. Beispielhaft gesprochen: Dem Arzneimittelhersteller, der bestimmte schädliche Folgen seiner Drogen nicht kennt, kann ein perfektes Motiv, *konkrete* schädliche Folgen der Drogen zu vermeiden, nicht sinnvoll unterstellt werden; denn ob die Folgenvermeidung in der Macht der Motivation steht, soll sich in der Hypothese gerade erweisen. Niemand kann die Folgen eines Verhaltens vermeiden wollen, die eben als Folgen dieses Verhaltens — noch — nicht erkannt sind. Anfänglicher Inhalt des hypothetischen Vermeidemotivs kann also nicht die Vermeidung *konkreter* Folgen eines Ver-

---

[33] Hegels Zurechnungslehre, S. 53. Die Kritik *Larenz'* an Hegel erscheint allerdings von *Larenz'* eigenem Lösungsvorschlag aus gesehen überflüssig. „So kommt es bei der Voraussicht der Folgen nicht auf die Möglichkeit der Voraussicht für den bestimmten Täter, sondern für einen in der Lage des Täters gedachten einsichtigen Menschen an" (aaO., S. 94). Werden aber die Fähigkeiten objektiv ermittelt, so hindert nichts, einen einsichtigen Menschen in Gebrauch dieser Fähigkeiten auch voraussehen und wollen zu lassen. — Zur Kritik der „abstrakten Person" als Zurechnungsendpunkt (aaO., S. 94) vgl. o. die Ausführungen zu *Kelsen* S. 40 f.

[34] *Hardwig*, Zurechnung, S. 120; *Kahrs*, Vermeidbarkeit, S. 41.

[35] Insbesondere: *Nowakowski*, Jur. Bl. 1953, S. 508.

haltens sein, sondern nur die Vermeidung von Folgen einer bestimmten Art, ohne daß deren konkretes Bedingtsein durch das Verhalten damit schon für das Subjekt feststünde.

Die Folgen sind dabei zweckmäßigerweise (aber nicht notwendig) gattungsmäßig zu bestimmen. Dies gilt auch, soweit sie realiter erkannt sind, also im Bereich des Vorsatzes. Denn der Steuerungsbegriff, um dessen Bestimmung es geht, wird hier zum Zweck der Verwendung als Rechtsbegriff gebildet, wenn auch ohne Hereinnahme rechtlicher Momente. Diesen Zweck kann der Steuerungsbegriff nur erfüllen, wenn das hypothetische Motiv den Erfolg nur so abstrahiert enthält, wie er rechtlich beschrieben werden soll; denn nur in dieser Abstraktheit kann das rechtliche Verhaltensmuster günstigstenfalls Richtlinie werden. Jede Schlußfolgerung für das konkrete Verhalten entsteht durch Verarbeitung des rechtlichen Verhaltensmusters im Subjekt und kann zwar hinsichtlich der Verarbeitungsmethoden (nachdenken, Ablenkungen meiden, Ergebnisse prüfen) rechtlich fixiert sein, bleibt aber in den bei der Verarbeitung gewonnenen Ergebnissen Leistung des Subjekts. Im Bereich des Vorsatzes muß der Handelnde, ein dominantes Motiv auf Vermeidung einer Folge unterstellt, freilich als Leistung lediglich die konkrete Folge unter die Gattung subsumieren, ein Vorgang, der wegen seiner Simplizität meist automatisch ablaufen dürfte und vom Subjekt nicht verfehlt werden kann.

Soweit jedoch eine Folge, zu der ein dominantes Motiv unterstellt wird, nicht erkannt ist, kann die Leistung nicht allein darin bestehen, die Nichterkenntnis der Folge zu konstatieren und weitere Schlüsse aus dem Vermeidemotiv nicht herzuleiten; denn das Motiv zielt nicht nur auf die Vermeidung bereits bekannt gewordener, sondern *aller* erkennbaren Folgen einer bestimmten Art. Es findet zwar eine Grenze seiner Wirksamkeit bei den nicht erkennbaren Folgen, schöpft aber den Bereich des Erkennbaren voll aus, indem es hinreichende Bedingung ist, über den Eintritt von Folgen zu urteilen. Das Vermeidemotiv setzt keine Folgenkenntnis voraus, sondern ist selbst der Antrieb, Folgenkenntnis als psychische Voraussetzung der Folgenvermeidung zu erlangen[36]. Es ist erst „gestillt", wenn die Vermeidung so sicher wie subjektiv möglich feststeht, nicht aber bereits dann, wenn im gegebenen, unter dem Aspekt der Folgenvermeidung nicht geprüften und deshalb insofern zufälligen Kenntnisstand die zu vermeidenden Erfolge nicht enthalten sind[37]. Bei der Hypothese dieses Motivs werden also Neben-

[36] Zum Inhalt der Hypothese vgl. auch die Ausführungen zum analogen Problem bei der Schuld (Vermeidbarkeit des *rechtswidrigen* Verhaltens), u. S. 133 ff.

[37] Diese Wirkungen eines Motivs hat Armin *Kaufmann* beim analogen Problem der Handlungsfähigkeit (im Rahmen der Unterlassungsdelikte) nicht berücksichtigt. Er verlangt für die Handlungsfähigkeit „Kenntnis des Ziels der Handlung, Kenntnis des Einwirkungsobjektes" (Unterlassungsdelikte, S. 41, 42; Bindings Normentheorie, S. 140). Allerdings ist die Kenntnis des Ziels der Handlung als des Ergebnisses der Manipulation am Einwirkungsobjekt von der Kenntnis des Einwirkungsobjektes scharf zu trennen. *Kaufmanns* Beispiel (Förster ist erst zur Rettung

folgen vom Subjekt erkannt und vermieden oder sind dem Subjekt überhaupt unerkennbar und deshalb unvermeidbar.

An dieser Stelle muß bereits einem zu erwartenden Einwand entgegengearbeitet werden. Zielt nicht das Vermeidemotiv bei vorsätzlicher Folgen-

---

eines Tieres handlungsfähig, wenn er es in Not sieht; Unterlassungsdelikte, S. 41) zeigt, daß er die Kenntnis des Einwirkungsobjektes meint. Der Gedanke an die Möglichkeit einer Einwirkung braucht nicht einmal als theoretische Erwägung aufgetaucht zu sein. Da aber, um von der Kenntnis des Einwirkungsobjekts über die Mittelkenntnis (was ist als Zielkenntnis der Mittelauswahl-Handlung vorauszusetzen?) zur Kenntnis der konkret zu vollziehenden Handlung zu gelangen, eine rationale Verarbeitung der erkannten Umstände unter der Hypothese eines Motivs zum Vollzug einer Handlung solcher Art (Armin *Kaufmann,* Unterlassungsdelikte, S. 40) erforderlich ist, fehlt ein Grund, gerade die Kenntnis des Einwirkungsobjektes, die ja auch von dem genannten Motiv in einer Reihe von Fällen bewirkt werden kann, zur Handlungsfähigkeit vorauszusetzen. Soweit das hypothetische Motiv, das die Kenntnis des Einwirkungsobjekts verschafft, mit dem mittelauswählenden Motiv und dem letztlich zur Handlung treibenden Motiv identisch ist, ist Handlungsfähigkeit schon bei einer psychischen Disposition gegeben, bei der zur Handlung eben nur dieses Motiv fehlt. Handlungsfähig ist also auch derjenige, der ohne anfängliche Kenntnis des Einwirkungsobjektes eine konkrete Handlung vollziehen würde, wenn er zum Vollzug einer Handlung dieser Art motiviert wäre (*Gallas,* ZStW 67, S. 41). Zwar mag die Objektkenntnis „dem Täter Veranlassung geben", die Handlung zu erwägen (Armin *Kaufmann,* Bindings Normentheorie, S. 140), dies mag jedoch auch ein anderer Umstand, aus dem der Täter auf die Lage des Objektes erst schließen muß, mag zudem auch bei Objektkenntnis ausbleiben. Nicht nur die Kenntnis des Einwirkungsobjektes bildet einen sinnvollen Anlaß zum Handeln. Daß der Unterlassende ihn nicht subjektiv sinnvoll versteht, beweist seine Unterlassung. Objektiv ist aber immer dann, wenn ein Urteil über das Vorliegen einer tatbestandsmäßigen Situation zumindest problematisch ausfiele, Handeln sinnvoll. Als weder notwendige noch hinreichende Bedingung der Handlung ist die Objektkenntnis aus dem Begriff der Handlungsfähigkeit zu streichen. — Daß Armin *Kaufmann* auch Sorgfaltsmängel bei der Beurteilung der „tatbestandsmäßigen Situation" (d. h. der Lage des Einwirkungsobjekts) als vermeidbar werte (*Welzel,* Strafrecht, S. 207), stimmt nur insoweit, als es um die Bewertung der Beseitigung eines zunächst mindestens zweifelnden Wissens von der tatbestandsmäßigen Situation geht (Armin *Kaufmann,* Unterlassungsdelikte, S. 173 ff., insbesondere S. 174 f. sub 3.)). Freilich zählt Armin *Kaufmann* bei fahrlässigen Delikten den Erfolg nicht zum Tatbestand (ZRV 1964, S. 54 sub 2.)), „konstituiert" das Unrecht vielmehr „(schon) durch die objektive Sorgfaltswidrigkeit des Verhaltens". Hieraus kann jedoch nicht geschlossen werden, die Kenntnis der Lage des Einwirkungsobjektes sei verzichtbar, denn ohne diese Kenntnis ist der gedachte objektiv Sorgfältige nach *Kaufmanns* Thesen handlungsunfähig, so daß ohne diese Kenntnis auch der individuelle Täter die Sorgfaltsvoraussetzungen nicht kennt. Soweit Armin *Kaufmann* die Einschränkung des Begriffs der Handlungsfähigkeit aus Gründen des Handlungsbegriffs vornimmt (er zitiert in: Unterlassungsdelikte, S. 41, eingangs *Welzel:* „Finale Tätigkeit ist ein bewußt vom Ziel her gelenktes Wirken"), müßte er Kenntnis des Handlungsziels im eigentlichen Sinne (vgl. den Beginn dieser Anmerkung), nicht aber lediglich des Einwirkungsobjekts in seiner Lage verlangen.

verursachung auf Hemmung der Antriebe und damit Zerstörung des Wollens in der Basis, statt selbst Antrieb zu sein? Jedoch bedarf es auch zur Hemmung irgendeiner Größe einer Gegengröße derselben Art. Was aber eine Gegengröße bewirkt, ist — wie bei jedem Vektor — relativ zur Umgebung: Sie neutralisiert Antriebe unmittelbar, sofern sie als verletzend bereits erkannt sind, also eine vorsätzliche Handlung vorläge; sie lenkt, soweit Fahrlässigkeit in Frage kommt, die Antriebe in ein Stadium der Prüfung ihrer möglichen Folgen oder, soweit die Antriebe diesen Aufwand subjektiv nicht wert sind, neutralisiert sie Antriebe mit unbekannten Folgen; sie führt unmittelbar zum Handlungswillen, sofern eine konkrete Handlung als vor einer Verletzung rettend erkannt ist, also eine vorsätzliche Unterlassung vorläge; sie führt, soweit fahrlässige Unterlassung in Frage kommt, zum Willen, tatbestandsmäßige Situationen zu erkennen oder auf Wege zu deren Beseitigung zu achten und sich ergebende Rettungshandlungen zu vollziehen. Je nach dem „Kontext" bewirkt also das identische Motiv zur Erfolgsvermeidung Verschiedenes; stets jedoch ist es wirkendes Motiv.

Ob die reale Chance besteht, daß das Subjekt ein Motiv der genannten Art entwickelt, bleibt hier zur Vermeidbarkeit so bedeutungslos wie im Vorsatzbereich. Es geht nicht darum, was ein Subjekt tatsächlich oder wahrscheinlich will, sondern welche Alternativen seines Wollens überhaupt Alternativen seines Verhaltens und deren Folgen bieten. Auch ist die Steuerbarkeit bei fahrlässigem Verhalten nicht rechtlich gefärbt, gleichfalls wie im Vorsatzbereich. Ob das hypothetische Vermeidemotiv dem Recht entspricht oder nicht, ist für den Verhaltensspielraum gleichgültig[38]. Beispielhaft gesprochen: Löst ein Fahrer auf einem abschüssigen Straßenstück an dem ansonsten ungesicherten Auto die Handbremse, so ist ihm mit diesem Verhalten — normale Intelligenz unterstellt — das (nicht vorausgesehene) Abgleiten des Fahrzeugs steuerbar, gleich ob ihm das Abgleiten unerwünscht oder wegen der Geringfügigkeit völlig gleichgültig ist und er den Gedanken, es zu vermeiden, absurd fände und gleich ob verbotswidrig Dritte gefährdet werden oder nicht. Die Ermittlung der Macht des Subjekts und die Bewertung des (ausgebliebenen) Gebrauchs dieser Macht sind zweierlei.

C. *Systematisierung*

Im Bereich der nicht erkannten Verhaltensfolgen hebt sich also zur Anknüpfung für ein Rechtssystem, das auf Vermeidung bestimmter Folgen zielt, die Gruppe derjenigen Folgen ab, die unter der Hypothese eines dominanten Vermeidemotivs, unter der allein auch vorausgesehene Folgen ausbleiben, vermieden würden. Die Vermeidbarkeit, obgleich selbst ein Relationsbegriff, setzt eine spezifische psychische Lage voraus: eine aktuelle

[38] Daß sich auch Schuldunfähige fahrlässig verhalten können, ist hiernach evident. Nachweise zu dieser kontroversen Frage bei *Maurach*, Strafrecht, AT, § 44 III A 1.

psychische Disposition der Art, daß zur Vermeidung eines Erfolges nur ein Vermeidemotiv fehlt. Daß hier kein aktueller psychischer Vorgang wie Wissen oder Wollen genannt werden kann, hat die psychische, vorrechtliche Bestimmbarkeit der Fahrlässigkeit meist verschleiert[39]. Die Erkenntnis, daß das Wissen und Wollen einer beabsichtigten Folge oder das Wissen einer Nebenfolge nicht allein dieser psychischen Vorgänge wegen Anknüpfungspunkt der auf Vermeidung der Folgen zielenden Strafrechtsnorm ist, sondern weil beim Wissen oder Wissen und Wollen nur ein dominantes Vermeidemotiv zur Vermeidung der Folgen fehlt, lehrt jedoch für den Bereich fehlenden Wissens, daß auch dort die Strafrechtsnormen insoweit Regelungen mit der Chance auf Befolgung treffen können, als der „Vermeidemechanismus“ funktioniert[40].

---

[39] *Radbruch* hat allerdings versucht, die Fahrlässigkeit rein psychologisch zu fassen, wenn auch fixiert auf die Fahrlässigkeit als Schuld (ZStW 24, S. 333 ff., 344 ff.). Die Fahrlässigkeit ist ihm „ein psychischer Zustand: der Fahrlässige hat einen rechtswidrigen Erfolg nicht vorausgesehen, besaß aber die intellektuelle Fähigkeit, ihn vorauszusehen, hat ihn also nicht vorausgesehen infolge ungenügender Willensanspannung, Aufmerksamkeit, Vorsicht, . . .“ (aaO., S. 345). Die Beziehung auf einen rechtswidrigen Erfolg, die bei der Fahrlässigkeit als Schuldelement unvermeidbar ist, die Bewertung des Steuerungsmangels als „ungenügende“ Leistung sowie die auf eine Diligenzpflicht zielende Formulierung (vgl. S. 347 zu Anm. 27) trennen diese Lösung von der hier entwickelten Auffassung.

[40] Wenn auch dieser Vermeidemechanismus im Idealfall nicht erst zur Preisgabe des vorgefaßten Entschlusses zu einer Handlung führt, die den rechtlich mißbilligten Erfolg bringen würde, vielmehr mit dem dominanten Vermeidemotiv solch ein Entschluß nicht erst gefaßt wird, so müssen doch die zum Vollzug drängenden Handlungsantriebe durch das Vermeidemotiv überwunden werden. Man könnte diesen Motivationsakt als innere Handlung verstehen und deshalb das Kennzeichen der Vermeidbarkeit in der *potentiellen Finalität* dieses inneren Aktes sehen. Diese potentielle Finalität kennzeichnete freilich die Vermeidbarkeit der fahrlässigen Delikte wie auch der vorsätzlichen. Sie würde auch nicht voraussetzen, daß die „unrichtigen Werteinstellungen für den Täter sinnhaft vermeidbar waren“ (*Welzel*, ZStW 58, S. 561), da z. B. der Vorsatz seine Eigenschaft als Steuerungselement nicht verliert, wenn dem Vorsatztäter — etwa infolge Rechtsunkenntnis — die Unterlassung der Erfolgsverwirklichung sinnlos erscheinen muß. Die Kritik *Bockelmanns* (Täterschaft und Teilnahme, S. 31 Anm. 60), *Mezgers* (Moderne Wege, S. 18 f.) und *Nieses* (Finalität, S. 43 ff.) an *Welzels* früherem Versuch, die Fahrlässigkeit mit Hilfe der potentiellen Finalität zu fassen (*Welzel*, Naturalismus, S. 81 f.; ders., ZStW 58, S. 560; ders., Allgemeiner Teil, 1. Auflage, S. 23, 79; ders., Strafrecht, 2. Auflage, S. 22 f., 85), übersieht — wie *Welzel* selbst — die Notwendigkeit einer vorrechtlichen Bestimmung der Reichweite der Motivation, um einen wirksamen Anknüpfungspunkt für die Verhaltensnormen zu finden, wobei nach der subjektiven oder objektiven Sinnhaftigkeit der Motivationsakte nicht gefragt werden darf, da der Sinn der Motivation durch das Recht erst konstituiert wird. Solcherart beschränkt auf den Motivationsakt und erweitert auf die Vorsatzdelikte deckt sich die potentielle Finalität mit der Vermeidbarkeit. Allerdings ist der Begriff der Finalität bei Motivationsvorgängen aus anderen Gründen fehl am Platz; hierzu u. S. 135 f., ferner dort Anm. 37.

Originärer Anknüpfungspunkt der auf Vermeidung bestimmter Folgen gerichteten Normen sind nicht Wissen oder Wissen und Wollen der Folgen, sondern die Vermeidbarkeit der Folgen. Damit gliedert sich der gesamte Bereich der vermeidbaren Folgen eines Verhaltens in die aktuell gesteuerten Folgen (beabsichtigte Folgen) und die bloß steuerbaren Folgen; von den letzteren haben die bewußt steuerbaren (schlicht vorsätzlichen) Folgen mit den aktuell gesteuerten das Steuerungsbewußtsein gemeinsam. Bei allen steuerbaren und gesteuerten Folgen ist das Subjekt aktuell solcherart disponiert, daß bei einem dominanten Vermeidemotiv das folgenbringende Verhalten nicht vollzogen würde. Die Einheit von vorsätzlichem und fahrlässigem Delikt ist also nicht „entschwunden", besteht auch nicht in einer „Zwangsehe"[41], sondern in einem Merkmal, das zugleich Ansatz zweckvoller Rechtsnormen ist: in der Vermeidbarkeit[42]. Die Relevanz der Motivation für Verhaltensfolgen, die natürliche Vermeidbarkeit, bildet eine unüberspringbare Grenze für ein auf Vermeidung bestimmter Folgen angelegtes Rechtssystem.

---

[41] *Maurach*, Schuld und Verantwortung, S. 24.

[42] Die von *Dreher* postulierte „selbständige Kategorie", mit der „‚blind' verursachte Folgen" vor ihrer tatbestandlichen Einordnung erfaßt werden können (MDR 1970, S. 366), ist damit gegeben. Eine Verdoppelung des Handlungsbegriffs (*Cerezo*, ZStW 71, S. 143) findet nicht statt.

5. Kapitel

VERMEIDBARKEIT UND NORMWIDRIGKEIT

I. Problemstellung

Das in der Verhaltensnorm beschriebene Verhalten kann sich nicht ausschließlich nach den *aktuellen* Anlagen des einzelnen Rechtsunterworfenen ausrichten, denn die zur Rechtsbefolgung erforderliche Steuerung entspricht der aktuell erbrachten nur im Fall eines rechtskonformen Verhaltens. Niemand kann „mit sich selbst als Maß gemessen werden"[1]. Daß sich die Verhaltensnorm nicht an die real gegebenen Verhaltensbedingungen binden muß, ist für *eine* Verhaltensbedingung evident: Das Motiv, den bestimmten Erfolg zu vermeiden, kann von der Verhaltensnorm nicht vorausgesetzt, sondern soll durch sie gerade begründet werden. Von der aktuellen Motivation auf Vermeidung der bestimmten Folge muß die Verhaltensnorm zwingend absehen; sie begnügt sich mit der *Vermeidbarkeit*, d. h. der hypothetischen Macht eines Vermeidemotivs. *Exner* formuliert, allerdings als Erwägung zur Fahrlässigkeit als Schuld und deshalb auf die Rechtsgesinnung statt auf das Erfolgsvermeidungsmotiv bezogen: „Wir untersuchen, ob die mißbilligte Tat auch dann resultiert hätte, wenn ein rechtmäßig Gesinnter in gleiche äußere Situation versetzt worden wäre. Und das Urteil, der Täter hätte anders handeln können, bedeutet: er hätte anders gehandelt, wenn er anders gewesen wäre"[2].

Aber auch über das Motiv zur Erfolgsvermeidung hinaus wird in der Dogmatik der Fahrlässigkeit häufig mit Objektivierungen — und d. h. in bezug auf das einzelne Subjekt: mit Hypothesen — gearbeitet; es handelt sich um Rechtsfiguren wie die Adäquanz, den einsichtigen Menschen, das objektiv verkehrsrichtige Verhalten etc. Ihre Relevanz für die Verhaltensnorm soll hier untersucht werden. Dabei geht es um zwei Problemkreise, nämlich einmal, was für ein Verhalten durch die Verhaltensnorm dem Rechtsunterworfenen angesonnen wird, welche Inhalte also durch das Leitbild vermittelt werden sollen, zum anderen, welches Maß an gegebener oder erlangbarer Erfolgsvoraussicht den Anknüpfungspunkt der Verhaltensnorm bildet (erlaubtes Risiko); denn die Verhaltensnorm braucht, auch wenn sie auf vermeidbare Verursachungen ausgerichtet ist, nicht *jede* ver-

---

[1] *Münzberg*, Verhalten und Erfolg, S. 222.

[2] Fahrlässigkeit, S. 182 f.; ferner *Engisch*, Vorsatz und Fahrlässigkeit, S. 413 f.; *Köhler*, Fahrlässigkeit, S. 129.

meidbare Verursachung zu erfassen. Letzteres ist freilich, wie zu zeigen sein wird[3], kein spezifisches Fahrlässigkeitsproblem.

Nun soll hier nicht erneut die stattliche Liste der Lehrmeinungen und Entscheidungen eröffnet werden, welche die Adäquanz, die Außerachtlassung der im Verkehr erforderlichen Sorgfalt oder die Überschreitung des sozialadäquaten Risikos zur Voraussetzung der Normwidrigkeit rechnen, sondern es soll nach den Gründen für die Aufstellung eines objektiven Haftungsmaßes (bei der kriminellen Haftung: vorbehaltlich einer Korrektur nach subjektiven Maßstäben in der Schuld) gefragt werden. Hierbei geht es jedoch nur um die inhaltliche Bestimmung fahrlässigen Verhaltens und seine Zurechnung, nicht aber um andere Zwecke objektiver Verhaltensbewertung, insbesondere nicht um die Bestimmung der Notwehrvoraussetzungen[4].

II. Kausalität

Das mindeste an Haftungsbegrenzung, das im Rahmen der Normwidrigkeit verlangt wird, ist ein Bedingungszusammenhang zwischen Verhalten und Erfolg[5], und es finden sich in der Literatur zwar Äußerungen dazu, weshalb nicht mehr als der Bedingungszusammenhang Voraussetzung der Normwidrigkeit sein könne, nicht aber (von *Kelsen*[6] abgesehen) weshalb es der Bedingungszusammenhang sein müsse. Die apodiktische Sicherheit, mit der der Bedingungszusammenhang als Voraussetzung der Normwidrigkeit behandelt wird, während die Stellung anderer Momente problematisch bleibt, weist auf einen Ansatz beim defensiven Rechtsgüterschutz: Da auf rechtswidriges Verhalten in Notwehr reagiert werden darf, müssen die Voraussetzungen der Notwehr, also auch die als rechtswidrig zu bewer-

---

[3] S. u. S. 87 f.

[4] Hierzu s. o. S. 16 ff.

[5] Eine Auseinandersetzung mit den Thesen von Karl *Salm*, Das vollendete Verbrechen, Erster Teil, Über Fahrlässigkeit und Kausalität, Erster Halbband, Der Tatbestand des fahrlässigen Erfolgsdelikts, Berlin 1963; Zweiter Halbband, Einzelprobleme, Berlin 1967, erfolgt in dieser Arbeit nicht. *Salm* rollt die Problematik von der Behandlung der Fahrlässigkeit im Prozeß her auf. Als entscheidendes Kriterium findet er — an der Beweisaufnahme als dem Erkenntnismittel orientiert — den Eindruck, den der Zusammenhang von Willensfehler und Erfolg nach den bewiesenen Tatumständen „rechtserschütternd" hervorruft (Erster Halbband, S. 206 ff., 213 ff., und in beiden Halbbänden passim). Freilich sind in den Eindruck und die Beurteilung als Willensfehler rechtliche Bewertungsmaßstäbe längst eingeflossen. Zutreffend bemerkt *Roxin:* „Aber das Verhalten ist nicht fahrlässig, weil es einen rechtserschütternden Eindruck macht, sondern es macht diesen Eindruck, weil es fahrlässig ist!" (ZStW 77, S. 89). Bei dieser Differenz im Ansatz nehmen Differenzen in einzelnen Lösungen zu den Lösungen des hier gegebenen Modells nicht wunder und Gleichstimmigkeiten sind Zufall. Abweichungen und Übereinstimmungen jeweils aufzuzählen, brächte keinen Gewinn.

[6] Vergeltung und Kausalität, Den Haag (Niederlande) 1941.

tenden Sachverhalte, bereits garantieren, daß die abwehrende Veränderung dieser Voraussetzungen nicht prinzipiell sinnlos ist. Nicht so bei der Verhaltensnorm und den Sanktionsvoraussetzungen: Hier setzt das Urteil „rechtswidrig" keinen Schlußpunkt, seine Funktion kann deshalb dunkel bleiben, und unerledigte Fragen lassen sich „in die Schuld verschieben". Damit wird aber die Funktion des Rechtswidrigkeitsurteils für die Zurechnung überhaupt problematisch. Es wäre zumindest zu begründen, weshalb nicht auch der Bedingungszusammenhang zur Schuld geschlagen, also jedes menschliche Verhalten für rechtswidrig erklärt wird. Eine hinreichende Begründung wird nicht schon durch den Hinweis geleistet, der Bedingungszusammenhang charakterisiere zumindest den Erfolgsunwert — genauer: Verlaufsunwert —[7]; denn selbst dann, wenn man den Bedingungszusammenhang nicht beim äußeren Verhalten, sondern beim „Willkürakt" ansetzt, bleibt man, sofern vom motivationsmäßig Erreichbaren, also von der Steuerbarkeit, abgesehen wird, beim *Faktum* des psychischen Prozesses stehen, so daß der Erfolgsunwert dieses Verlaufs sich von dem Erfolgsunwert eines nicht durch einen Willkürakt bedingten Verlaufs nicht unterscheidet. Bei den nicht vermeidbaren Folgen kommt das Spezifische des psychischen Vermögens, das den Abbruch des Regresses auf Bedingungen gerade an dieser Stelle rechtfertigt, nicht in den Blick. Der Willkürakt bleibt bloß bedingendes Durchgangsstadium und steht einem Krampfanfall oder einer Naturkatastrophe gleich. Man mag nun letztere auch rechtswidrig nennen[8], muß dann aber wegen der Endlosigkeit des Regresses auf Bedingungen weite Teile des Weltverlaufs und damit auch eine unübersehbare Fülle der alltäglich geübten Handlungen als rechtswidrig beurteilen. Bei dieser extremen Lösung wäre immerhin die Entfunktionalisierung des Rechtswidrigkeitsbegriffs evident.

Roeder verkehrt die Problemlage, indem er ausführt: „Daß trotz aller Gegenargumente noch immer ein großer Teil der Theorie bekanntlich daran festhält, daß ein ordnungsgemäßes (verkehrsrichtiges) Verhalten auch trotz Eintrittes eines rechtswidrigen Erfolges ein rechtmäßiges Verhalten ist, hat letztlich seinen Grund wohl darin, daß man in der Entstehung eines rechtswidrigen Erfolges aus einem (‚an sich') rechtmäßigen Verhalten eine unüberwindbare logische Schwierigkeit erblickt"[9]. Daß es rechtswidrige Erfolge und bereits wegen der Stellung als Bedingung rechtswidriges Verhalten gibt, wäre vielmehr zu begründen, indem die Funktion einer solchen Prädikatisierung bezeichnet würde. Da es aber an einer Funktion fehlt, zumal wenn — wie bei *Roeder*[10] — das Notwehrargument (zutref-

---

[7] *Nowakowski*, ZStW 63, S. 287 ff.; *Rehberg*, Erlaubtes Risiko, S. 141; *Roeder*, Sozialadäquates Risiko, S. 67 ff.

[8] Gegen solche Lösungen: *Ad. Merkel*, Kriminalistische Abhandlungen, S. 45 ff.; *Mezger*, GS 89, S. 217 f., 246.

[9] Sozialadäquates Risiko, S. 85.

[10] Sozialadäquates Risiko, S. 85.

fend) außer Betracht gelassen wird, taucht das Problem einer mit der Rechtswidrigkeit konkurrierenden Rechtmäßigkeit nicht auf.

Damit ist auch der Weg versperrt, bei vorausgesetzter Notwendigkeit, nicht durch das Verbot aller riskanten Handlungen jeden Fortschritt zu hemmen, zwischen Handlungen im erlaubten Risiko ohne Verletzungsfolge und mit Verletzungsfolge unter Rechtswidrigkeitsgesichtspunkten zu unterscheiden[11,12]. Sollen riskante Handlungen nicht vermieden werden, hält also das Recht die auf eine (bestimmte) riskante Handlung zielende Motivation trotz des Risikos noch für richtig, so ist, falls ein Erfolg eintritt, die Motivation zwar ein bedingendes Element des Schädigungsprozesses, ohne aber rechtlich als spezifischer *Motivations*vorgang, also als zur Vermeidung mächtiger Vorgang, in den Blick zu kommen; denn durch die rechtliche Anerkennung der riskanten Handlung wird die Vermeidbarkeit gerade ausgeklammert, und der Abbruch des Regresses auf Bedingungen gerade an dieser Stelle ist willkürlich. Bei der nach dem Erfolgseintritt differenzierenden Betrachtung[13] endet das „erlaubte Risiko gerade da . . ., wo es erst akut zu werden beginnt, weil man es nicht braucht, solange nichts passiert, und es versagt, sowie etwas passiert“[14]. Das durch die Lehre vom erlaubten Risiko in Richtung auf eine Verhaltensnorm umfunktionierte Verursachungsverbot wird durch das Erfolgsunrecht, in dem teilweise das Zentrum des rechtlichen Denkens überhaupt gesehen wird[15], wieder auf den

---

[11] So aber *Rehberg*, Erlaubtes Risiko, S. 137 ff. i. V. m. S. 172 ff.; *Roeder*, Sozialadäquates Risiko, S. 87 ff.; *Maurach*, Strafrecht, AT, § 43 II B 2, bei welchem das durch die Kausalität indizierte Rechtswidrigkeitsurteil nicht ins eigene System paßt: Der von *Maurach* (AT, § 22 I) zum Tatbestand gerechnete Vorsatz als Deliktsvorsatz, d. h. als auf die strafrechtlich relevanten Folgen bezogenes Steuerungselement, kann nicht ohne Änderung der Tatbestandsfunktion durch einen auf strafrechtlich irrelevante Folgen bezogenen Vorsatz ersetzt werden, da der nicht auf die deliktischen Folgen bezogene Vorsatz nicht schon kraft seiner Eigenschaft als Vorsatz Steuerungselement der deliktischen Folgen ist. Vgl. die vorangegangene Kritik der Willküraktstheorie.

[12] Auch *Maurachs* (Strafrecht, AT, § 43 II B 2) Differenzierung zwischen erlaubtem „Gesamtbetrieb“ und verbotener „einzelner Betriebshandlung“ führt nicht weiter, weil der Gesamtbetrieb nur die Summe aller einzelnen Betriebshandlungen ist. Daß die sorgfalts*widrige* Betriebshandlung nicht zum erlaubten Risiko zählt, sollte nicht streitig sein. Eine „falsche Betriebshandlung“ ohne Blick auf ihre Vermeidbarkeit bestimmen zu wollen (so *Baumann*, Strafrecht, S. 258) scheitert an den (von *Baumann*, aaO., zutreffend erkannten) Einwendungen gegen die Relevanztheorie: alle Betriebshandlungen, die den Unfall bedingen, sind unter dem Aspekt des Verlaufs zum schädigenden Erfolg falsch.

[13] Außer den bereits Genannten: *Kienapfel*, Erlaubtes Risiko, S. 14, 21; *Stoll*, JZ 1958, S. 142; *Wussow*, NJW 1958, 892; weitere Nachweise bei *Stoll*, aaO., und Eike *Schmidt*, Fahrlässigkeit und Rechtfertigung, S. 10.

[14] *Mezger-Blei*, Strafrecht, AT, S. 216.

[15] *Rehberg*, Erlaubtes Risiko, S. 164: rechtliches im Gegensatz zu technischem Denken; ferner *May*, NJW 1958, S. 1265; *Roeder*, Sozialadäquates Risiko, S. 84; *Kienapfel*, Erlaubtes Risiko, S. 20.

Thron gehoben, und die Zurechnungsproblematik, um die es geht[16], bleibt ungelöst.

Einen halben Schritt in Richtung der Verhaltensnorm gehen *H. Schröder*[17], der zwar nicht die Einhaltung der im Verkehr erforderlichen Sorgfalt, wohl aber das erlaubte Risiko für unrechtsausschließend hält[18], und *Baumann*, der bei „grundsätzlich" zur Rechtswidrigkeit genügenden Erfolgsverursachung[19] doch das verkehrsgerechte Verhalten als gerechtfertigt ansieht[20]. Über die Stellung des erlaubten Risikos oder des verkehrsrichtigen Verhaltens im Rechtfertigungsbereich soll hier nicht gerechtet werden, zumal *H. Schröder* und *Baumann* Rechtfertigungsgründe als negative Tatbestandsmerkmale in den Tatbestand einbeziehen[21]. Bei konsequenter Durchführung müßte das Kausierungsverbot in Form der Theorie von der rechtswidrigen Erfolgsverursachung allerdings fallen; denn es gibt keinen Lebensbereich, in dem auch das entfernteste Risiko unerlaubt oder verkehrswidrig gesetzt würde. Wenn Personen, die eine Fluglinie betreiben oder eine Flugkarte verschenken, auch im Schädigungsfalle rechtmäßig handeln, sofern die Schädigung aus dem Flugrisiko normaler Höhe erfolgt, kann für das Betreiben eines Kindergartens, den Verkauf von Lebensmitteln, überhaupt für jedes menschliche Verhalten nichts anderes gelten; denn jedes Verhalten bringt ein Risiko irgendeiner Schädigung mit sich und nur die *Größe* des Risikos, die noch erlaubt wird oder noch verkehrsrichtig heraufbeschworen werden kann, schwankt je nach Lebensbereich, d. h. nach der Sozialnützlichkeit des riskanten Verhaltens und der Sozialschädlichkeit der drohenden Schädigung. Werden die Konsequenzen der Entscheidung BGHZ 24, S. 21 ff., nur für Bereiche besonders signifikanter Gefährdungen gezogen[22], entsteht die groteske Situation, daß es nur in den Fällen *geringen* Risikos beim Verursachungsverbot bleibt. Es muß also ein für alle Lebensbereiche tauglicher Maßstab als Leitbild zur Orientierung des Verhaltens gefunden werden.

---

[16] Zu dem von *Maurach*, Strafrecht, AT, § 43 II B 2 a, herangezogenen Notwehrargument s. o. S. 16 ff. und bei *Mezger-Blei*, Strafrecht, AT, S. 217.

[17] Widersprüchlich *Schönke-Schröder*, Strafgesetzbuch, § 59, Rdn. 159, 163, der das Unrecht ohne die Außerachtlassung der im Verkehr erforderlichen Sorgfalt bestimmt, für tatbestandlich aber nur einen Erfolg hält, in dem sich die Verletzung dieser Sorgfalt konkretisiert. Die im Verkehr erforderliche Sorgfalt kann aber nicht zugleich tatbestandsirrelevant sein und tatbestandsrelevant; treffend auch *Mezger-Blei*, Strafrecht, AT, S. 217.

[18] *Schönke-Schröder*, Strafgesetzbuch, § 59, Rdn. 163, 165.

[19] Strafrecht, S. 444.

[20] Strafrecht, S. 269. Die Differenz zur Lösung *Baumanns* bleibt, wie dieser zutreffend ausführt (aaO., S. 444), im Ergebnis terminologisch: Zur „materiellen Rechtswidrigkeit" reicht die Erfolgsverursachung jedenfalls nicht aus; *Baumann*, MDR 1957, S. 648.

[21] *Schönke-Schröder*, Strafgesetzbuch, § 59, Rdn. 21; *Baumann*, Strafrecht, S. 266 f., 430 f.

[22] So bei *Oehler*, Eb. Schmidt-Festschrift, S. 244 ff.

III. Objektive Bezweckbarkeit

Bei den die Kausalität beschränkenden Lösungen wird die Funktion eines objektiven Maßstabes teilweise darin gesehen, die Verhaltensnorm an dem Können des Menschen überhaupt, nicht aber einer bestimmten Person auszurichten. *Larenz* formuliert: „Das Subjekt des Zurechnungsurteils ist . . . nicht der besondere konkrete Mensch, sondern der abstrakte Begriff eines Menschen von normaler Fähigkeit, oder vielmehr: der besondere Mensch lediglich seiner allgemeinen Natur nach, sofern er ein vernünftiges Wesen, Person ist. Das Geschehene wird ihm als Tat lediglich objektiv zugerechnet, d. h. es wird ihm zugerechnet, sofern er lediglich als abstrakte Person und nicht nach seiner konkreten Individualität betrachtet wird“[23]. Diese „Zurechnung zur Tat“ soll eine Vorstufe für die „Schuldzurechnung“ bilden[24]. *Oehlers* Auffassung vom „objektiv mit der Handlung Bezweckbaren“, was „überhaupt nach der menschlichen Vernunft“ beurteilt werden soll[25], steht dieser Lehre nahe, wenngleich ihr der Überbau fehlt, den *Larenz* mit seiner Theorie vom Recht als der „ideelle(n), moralische(n) Wirklichkeit, deren Möglichkeit auf Freiheit beruht“[26], gibt. Der Nutzen des Blicks auf die Vernunft überhaupt bleibt auch ohne die Lehre des philosophischen Gewährsmannes von der Koinzidenz des Vernünftigen und des Wirklichen rein vorrechtlich: Nur konkrete Subjekte können Erfolge vermeiden, nur gegen konkrete Subjekte werden Sanktionen verhängt (auch der defensive Rechtsschutz wird gegen konkrete Angreifer gewährt), und als Leitbildverhalten ist das richtige Verhalten bei totaler Vernunft wegen des Umfangs, den kein konkretes Subjekt ausmessen kann, praktisch ebenso ungeeignet wie der reale Kausalverlauf. Selbst als Mindestmaß der Verantwortungsvoraussetzungen[27] kann die Theorie von der objektiven Bezweckbarkeit nichts ausrichten, da sie durch den Bezug auf die Vernunft überhaupt jede nur mögliche Steuerung erfaßt. Das Mindestmaß der Verantwortung fällt mit dem — nur theoretisch denkbaren — Höchstmaß der Lenkungsmöglichkeit zusammen. So proklamiert diese Lehre die Steuerung zur Zurechnungsvoraussetzung, ohne zur Steuerung durch den einzig potentiell Vermeidungsmächtigen, das konkrete Subjekt, etwas auszusagen.

Auch *Maihofer* setzt bei der Entwicklung der Zurechnungsmaßstäbe nicht bei dem Subjekt an, dem zugerechnet werden soll. Im Anschluß an Erik *Wolf*, der den Täterbegriff vom Menschen, „wie er in der Welt des Rechts steht“, von der Rechtsperson, dem Rechtssubjekt, dem Rechtsgenossen, im Gegensatz zum vitalen, individuellen, sittlichen Menschen her entwickelt

---

[23] Hegels Zurechnungslehre, S. 94.

[24] Hegels Zurechnungslehre, S. 96.

[25] Objektives Zweckmoment, S. 75; ders., Eb. Schmidt-Festschrift, S. 236; ferner *Honig*, Frank-Festgabe, I, S. 184, 188.

[26] Hegels Zurechnungslehre, S. 91.

[27] So bei *Larenz*, NJW 1955, S. 1011; *Oehler*, Objektives Zweckmoment, S. 74; ders., Eb. Schmidt-Festschrift, S. 233.

hat[28], führt er aus, nicht der Mensch in seiner „subjektiven Einstellung", sondern in seiner „objektiven Stellung in der ‚Welt des Rechts'" sei Täter der Tat und folglich müsse beim Unrecht neben dem „Unrecht der Tat" der „personale Unwert" berücksichtigt werden, „den der Täter mit seiner Tat als Verfehlung dieses bestimmten sozialen Seins und Sollens auf sich lädt"[29]. Im Gegensatz zu *Larenz*, der die Norm im Blick auf den Täter als vernunftbegabtes Wesen konkretisiert, richtet sich *Maihofer* nach dem Täter als Sozialperson. In Konsequenz dessen wird die Zurechnung des objektiv Finalen[30], also der Handlung einer „vernünftigen Person" oder von „Menschen überhaupt"[31], noch im Unrecht auf die Zurechnung des für jemanden „in bestimmter sozialer Rolle und Lage (etwa als Kraftfahrer, als Arzt) an Leistung Möglichen" reduziert[32].

Das Leitbild wird durch diese Gruppenbildung konkretisiert. Zugleich eröffnet sich durch Abkehr vom überhaupt Steuerbaren die Möglichkeit, die Untergrenze der Haftung den sozialen Bedürfnissen gemäß zu bestimmen. Für einen Täter, der sich dem Niveau der Gruppe anpassen kann, bildet diese beschränkte objektive Vermeidbarkeit eine erfaßbare Richtlinie; für ihn bedeutet die objektive Zurechnung der Tat immer zugleich auch subjektive Zurechnung[33]. Für den Täter aber, der dieses Niveau intellektuell nicht erreicht, sei es wegen allgemeiner Unterbegabung, sei es wegen Kenntnismangels auf speziellen Gebieten, bietet *Maihofers* Unrechtsnorm keine Verhaltensvorschrift mehr; denn jeder Täter müßte, wenn er sich rechtstreu betätigt, die Frage beantworten, ob die aus seiner Betätigung möglicherweise resultierenden Verletzungen allgemein vermeidbar sind. Die Beantwortung dieser Frage geht mit der Erlangung persönlicher Befähigung zur Vermeidung Hand in Hand; wer erkennt, daß eine andere Person unter Anwendung der Denkregeln einen Erfolg voraussähe, sieht selbst voraus. Dieses Dilemma haftet allerdings jeglicher Objektivierung an und soll deshalb bis zur Behandlung der Lehren von der objektiv erforderlichen Sorgfalt dahinstehen[34].

---

[28] Vom Wesen des Täters, S. 31 f.

[29] *Maihofer*, Rittler-Festschrift, 1957, S. 148.

[30] *Maihofer*, ZStW 70, S. 171.

[31] *Maihofer*, Rittler-Festschrift, 1957, S. 158; ders., Eb. Schmidt-Festschrift, S. 174, 177.

[32] *Maihofer*, Eb. Schmidt-Festschrift, S. 177; ders., Rittler-Festschrift, 1957, S. 158; auch *Walder*, Z. Bern. J. V., 1968, S. 103 f.

[33] Diese rechnet *Maihofer*, auch was die individuelle Erfolgsvoraussicht als psychische Voraussetzung der Vermeidbarkeit angeht, mit der insoweit nahezu einhelligen Ansicht in Rechtsprechung und Literatur zur Schuld: ZStW 70, S. 185 f.; ders., Rittler-Festschrift, 1957, S. 163.

[34] *Münzberg*, der *Maihofers* Ansatz beim objektiv Finalen teilt (Verhalten und Erfolg, S. 155 ff.) hat das Notwehrargument, das als ein Argument aus einem anderen System hier an sich außer Betracht bleiben soll (s. o. S. 16 ff.), in die Bestimmung der Verhaltensnorm einbezogen, indem er auf das Verhalten des Angegriffenen abstellt: „Die individuelle Bestimmung des für die Unrechtslehre maß-

Maihofers Ansatz krankt jedoch spezifisch daran, daß die Fälle überlegenen Sonderwissens und Sondervermögens selbst im Vorsatzbereich nicht mehr strafrechtlich erfaßt werden können. Was den Täter aus der „sozialen Rolle und Lage" heraushebt, müßte er konsequent bei Handlungen innerhalb der sozialen Rolle und Lage auch vorsätzlich ausnutzen dürfen, ohne sich normwidrig zu verhalten[35]. Beispielhaft gesprochen: Der Ingenieur, der einem wegen Bremsdefekts haltenden Autofahrer bei der Reparatur hilft, dürfte nach der Reparatur die Weiterfahrt positiv empfehlen, auch wenn er — allein auf Grund seiner überlegenen Kenntnis dieser Konstruktion — erkannt hätte, daß an einer anderen Stelle des Bremssystems in kurzer Zeit ein weiterer Defekt auftreten wird[36]: Das Bestmögliche der sozialen

---

geblichen Könnens hebt die Betrachtung ex ante praktisch auf, weil es nicht möglich ist, das individuelle Können des anderen jeweils so zu erkennen, daß man bereits das eigene Handeln danach ausrichten kann. Das darf nicht hingenommen werden, weil die Forderung, daß die Rechtswidrigkeit ex ante feststellbar sein muß, nicht nur für den Täter (Angreifer), sondern auch für sein Gegegenüber ... gelten muß" (aaO., S. 236). Daraus folgert *Münzberg*, die Verhaltensrichtlinie müsse für alle gleich, also objektiv, gebildet werden (aaO., S. 237). Zieht man zudem — wie *Münzberg* (aaO., S. 235 f.) — die Fälle unerkennbar putativer Notwehr zum rechtmäßigen Handeln, wird der Bereich rechtmäßiger Abwehr zwar durch die Nichtberücksichtigung eines besonderen Unvermögens des Angreifers erweitert, zugleich aber bei durchgehend objektivem Maßstab durch die Nichtberücksichtigung eines besonderen Unvermögens des sich angegriffen Glaubenden wieder verengt. Nun kann sich der Angegriffene allerdings so wenig längeren Meditationen darüber hingeben, ob wohl der Angreifer normal- oder unterbegabt ist, wie darüber, ob er selbst recht urteilt oder zu ängstlich, zu forsch. Auch der objektive Maßstab führt also in Notwehrfällen nicht zu einer individuell auch nur im Prinzip stets ex ante erkennbaren Verhaltensnorm. *Münzbergs* Bedenken, „wäre das Können individuell zu bestimmen, so würde die Zahl der Fälle, in denen sich Menschen gegenseitig Schaden zufügen, . . . ohne daß einer dabei rechtswidrig handelt, . . . bedenkliche Ausmaße annehmen" (aaO., S. 236), zielen auf eine bezüglich der Folgenvermeidung nutzlose Rechtswidrigkeitsdeklaration. Es geht jenseits des subjektiven Vermögens nicht mehr um die Frage, wie das Individuum mit Hilfe des rechtlichen Leitbildes sein Verhalten einrichten soll, sondern allenfalls noch darum, ob die Kosten eines objektiv ex ante betrachtet schadenbringenden Kausalverlaufs den „Angreifer" in Form der gegen ihn gegebenen Repressionserlaubnis treffen sollen oder den Angegriffenen in Form der Verweisung auf den rechtfertigenden Notstand. Die Tatsache des gegenseitigen Köpfeeinschlagens richtet sich unabhängig von objektiven Beurteilungen stets ausschließlich nach der subjektiven Deutung der Lage. Damit endet *Münzbergs* Versuch, die Notwehrproblematik in die Problematik der inhaltlichen Bestimmung der Verhaltensnorm einzubeziehen doch wieder beim *isolierten* Notwehrproblem, weil er die Limitierung der Macht des Rechts durch die Fähigkeiten der jeweiligen Rechtsunterworfenen verkennt.

[35] Ähnlich kritisch: *Lampe*, Personales Unrecht, S. 70 ff., 72.

[36] Ob Begehung vorliegt (der Fahrer wollte den alten Wagen lieber überhaupt nicht mehr benutzen) oder Unterlassung (§ 330 c StGB: der Fahrer hätte den Wagen in die Werkstatt schleppen lassen, die den zweiten Mangel nicht hätte entdecken können; die Weiterfahrt gefährdet den Fahrer und beliebige andere Verkehrsteilnehmer) zählt hier gleich.

Rolle „freiwilliger Helfer" oder auch „Automechaniker"[37] hätte er erbracht. Erweitert man aber den Rollenbegriff um Sonderwissen und Sondervermögen zumindest im Vorsatzbereich, gibt man ihn als generelle Regel zur Interpretation der Verhaltensnorm preis; an die Stelle der „objektiven sozialen Bedeutung der Handlung"[38] träte zumindest partiell das individuelle Verständnis[39].

IV. Verkehrsgemäße Sorgfalt

Die häufigste Verwendung findet der Gedanke einer objektiv bestimmten Steuerbarkeit zur Einschränkung einer zumindest im Ansatz kausalitätsorientierten Unrechtstheorie. In der frühesten Ausformung, bei *Radbruch*, steht die Rechtswidrigkeit „übernormaler Unvorsicht" noch *neben* der Rechtswidrigkeit des Erfolges[40]: Die Fahrlässigkeit ist durch eine doppelte Rechtswidrigkeit (die fahrlässige Unterlassung durch eine dreifache: Erfolg, Verletzung der Handlungspflicht, übernormale Unvorsicht) gekennzeichnet[41]. Schärfere Konturierung findet sich bei *Exner*. Er behandelt die Frage des im Verkehr Erforderlichen im Rahmen der Untergrenze der Fahrlässigkeit[42] und bestimmt zugleich mit dieser Untergrenze die Rechtswidrigkeit. Er setzt dabei an, daß nicht jeder Erfolg, der vorhersehbar war oder realiter vorhergesehen wurde, strafrechtliche Haftung begründen kann[43], da dann der Mensch zur Untätigkeit verdammt wäre. Vor die Haftungsfreiheit bei Zufall im Rechtssinne (in der heutigen Terminologie: bei fehlender Schuld) stellt *Exner* die Unrechtsbeschränkung auf das im Verkehr Erforderliche[44]. Da Vorsatz und Fahrlässigkeit für *Exner* noch fraglos der Schuld zugehören, geht das im Verkehr Erforderliche diesen vor. „Wer tut, was der Verkehr erfordert, ist schon deshalb von jeder Verantwortung frei, wenn auch sein Tun mit gewissen Gefahren verknüpft ist, die er wohl erkennt oder zu erkennen imstande ist. Es handelt sich um das Problem der Rechtswidrigkeit, mit dem der Schuld in diesem Punkte untrennbar verknüpft"[45].

---

[37] Zur Schwierigkeit, die jeweils typische Rolle oder den Handlungstypus zu finden: *Wiethölter*, Rechtfertigungsgrund, S. 22.

[38] *Maihofer*, ZStW 70, S. 168.

[39] *Münzberg* argumentiert hiergegen, es komme „für das Prinzip des Könnens nicht darauf an, welche Erfolge ein durchschnittlicher Arzt oder Kraftfahrer an äußerer Sorgfalt erzielen kann, sondern welche Kräfte und Kenntnisse er einzusetzen vermag. Dazu gehören aber mindestens diejenigen, die er wirklich hat" (Verhalten und Erfolg, S. 231 Anm. 460). Die Konturierung durch die objektive soziale Rolle, die *Münzberg* — wie *Maihofer* — vollziehen will (aaO., S. 248), ist preisgegeben: Das allein Individuelle ist niemals das „mindestens" Soziale.

[40] ZStW 24, S. 346.

[41] ZStW 24, S. 347.

[42] Fahrlässigkeit, S. 179 ff.

[43] Fahrlässigkeit, S. 191 f.

[44] Fahrlässigkeit, S. 193.

[45] Fahrlässigkeit, S. 193.

Die — vermeintlich — untrennbare Verknüpfung mit der Schuld nimmt *Exner* an, weil er die im Verkehr erforderliche Sorgfalt nicht als fest umrissenes *äußeres* Verhalten ansieht, sondern allein als ein über die Erfolgschancen *urteilendes* Verhalten, also als objektives Gegenstück des Vorsatzes oder der möglichen Folgenkenntnis bei der Fahrlässigkeit[46].

Aus der Größe der Verletzungsmöglichkeit und der Bedeutung der möglichen Verletzung einerseits und dem Zweck der zu beurteilenden Handlung andererseits tariert *Exner* ein sozial erträgliches Maß an Gefährdung, bei dessen Überschreitung die Frage nach Vorsatz und Fahrlässigkeit als Rechtsfrage erst aktuell wird[47]. „Die ‚erforderliche' Sorgfalt ist eben ein schmiegsamer Begriff, der auf verschiedene Tatbestände angewandt, verschiedenen Umfang annimmt"[48]. Insbesondere soll die Untergrenze der rechtlich relevanten Gefährdung nicht nur vom Gefährdungsgrad, sondern auch vom Gewicht des gefährdeten Rechtsguts abhängen: „Das Wort ‚fahrlässig' in der Bestimmung über die Tötung ist eben anders zu interpretieren, als dasselbe Wort in der Bestimmung über die leichte Körperverletzung"[49]. „Vorsätzliche Schuld" setzt die Kenntnis einer dieses — normativ bestimmte[50] — Maß übersteigenden Gefährdung voraus, „fahrlässige Schuld" die Erkennbarkeit. Damit hat *Exner* weite Bereiche des rechtfertigenden Notstandes unmittelbar in den Inhalt der Verhaltensnorm übernommen. Ob es praktikabler und einprägsamer wäre, die Fälle zur Erlaubnis besonders hoher Gefährdung auszugliedern, soll hier dahinstehen; sachlich, insoweit ist *Exner* zuzustimmen, setzt jeder Fall rechtfertigenden Notstandes in der Form der Abwägung von Gefährdungsgraden das Maß der rechtlich relevanten Steuerung neu fest.

Bei der Ausrichtung des Unrechts am Gefahrurteil lautet die entscheidende Frage, welche Person das Gefahrurteil maßstäblich fällt. *Exners* Lösung ist nicht eindeutig, da es ihm primär um das Schuldproblem, also die subjektive Vollziehbarkeit dieses Urteils, geht. Fest steht allerdings: Das Interesse am Rechtsgut ist Schuldmoment und muß beim unrechtsrelevanten Gefahrurteil als psychischer Urteilsanlaß in normativ bestimmtem Grad unterstellt werden[51]. Fest steht ferner, daß die intellektuellen Voraussetzungen des Täters[52] und seine besondere Lage (Aufregung, Überanstrengung)[53] im Rahmen der Schuld (spätestens) berücksichtigt werden sollen. Ob aber die im Verkehr erforderliche Sorgfalt nach *Exners* Meinung gleichermaßen stark subjektiviert ausgestaltet werden soll, bleibt schwie-

[46] Fahrlässigkeit, S. 184, 193, 196.
[47] Fahrlässigkeit, S. 199.
[48] Fahrlässigkeit, S. 201.
[49] Fahrlässigkeit, S. 201.
[50] Fahrlässigkeit, S. 197.
[51] Fahrlässigkeit, S. 197.
[52] Fahrlässigkeit, S. 196.
[53] Fahrlässigkeit, S. 203.

rig zu entscheiden. Neben Ausführungen, die den Schluß zulassen, *Exner* verstehe unter der im Verkehr erforderlichen Sorgfalt schlicht das Fehlen von Schuld[54], stehen andere (besonders bei seiner Stellungnahme zum erlaubten Risiko), in denen von „angemessenen" und „im konkreten Fall indizierten" Mitteln[55], von „ordnungsgemäßem" Betrieb und von einer „gebotenen Voraussicht" des Erfolges, die mit der „zumutbaren Voraussicht" nicht identisch sein soll[56], die Rede ist[57]. Objektivierende Tendenzen zeigt auch seine Zusammenfassung: „Das Gesetz verlangt von allen Untertanen die gleiche Sorgfalt bei Vornahme ihrer Handlungen, das gleiche Interesse für die von ihm geschützten Güter. Allein trotzdem kann dieselbe verletzende Tätigkeit in einem Fall als unentschuldbar, im anderen Fall noch entschuldbar erscheinen"[58]. Als urteilendes Leitbild bei Bestimmung der „gleichen Sorgfalt" schwebt *Exner* hierbei nicht eine mit den je individuellen, sondern mit dem Durchschnitt noch erreichbaren Fähigkeiten ausgestattete Person vor[59].

In *Exners* Schuldbegriff wird also nur das Interesse am Rechtsgut objektiv, genauer: normativ allgemein, bestimmt, und *Exner* meint, wo nur die Schuld interessiert, auf einen objektiven Maßstab verzichten zu können[60]. In seine Lehre vom erlaubten Verhalten fließen allerdings im einzelnen nicht geklärte Elemente eines „an sich" richtigen Verhaltens ein.

Damit hat Exner seinen eigenen Ansatz paralysiert. Wenn sich die „Zurechenbarkeit" nicht auf das ganze Gebiet voraussehbarer Verletzungen erstrecken kann, weil dann der Mensch wegen der minimalen Chance irgendeiner Verletzungsfolge, die bei keinem Verhalten ausgeschlossen werden kann, zur Untätigkeit verdammt wäre[61], kann ein ex ante nutzbarer Spielraum der Handlungsfreiheit nicht durch eine nur *objektiv* ex ante erkennbare Ausklammerung minimaler Erfolgschancen aus der strafrechtlichen Haftung erreicht werden. *Exners* Modell funktioniert nur, soweit die objektiven *Unrechts*voraussetzungen (also nicht das Interesse am Rechtsgut) nach den Fähigkeiten des Rechtsunterworfenen subjektiviert werden können. Wenn die nach den Täterfähigkeiten ermittelte minimale Erfolgschance nach objektiver Beurteilung doch schon eine rechtlich relevante Höhe aufweisen kann, und hierüber kann kein Rechtsunterworfener je Gewißheit gewinnen, wird ein Handlungsspielraum nur vermeintlich eröffnet. Handelt der Rechtsunterworfene aber nach seiner eigenen Voraussicht, so wird das Rechtswidrigkeitsurteil als nicht erkennbares Urteil zur wirkungslosen

[54] Insbesondere: Fahrlässigkeit, S. 137 f., 190, 204 f.
[55] Fahrlässigkeit, S. 194.
[56] Fahrlässigkeit, S. 196.
[57] Vgl. ferner: Fahrlässigkeit, S. 181 zu 3.).
[58] Fahrlässigkeit, S. 206.
[59] Fahrlässigkeit, S. 198.
[60] Weitergehend *Engisch*, Vorsatz und Fahrlässigkeit, S. 357 f.: *Exner* fordere überhaupt den subjektiven Maßstab.
[61] Fahrlässigkeit, S. 192.

Deklaration ex post. An einer Norm, die ein nicht subjektiv nachvollziehbares Maß an Steuerung verlangt, kann sich niemand ausrichten.

Wollte man allerdings *Exner* so verstehen, daß er schon das rechtmäßige Verhalten streng nach individuellem Maßstab unter der einzigen Hypothese (Objektivierung) des Fehlens von Schuld (bei *Exner:* unter der Hypothese hinreichenden Interesses am Rechtsgut) bestimmt, müßte sein Modell auch scheitern; denn auch bei unvermeidbarer Verbotsunkenntnis fehlt Schuld, und doch muß die Verhaltensnorm formulierbar bleiben, weil sie bei der Prüfung der Vermeidbarkeit ihrer Unkenntnis vorausgesetzt wird. Die Verhaltensnorm kann nicht immer nur dann übertreten sein, wenn gestraft werden soll, sofern eine bestimmt geartete Beziehung zur Verhaltensnorm Strafvoraussetzung ist. Bei der Konkretisierung der Verhaltensnorm darf also die Hypothese, das Recht wäre Motiv gewesen, nur die Rolle einer untechnisch formulierten Abbreviatur für die andere Hypothese spielen, das Motiv, den Erfolg zu vermeiden, hätte vorgelegen und dominiert (Vermeidbarkeitsprüfung).

V. Äußere und innere Sorgfalt

Bei *Engisch* wird der Inhalt der im Verkehr erforderlichen Sorgfalt gegenüber *Exner* wesentlich verändert. *Engisch* erkennt zwar auch das erlaubte Risiko als tatbestandsausschließendes, genauer: die Sorgfalt modifizierendes Moment[62], bestimmt aber ansonsten die Untergrenze der Fahrlässigkeit, also das *Maß* der Sorgfalt, uniform und trennt, im Gegensatz zu *Exner,* für den sorgfältiges Verhalten stets *urteilendes* Verhalten ist[63], die Arten der Sorgfalt nach äußerer und innerer Sorgfalt. Allerdings hat schon *Exner* ausgeführt, daß es keiner „willkürlichen Fixation“ möglicher Gefahrenpunkte bedürfe[64], sondern automatisiertes, unbewußtes Verhalten ausreiche. *Exner* hat hierbei Fallgestaltungen vor Augen, bei denen das automatisierte Verhalten bereits als Folge eines Interesses an der Rechtsgutserhaltung eingeschlagen wird, nicht aber die problematischeren Versionen, bei denen trotz richtigen „Gefühls“ für das Rechtsgut das Verhalten falsch ist oder trotz falschen „Gefühls“ das Verhalten richtig; letzteres ist freilich außerhalb des automatisierten Verhaltens nur als Zufall denkbar[65].

Engisch entwickelt die äußere Sorgfalt an diesen Fällen. „Es kann jemand psychisch sehr sorgfältig sein und doch sein äußeres Verhalten fehlerhaft gestalten . . . Umgekehrt: Selbst in gefährlichen Situationen gestalten die Menschen sehr häufig ihr Verhalten so, wie es den Geboten der äußeren Sorgfalt entspricht, ohne daß sie sich sonderlich zusammennehmen, gleichsam automatisch“[66]. Äußere wie innere Sorgfalt sollen hierbei die

---

[62] Vorsatz und Fahrlässigkeit, S. 286 f., 344.

[63] S. o. S. 56 f. zu Anm. 46.

[64] Fahrlässigkeit, S. 161 f.

[65] *Engisch,* Vorsatz und Fahrlässigkeit, S. 271.

[66] Vorsatz und Fahrlässigkeit, S. 279.

„Hintanhaltung der Tatbestandsverwirklichung" bezwecken[67]. Zu diesem Zweck ist beim automatisch sachgemäßen Verhalten, also bei der zweiten Fallgruppe *Engischs*, innere Sorgfalt nicht mehr erforderlich, weil keine Gefahrenlage gegeben ist, sofern das automatisierte Verhalten nicht bewußt in Gang gesetzt werden muß und es auch nicht von einem aktuellen Interesse an der Erfolgsvermeidung abhängt. Bedarf das automatisierte Verhalten jedoch einer durch das Bewußtsein oder durch ein Interesse gesteuerten Auslösung, so müssen diese Elemente innerer Sorgfalt zum äußeren Verhalten hinzutreten, soll der Erfolg nicht nur zufällig vermieden werden, führen aber, sofern sie hinzutreten, stets zur Vermeidung des Erfolges, so daß sie die gesamte Sorgfalt ausmachen.

Es bleibt, die Fälle hinreichender innerer Sorgfalt bei fehlender äußerer Sorgfalt zu untersuchen. *Engisch* argumentiert, auch bei hinreichender Beobachtung möglicher Gefahrenquellen könne „womöglich trotz klarer Erkenntnis der Gefahr"[68] ein gefährliches Verhalten eingeschlagen werden, auf dessen Vermeidung es ankomme. „Beachtet man, daß die Fahrlässigkeit nicht schlechthin in Unkenntnis der Tatbestandsverwirklichung trotz Erkennensollens und Erkennenkönnens besteht, . . . daß also der Vorwurf an ein bestimmtes äußeres Verhalten trotz Kenntnis der Möglichkeit oder gar Wahrscheinlichkeit der Tatbestandsverwirklichung geknüpft werden kann, so wird man von selbst auf das Merkmal der Außerachtlassung der äußeren Sorgfalt geführt"[69]. Nun wird die innere Sorgfalt durch eine kontemplative Haltung zur Erfolgschance freilich nicht erfüllt. Soll die Sorgfalt Mittel zur Erfolgsvermeidung sein[70], so ist nicht bereits mit der Voraussicht gedient, sondern erst mit der Konsequenz, die aus der Voraussicht ihres Zwecks wegen gezogen wird: mit dem Motiv, gefährliche Handlungen zu unterlassen. Deshalb ist es auch überflüssig, eine Pflicht zur Voraussicht zu konstituieren; verpflichtet wird zur Erfolgsvermeidung, und hierzu ist die Voraussicht eine psychische Voraussetzung, ohne daß aber durch Voraussicht allein mehr erreicht wäre, als die Verwandlung fahrlässigen Verhaltens in vorsätzliches[71]. Kommt es aber auf die Erfolgsvermeidung an, ist die Sorgfalt als erfolgsvermeidende Sorgfalt, scil. als die Erfolgsvermeidepflicht erfüllende Sorgfalt, zu begreifen, statt als voraussehende Sorgfalt, scil. eine „Voraussichtspflicht" erfüllende Sorgfalt.

Exner formuliert schon im Anschluß an *Wächter:* „. . . immer kommt es darauf an, daß der Erfolg bei diesem Menschen unter diesen Umständen voraussehbar war und zwar nicht nur als möglich denkbar, sondern derart, ‚daß ein Vorsichtiger wegen der Möglichkeit dieser Folge die Tat nicht begangen hätte'"[72]. Wird aber die Sorgfalt erst durch den Erfolgsvermeidungs-

---

[67] Vorsatz und Fahrlässigkeit, S. 280.
[68] Vorsatz und Fahrlässigkeit, S. 274.
[69] *Engisch*, Vorsatz und Fahrlässigkeit, S. 279.
[70] So natürlich auch *Engisch*, Vorsatz und Fahrlässigkeit, S. 280.
[71] Armin *Kaufmann*, ZRV 1964, S. 53.
[72] Fahrlässigkeit, S. 203 f.

willen erfüllt, so wird bei Begehungsdelikten die gefährliche Handlung durch den sorgfältigen Täter nach Erkenntnis der Erfolgswahrscheinlichkeit unterlassen[73]. Der Vollzug einer erkennbar gefährlichen Handlung indiziert also das Fehlen der inneren Sorgfalt. Innere Sorgfalt besteht eben nicht primär in „eine(r) gewisse(n) Leistung der Konzentration, ein(em) Zusammennehmen der fünf Sinne, ein(em) Anspannen der Geisteskräfte, ein(em) Inzuchtnehmen des gesamten psychophysischen Apparates"[74], sondern in der willensmäßigen Hinwendung zur Erfolgsvermeidung; erst auf diesem Willen basiert überhaupt der Aufmerksamkeitsantrieb, ohne den eine Konzentration unmöglich ist. Hiergegen läßt sich nicht einwenden, es könne ein äußeres Verhalten erforderlich werden, das sich dem Beurteilungsvermögen des individuellen Täters verschließt; denn bislang wurde weder ausgemacht, in welchem Maß das äußere sorgfältige Verhalten objektiv, noch das innere sorgfältige Verhalten subjektiv zu bestimmen ist. Auch ein Motivationsverhalten läßt sich maßstäblich bilden; die Frage, inwieweit dies sinnvoll ist, wird allerdings noch zu lösen sein.

Somit bleiben die Fälle übrig, in denen es zur Erfolgsvermeidung eines äußeren Verhaltens bedarf: die Unterlassungsdelikte. Doch auch hier wird sich die äußere Sorgfalt als Bedingung der inneren erweisen. Ein fahrlässiges Unterlassungsdelikt liegt nicht schon vor, wenn die Verletzung durch die sorgfältige Ausgestaltung einer Handlung vermieden werden könnte, ebensogut aber auch durch Unterlassung der Handlung, sondern erst dann, wenn eine — sorgfältige — Handlung notwendig ist, um die Verletzung zu vermeiden. Ein Kraftfahrer, der sich einer bevorrechtigten, kreuzenden Straße nähert, kann das Weiterfahren unterlassen; er vermeidet dann eine Verletzung der sich auf der bevorrechtigten Straße bewegenden Verkehrsteilnehmer durch Befolgen einer Verbotsnorm. Biegt er ein, ohne sich über die Verkehrslage vergewissert zu haben, also bei erkennbarer Verletzungsgefahr, handelt er der Verbotsnorm zuwider. Er ist nicht zur Verkehrsbeobachtung verpflichtet (denn er kann ja schlicht anhalten[75]), sondern zum Unterlassen verletzender Handlungen, und hierzu ist die Verkehrsbeobachtung lediglich psychische Voraussetzung, sofern er handeln will[76]. „Die Fahrlässigkeit ist demnach nicht auf die Unterlassung der objektiven Sorgfalt, sondern auf das Eingehen des unerlaubten Risikos zu beziehen"[77].

[73] Auch *Binavince,* Momente der Fahrlässigkeit, verkürzt die Sorgfalt um das wesentliche Moment, wenn er von ihr als einer „Denkregel" spricht (S. 55, 83, 120 f.). Die Erkenntnisarbeit ist, wie schon *Binding* sah (Normen, IV, S. 500), eine „Voraussetzung loialen Handelns", nicht aber dieses selbst.

[74] *Engisch,* Vorsatz und Fahrlässigkeit, S. 271.

[75] Das übersieht *Hall,* Fahrlässigkeit im Vorsatz, S. 21.

[76] Armin *Kaufmann,* ZRV 1964, S. 46 f.

[77] *Nowakowski,* JZ 1958, S. 337; verfehlt also *Wiethölter,* Rechtfertigungsgrund, S. 38: die Fahrlässigkeit sei als Tun und Unterlassen formulierbar. *Wiethölter* übersieht, daß die Fahrlässigkeit eine Form falscher Steuerung ist; die richtige Steuerung fehlt auch bei Vorsatztaten, die dadurch jedoch nicht sämtlich als Unterlassungen formuliert werden können.

Darf der Kraftfahrer hingegen nicht schlicht anhalten, etwa weil er den ihm nachfolgenden Verkehr behindert, so muß er eine sorgfältige Handlung unternehmen. Da er aber nach einem noch so langen Beobachten der Verkehrslage den Verkehr immer noch behindert, wäre ein Gebot des Beobachtens auch hier nutzlos. Geboten wird vielmehr das Weiterfahren, zu dessen sorgfältiger Ausführung die Verkehrsbeobachtung psychische Voraussetzung ist[78]. Es wäre auch nutzlos, Weiterfahren *und* Beobachten zu gebieten, denn was der Kraftfahrer zur Erfüllung des Gebots zur Weiterfahrt sowieso mit psychologischer Notwendigkeit vornehmen muß, braucht nicht normativ gestützt zu werden[79].

Bei den fahrlässigen Unterlassungsdelikten bezieht sich also das Gebot so ausschließlich auf die Erfolgsabwendung wie bei den fahrlässigen Begehungsdelikten das Verbot auf die Erfolgsherbeiführung. Die Sorgfalt hat keine eigene normative Stellung. Da sich das Gebot auf die Erfolgsabwendung bezieht, ist ihm durch sorgfältiges Ermitteln von Abwendungsmöglichkeiten sowenig genügt wie dem Erfolgsherbeiführungsverbot durch Aufmerksamkeit ohne Konsequenzen, und die Ermittlung von Abwendungsmöglichkeiten bedarf bereits des Willens zur Erfolgsabwendung als Antrieb, wie die Konzentration auf mögliche Erfolgsverursachungen bei den Begehungsdelikten den Vermeidewillen voraussetzt. Ein innerlich sorgfältiges Verhalten muß also die äußere Sorgfalt nach sich ziehen, und ohne innere Sorgfalt ist die äußere Zufall (oder, beim automatisiert richtigen Verhalten: eine Gefahr liegt nicht vor[80]). Die Sorgfalt als „das, was jemand als Mittel zur Vermeidung drohender Tatbestandsverwirklichungen den konkreten Verhältnissen entsprechend anzuwenden verpflichtet ist“[81], besteht nicht in äußerem Verhalten; die „äußere Sorgfalt“ als „richtiges Handeln in Ge-

---

[78] Die Distinktion von Armin *Kaufmann*, Bindings Normentheorie, S. 285, der sorgfaltslos handelnde Sorgfaltsfähige unterlasse, während der Sorgfaltsunfähige begehe, trifft also nicht zu (und ist wohl auch durch die Ausführungen in ZRV 1964, S. 46 f. überholt): Auch der Sorgfaltsfähige begeht, sofern Handeln nicht geboten ist.

[79] Im Beispielsfall schützen das Gebot des Weiterfahrens und das Verbot des gefährlichen Einbiegens allerdings zwei Kreise von Verkehrsteilnehmern. Aber auch bei Identität des Schutzgutes ändert sich das Ergebnis nicht. Dem Chirurgen, der eine unaufschiebbare Operation vornehmen oder eine an sich aufschiebbare, aber begonnene Operation zu Ende bringen muß, wird die Vornahme rettender Handlungen geboten (und zur Erfüllung dieser Handlungspflicht muß er Überlegungen über die Art und Weise des richtigen Operationsverlaufs anstellen) und die Vermeidung verletzender Handlungen verbotsweise vorgeschrieben (und zur Erfüllung dieser Unterlassungspflicht muß er, so er handelt, die Gefährlichkeit seiner Handlungen beurteilen). Schneidet er etwa an der falschen Stelle und an der richtigen nicht, so begeht und unterläßt er zugleich.

[80] S. o. S. 59 f.

[81] *Engisch*, Vorsatz und Fahrlässigkeit, S. 327.

fahrensituationen"[82] ist vielmehr stets — von Zufällen abgesehen — nur Konsequenz der vollständigen inneren Sorgfalt.

Komplizierter ist allerdings die Bedeutung der äußeren Sorgfalt zu beurteilen, wenn sie speziell der Einrichtung innerer Sorgfalt dient. Es handelt sich um die häufig als Rechtsbeachtung oder Kenntnisverschaffung bezeichneten Verhaltensweisen[83]. Daß es hierbei nicht um die Beachtung derjenigen Norm gehen kann, deren Inhalt durch die Sorgfalt konkretisiert werden soll, ergibt sich aus normlogischen Erwägungen: Eine Beachtung dieser Norm würde die Norm bereits voraussetzen. Die Beachtung und Kenntnisverschaffung kann sich jedoch einmal auf unbekannte erfolgsabstrahierende Verhaltensnormen beziehen, die der Vermeidung gefährlichen und der Herbeiführung erfolgsvermeidenden Verhaltens dienen (Ungehorsamsdelikte, polizeiliche Vorschriften), zum anderen auf unbekannte Erfahrungssätze und in Fachkreisen bewährte Regeln zur Erfolgsvermeidung. In beiden Fällen muß dem äußeren Verhalten — wie bei der unmittelbar erfolgsvermeidenden „äußeren Sorgfalt" — ein Motivationsverhalten vorausgehen: die Zuwendung des Willens zur Erfolgsvermeidung und in Konsequenz dessen das Urteil über die Erfolgschancen. Fällt das Urteil dahin aus, daß der Erfolg nicht eintreten werde, und zwar weder unter Berücksichtigung der bei der Prüfung unterstellten Pönalisierung der vorgenommenen Verhaltensweise wegen ihrer Gefährlichkeit (in einem Ungehorsamsdelikt) oder der unterstellten Existenz polizeilicher Regelungen noch bei Berücksichtigung bislang unbekannter Erfahrungssätze oder Regeln zur Erfolgsvermeidung, so ist die Erkundung der abstrakten Gefährdungsdelikte oder der unbekannten Erfahrungssätze und Regeln *unter dem Aspekt der Erfolgsvermeidung* nicht „äußerlich sorgfältig", sondern sinnlos. Ex ante betrachtet erfolgsirrelevante Verhaltensweisen zur Sorgfalt zu schlagen hieße, über den Sorgfaltsbegriff die ex-post-Betrachtung einzuführen, also die Verhaltensnorm durch das Verursachungsverbot zu ersetzen[84]. Auf wessen ex-ante-Urteil es allerdings ankommt, steht hier noch dahin.

Fällt das ex-ante-Urteil aber dahin aus, daß der Erfolgseintritt bei Erweiterung der Wissens- und Beurteilungsbasis als nicht unwahrscheinlich zu beurteilen sein könnte, muß er bereits von der vorhandenen Basis aus als nicht unwahrscheinlich prognostiziert werden; denn von einem Beurtei-

---

[82] *Jescheck*, Strafrecht, S. 384.

[83] Literaturnachweise bei *Engisch*, Vorsatz und Fahrlässigkeit, S. 307 Anm. 5 und 6, und *Jescheck*, Strafrecht, S. 385.

[84] Daß die Nichtbeachtung von deliktischen oder polizeilichen erfolgsabstrahierenden Vorschriften oder von Erfahrungssätzen und anerkannten Kunstregeln nur Indiz der Sorgfaltsverletzung ist, weil sich diese nach der *Erfolgs*vermeidung bestimmt, entspricht ganz herrschender Lehre: *Engisch*, Vorsatz und Fahrlässigkeit, S. 360 ff.; *Exner*, Fahrlässigkeit, S. 204 Anm. 2; *Jescheck*, Strafrecht, S. 385 f.; *Lenckner*, Engisch-Festschrift, S. 502 ff.; *Welzel*, Strafrecht, S. 133 f.; *Lackner-Maassen*, Strafgesetzbuch, § 59 Anm. IV 2 a aa; *Koffka*, JR 1971, S. 165.

lungsstandpunkt aus, der als begrenzt erkannt ist, lassen sich assertorische Urteile, wie jenes über das Ausbleiben des Erfolges, nicht mehr fällen. Allein sorgfältig in einer solchen Situation wäre also, sofern man handeln will, Nachforschungen anzustellen; damit ist jedoch bereits entschieden, daß das vorgenommene Verhalten unsorgfältig, also zu unterlassen ist. Die äußere Sorgfalt in Form der Rechtsbeachtung oder Kenntnisverschaffung gehört nicht zur Verhaltensnorm, weil die Voraussetzungen dieser äußeren Sorgfalt mit den Voraussetzungen des unmittelbar erfolgsvermeidenden Verhaltens (beim Begehungsdelikt: des Unterlassens) zusammenfallen. Auch die Rechtsbeachtung und Kenntnisverschaffung sind nur Konsequenzen einer zur Erfolgsvermeidung schon hinreichenden inneren Sorgfalt. Praktisch wird zwar die innere Sorgfalt hierbei an der äußeren auszurichten sein, denn „im allgemeinen besagt schon das Dasein wichtiger Verkehrsregeln . . ., daß bei ihrer Übertretung die Gefahr . . . naheliegt“[85]. Theoretisch bringt jedoch erst die Subjektivierbarkeit der erfahrungsgemäß wichtigen Regeln den Bezug zur Fahrlässigkeit.

VI. Insbesondere: Die innere Sorgfalt

Mit der Ausschaltung der äußeren Sorgfalt ist noch nicht ausgemacht, wie sich die innere Sorgfalt zu den subjektiven Anlagen, Kenntnissen und Fähigkeiten verhält. Nach den Ausführungen zur Vermeidbarkeit[86] steht allerdings fest, daß das dominante Motiv zur Vermeidung des Erfolges das unabdingbare Essentiale aller Sorgfalt bildet; dieses Motiv ist der normativ verlangte, insofern objektive, vom realen Vorhandensein beim jeweiligen Subjekt unabhängige Bestandteil jeder Sorgfalt im Rahmen der Verhaltensnorm, denn an diesem Motiv zeigt sich die Macht des Subjekts, bestimmte Erfolge zu vermeiden. Schwieriger gestaltet sich die Bestimmung der Konsequenzen des Vermeidewillens, insbesondere also des Urteils über die Erfolgschancen.

Engisch meint, auch dieses Urteil nach objektiven Kriterien ermitteln zu müssen: „Erkenntnis und Erkennbarkeit beziehen sich auf die tatsächlichen Grundlagen der als bestehend vorausgesetzten Pflicht zur Sorgfalt, . . . sie müssen die tatsächlichen Grundlagen dieser Pflicht zum Inhalt haben, wenn eine Zurechnung von deren Nichterfüllung stattfinden soll, sie begründen aber nicht diese Pflicht“[87]. Daß der Inhalt einer Pflicht nicht von deren Kenntnis oder Erkennbarkeit abhängen kann, ist richtig; jedoch werden in *Engischs* Argumentation die Probleme der Schuld (als des Verhältnisses zur Norm oder (Diligenz-)Pflicht) als Normfolge und der natürlichen Vermeidbarkeit als Norminhalt vermischt. Wenn die Verhaltensnorm dahin konkretisiert wird, daß der individuelle Täter bestimmte Erfolge

---

[85] BGHSt. 12, S. 75 ff., 78; auch BGHSt. 15, S. 386 ff., 389; schon RGSt. 73, S. 370 ff., 373.

[86] S. o. S. 34 ff., 41 ff.

[87] Vorsatz und Fahrlässigkeit, S. 358.

vermeiden soll, die er vermeiden kann, so wird die Pflicht zur Vermeidung durch das Erkennen-Können des Täters — unabhängig von seinem Vermeidemotiv — konstituiert. Diese Erkennbarkeit (oder die gegebene Erkenntnis) bezieht sich aber nicht auf etwas Normatives, die Pflicht, die Verhaltensnorm, sondern auf den Erfolgseintritt. Der Norminhalt kann dann (im Rahmen der Schuld) wiederum als *Norm*inhalt erkannt werden, soweit der Täter sein vorrechtliches Können als rechtlich beansprucht erkennen kann. Zwar können Erkenntnis und Erkennbarkeit nicht zugleich eine Pflicht begründen und sich auf diese beziehen, jedoch können Kenntnis oder Erkennbarkeit des *Erfolgs*eintritts *Norm*voraussetzung sein[88].

Steht es aber normlogisch frei, auf das Können des einzelnen abzustellen, so gewinnt das Argument an Gewicht, daß ein objektiver Maßstab, wie er auch immer ausgestaltet sein mag, weiter reicht als bis zur Grenze der konkreten Vermeidbarkeit[89]. Armin *Kaufmann* argumentiert allerdings, es sei bei Begehungsdelikten nicht geboten, eine bestimmte Sorgfalt aufzubringen — wie auch hier dargelegt wurde —, sondern verboten, sorgfaltslose Handlungen vorzunehmen, und da der Satz „ultra posse nemo obligatur" nur für Gebote gelte, weil Verboten durch Unterlassen genügt werde und jedermann unterlassen könne, sei es möglich, die Sorgfalt unabhängig vom Einsichtsvermögen des einzelnen zu bestimmen; die Motivationsfähigkeit betreffe nur die Vorwerfbarkeit, nicht aber das Unrecht[90]. Nun geht es beim Können nicht nur um die Motivationsfähigkeit, sondern auch um die anderen Momente, die bei gegebener Motivation das resultierende Verhalten (mit-)bedingen. Bei gegebener Motivation zur Unterlassung wird freilich jedermann unterlassen können, sofern die Motivation auf Unterlassung überhaupt allen Tuns zielt; jedoch ist eine Motivation zur Unterlassung allen Tuns auch im Rahmen der Vorwerfbarkeit nicht von Interesse, denn ein Verbot, irgend etwas zu unternehmen, besteht nicht. Die Motivationsfähigkeit, um die es bei der Vorwerfbarkeit geht, zielt auf die Ausrichtung nach der Verhaltensnorm, also — bei Begehungsdelikten —

---

[88] *Mannheim* hat die Möglichkeit eines individualisierenden Verhaltensmaßstabes mit der Begründung bestritten, die Individualität des Handelnden äußere sich stets auch in der verletzenden Handlung, so daß das Können des Täters ohne Berücksichtigung dieser Handlung nur verkümmert ermittelt wäre (Maßstab der Fahrlässigkeit, S. 41 f.). Deshalb müsse der subjektive Maßstab zumindest die verletzende Handlung ausschalten (aaO., S. 42). Im subjektiven Maßstab, wie *Mannheim* ihn versteht, ist der Gedanke der Normativität preisgegeben: Das Faktische ist Maßstab. Aber schon aus normlogischen Gründen kann bei der rechtlichen Verhaltensvorschreibung die Befolgung dieser Vorschrift nicht berücksichtigt werden. Jeder Maßstab muß im Motiv der Erfolgsvermeidung objektiv sein, allerdings zwingend nur dort.

[89] Diese Grenze wird zudem bei Sinnes- und Körpermängeln auch von Vertretern einer ansonsten objektiv bestimmten Sorgfalt durch streng individualisierte Betrachtung verengt; vgl. *Engisch*, Vorsatz und Fahrlässigkeit, S. 352, 355 f.; *Lorenz*, Maßstab, S. 151 ff.

[90] ZRV 1964, S. 47.

auf die Unterlassung einer *bestimmten* Handlung. Selbst wenn diese Motivationsfähigkeit im Unrechtsbereich bedeutungslos sein sollte, folgt daraus nicht, das jedermann unterlassen könnte; denn mit dem Motiv, eine bestimmte Handlung zu unterlassen, kann nur derjenige die bestimmte Handlung unterlassen, der zudem seine projektierte Handlung als eine so bestimmte Handlung erkennen kann. Auch wenn die *physische* Fähigkeit zum Unterlassen einer bestimmten Handlung jedem gegeben ist, so kann doch nicht jedermann, Motivationsfähigkeit unterstellt, sorgfaltslose Handlungen unterlassen, sondern nur derjenige, der die Sorgfaltslosigkeit seines Tuns individuell erkennen kann. Allerdings könnte man die Kenntnis oder Erkennbarkeit, d. h. die natürliche Fahrlässigkeit und den Vorsatz in allen Formen, zu den Vorwurfsvoraussetzungen schlagen, also eine Verhaltensnorm ohne Blick auf Steuerbarkeit oder Steuerung bilden. Eine solche Verhaltensnorm wäre funktionslos; denn die Vermeidbarkeit als originärer rechtlicher Ansatz eines zur Vermeidung bestimmter Erfolge aufgestellten Rechts tauchte erst bei den Sanktionsvoraussetzungen auf. Der Satz „ultra posse nemo obligatur" bezieht gerade von dieser rechtlichen Funktionslosigkeit einer übervermögensmäßigen Verpflichtung seinen Sinn.

Es bleibt die Möglichkeit, eine nicht nur im Motiv der Erfolgsvermeidung objektiv bestimmte Sorgfalt als *Leitbild* aufzustellen, insbesondere also ein Erkenntnisverhalten von bestimmter Richtigkeit und Vollständigkeit, d. h. das Erkenntnisverhalten eines einsichtigen Menschen, vorzuschreiben. Bei dieser Lösung gäbe das Gesetz nicht nur eine Verhaltensregel, sondern zöge zudem maßstäblich Schlüsse für ein Regelverhalten, normierte also nicht nur das Verhalten im Ansatz der Motivation, sondern auch in den Konsequenzen. Armin *Kaufmanns* Argument, jeder könne die Norm befolgen, denn jeder könne unterlassen, träfe hier zu: Das Gesetz beschriebe keine — vermeidbare — Erfolgsverursachung mehr, sondern ein — erfolgsverursachendes — konkretes Verhalten, und jedermann weiß, wie er sich konkret verhält. Das praktische Problem ist dann nicht mehr das der Erkennbarkeit des Erfolgseintritts (im Rahmen der Verhaltensnorm), sondern das der Sorgfaltserkenntnis (im Rahmen der Sanktionsvoraussetzungen)[91].

Soweit die maßstäblichen Schlüsse einer solchen Norm dem Rechtsunterworfenen nicht nachvollziehbar sein müssen, wird aus dem Verletzungsdelikt ein Ungehorsamsdelikt. Es geht dann in der Verhaltensnorm nicht mehr um die Vermeidung bestimmter Erfolge, sondern bestimmter Verhaltensweisen, die zwar den Erfolg bedingen können, aber gerade in dieser Eigenart nicht in der Verhaltensnorm auftauchen. Wer sich mit dem Motiv zur Erfolgsvermeidung nicht zur Erfolgsvermeidung motivieren kann, kann kein Verletzungsdelikt übertreten, da dieses mehr als ein Motiv zur Erfolgsvermeidung nicht bezwecken kann, ohne nutzlos zu werden. Jedes dieses Motiv übersteigende Leitbild wandelt das Verletzungsdelikt in ein

[91] So auch Armin *Kaufmann*, ZRV 1964, S. 52 f.

Ungehorsamsdelikt. Das zeigt sich klar beim Übergang zum Vorsatzbereich: Der Arzt, der an die Richtigkeit einer Rezeptur glaubt, die allgemein und mit beweisbaren Ergebnissen für der lex artis widersprechend gehalten wird, und dies aktuell bedenkt, mag besonderen Anlaß haben, seine eigene Ansicht zu überprüfen; sofern er aber rezeptiert, handelt er im Blick auf die hierdurch — zur eigenen Überraschung — bedingten Verletzungen nicht vorsätzlich. Was aber bei gegebener Erkenntnis nicht zum Vorsatz hinreicht, kann bei bloßer Erkennbarkeit nicht die Fahrlässigkeit konstituieren. Es geht bei der Verhaltensnorm der Erfolgsdelikte eben nicht um eine schlichte Verhaltensbeschreibung.

Soll hingegen die Erfolgschance bei einer Norm, die ein Leitbildverhalten aufstellt, auch individuell erkennbar sein müssen, so fehlt dem maßstäblichen Erkenntnisverhalten jede Bedeutung: Wer selbst erkennt, bedarf keines Maßstabes[92]; wer nicht erkennen kann, mag den Maßstab erkennen, zur Erfolgskenntnis verhilft ihm das jedoch nicht in jedem Fall. Hierbei ist es gleichgültig, ob die Erkennbarkeit des Erfolges in die Verhaltensnorm oder in die Sanktionsvoraussetzungen eingebaut wird. Richtig steht sie freilich in der Verhaltensnorm, denn sie betrifft die Steuerung und nicht das Verhältnis zum Recht. Wer die subjektive Erkennbarkeit beibehält, aber in die Schuld lanciert[93], bildet durch Gehorsamsmomente (objektive Sorgfalt) angereicherte Kausierungsverbote (Erfolgssachverhalt), nicht aber Verhaltensnormen von Verletzungsdelikten.

Wenn also das Leitbild die Verhaltensnorm nicht inhaltlich konkretisieren kann, sondern allenfalls eine Hilfestellung zur Erkenntnis der Erfolgschance bietet, also aufklärt und bildet, nicht aber vorschreibt, normiert, so handelt es sich bei den Leitbildern nur noch um Erfahrungssätze oder bewährte Verhaltensregeln, nicht aber um Teile einer Norm. Die berühmten höchstrichterlichen Leitsätze in Straßenverkehrssachen konkretisieren also — unbeschadet ihrer Bedeutung als Erfahrungssätze — jedenfalls keine *Verletzungs*delikte[94], und die unvermeidbare Unkenntnis, wie man bei gegebenem Motiv zur Erfolgsvermeidung verkehrsrichtig zu schlußfolgern oder zu handeln habe, führt beim Verletzungsdelikt nie zum Verbotsirrtum[95].

Maßstäbliches Verhalten kann beim Verletzungsdelikt nur im Motiv zur Erfolgsvermeidung bestehen. Jede weitere Verhaltensbeschreibung, d. h. jede dem Subjekt unter dem Aspekt der Erfolgsvermeidung nicht einsichtige Konsequenz aus dem Vermeidemotiv, kann mit der Erfolgsvermeidung als Motiv nicht eingehalten werden, sondern fordert (in bezug auf die Erfolgsvermeidung): blinden Gehorsam. Pflichtdelikte[96] sind fahrlässige Verlet-

[92] So für die Adäquanz als Maßstab: *Dubs*, SchwZStR 78, S. 38.

[93] So mit der allgemeinen Ansicht auch die Finalisten: *Boldt*, ZStW 68, S. 345; Armin *Kaufmann*, ZRV 1964, S. 52; *Niese*, Finalität, S. 63; *Welzel*, Strafrecht, S. 175.

[94] Anders insbesondere Armin *Kaufmann*, ZRV 1964, S. 47.

[95] Abweichend wohl Armin *Kaufmann*, ZRV 1964, S. 52.

[96] So *Roxin*, Täterschaft, S. 527 ff.; ders., Kriminalpolitik, S. 22 f.

zungsdelikte nur so viel und so wenig wie vorsätzliche: Es besteht nur eine Pflicht zur Erfolgsvermeidung, d. h. dazu, ein dominantes Erfolgsvermeidemotiv aufzubringen. Nur dieses Motiv kann sinnvoll vorgeschrieben werden, nur in der Einhaltung dieser Vorschrift liegt Sorgfalt[97]. Hängt damit aber nicht die jeweilige Konsequenz der Sorgfalt für das Verhalten von den Schlüssen jeden Dummkopfes ab? Freilich, jedoch ist diesem Sachverhalt dogmatisch nicht beizukommen, sondern nur kriminalpolitisch, nämlich durch systematische Aufklärung über die Gefahren bestimmter Verhaltensweisen. Auch von Ungehorsamsdelikten (abstrakten Gefährdungsdelikten), die in Abkehr von den Verletzungsdelikten geschaffen werden könnten, ist das Heil — besonders bei Regelungen des Straßenverkehrs — nicht eher zu erwarten als von Verletzungsdelikten, ganz abgesehen von den Gefahren institutionalisierter Gängelei. Der Täter, der ein hinreichend propagiertes abstraktes Gefährdungsverbot zumindest erkennen kann, der also nicht in unvermeidbarem Verbotsirrtum handelt, kann beim Verletzungsdelikt auch die „objektive Sorgfalt" als Erfahrungssatz erkennen, falls diese hinreichend propagiert ist, und daß er trotz Kenntnis des von Fachleuten gebildeten Erfahrungssatzes und trotz dominanten Vermeidemotivs die im Erfahrungssatz vorgebildete Erfolgsprognose abweichend beurteilt, trifft wohl keinen verbreiteten Typus. Vergröbert gesprochen: Die Effektivitätsgrenze, die dem Verletzungsdelikt in der individuellen Vermeidbarkeit gezogen ist, liegt für das Ungehorsamsdelikt in der Schuld.

Für Verletzungsdelikte gilt: Die Wirksamkeit des Rechts endet an den Grenzen des Intellekts der ihm Unterworfenen. Ob das Recht sogleich je nach Vermögen fordert oder das Übermaß des Leistungsvermögens eines einsichtigen Menschen verschämt bei der Schuld korrigiert, zählt für die Vermeidung der unerwünschten Erfolge gleich viel. Der tatsächliche Rechtsgüterschutz wird durch die Einführung des einsichtigen Menschen in die Dogmatik der Verletzungsdelikte, gleich auf welcher Deliktsstufe, nicht erhöht. Damit ist der Stab über den einsichtigen Menschen als urteilende Maßstabsperson gebrochen. (Über den einsichtigen Menschen als Risikobewußten, nämlich die Grenze des erlaubten Risikos Bestimmenden, wird damit nicht befunden). Die urteilende Maßstabsperson mag bei den Notwehrvoraussetzungen Bedeutung haben — wenngleich sehr zweifelhaft ist, ob schon das Zurückbleiben hinter dem „gesamten menschlichen Erfahrungswissen, zu dem auch jegliches nomologische Wissen des Täters zählt"[98], also ein keinem Menschen vermeidbarer Defekt, bereits eine Rechtsverletzung von solcher Unerträglichkeit indiziert, daß bei der Abwehr die Güter des

[97] Verfehlt deshalb *Binavince*, der die rein subjektiv gefaßte Sorgfalt im richtigen Denken sieht (Momente der Fahrlässigkeit, S. 55, 83, 99, 109, 110, 130 f.). Schon das Denken ist Folge normgemäßen Verhaltens und seine Richtigkeit kann jenseits des subjektiven Vermögens nicht mit der Aussicht auf Erfolg vorgeschrieben werden. — Ein willkürlicher Übergang vom objektiven zum subjektiven Standpunkt (so zutreffend zur Charakteristik des gegenwärtigen Standes: *Hardwig*, Zurechnung, S. 170) wird bei der hier gegebenen Lösung vermieden.

[98] *Lorenz*, Maßstab, S. 169.

Defektwesens dem Zwang des Erforderlichen aufzuopfern sind — bei der Zurechnung ist sie bedeutungslos, denn sie bestimmt nicht die Grenze der Vermeidbarkeit des drohenden Erfolges[99].

Im Ergebnis kann die Einschränkung der Kausalität als Zurechnungskriterium bei den Verletzungsdelikten also weder durch ein objektiv bestimmtes Höchstmaß an Voraussehbarkeit (objektive Adäquanz, Urteil des einsichtigen Menschen, Höchstmaß der erforderlichen Sorgfalt) erfolgen[100] noch durch ein objektiv bestimmtes gruppentypisches Maß an Voraussehbarkeit[101], wobei die Objektivierung im Unrechtsbereich[102] gleich funktionslos ist wie in der Schuld[103]. Die Erkennbarkeit des Erfolgseintritts als psychische Voraussetzung der Vermeidbarkeit ist vielmehr aus der Perspektive des Rechtsunterworfenen zu bestimmen, also danach, was der Rechtsunterworfene mit dem Motiv zur Erfolgsvermeidung zum Zweck der Erfolgsvermeidung erkannt hätte. Da die Vermeidbarkeit zum Inhalt der Verhaltensnorm gehört, entfällt bei mangelnder Erkennbarkeit mit der Vermeidbarkeit die Verhaltensnorm[104], nicht aber erst die Schuld[105].

---

[99] Die Konsequenzen für die Rauschtat liegen auf der Hand: die Tat im Rausch muß subjektiv vermeidbar sein (eingehend: *Maurach*, Schuld und Verantwortung, S. 119 ff., 126); denn nur bei bestehender Vermeidefähigkeit indiziert die Tat im Rausch die Entbindung von der Norm als Handlungsmaxime. Will das Gesetz auch die Gefährlichkeit rauschbedingter Steuerungsdefekte erfassen, darf es nicht auf den Verlust der Zurechnungsfähigkeit abstellen, sondern muß Delikte nach Art der §§ 315 c Abs. I, 1 a.), 316 StGB schaffen.

[100] *Engisch*, Vorsatz und Fahrlässigkeit, S. 315, insbes. S. 370; ders., Kohlrausch-Festschrift, S. 162; *Lorenz*, Maßstab, S. 105 ff.; vgl. auch die anschließende Darlegung der Lehre der Finalisten.

[101] So, jedoch ohne den oben (S. 53 ff.) bereits behandelten Ansatz beim Rollenbegriff: *Baumann*, Strafrecht, S. 441; *Bockelmann*, Strafrecht des Arztes, S. 88; *Henkel*, Mezger-Festschrift, S. 282; *Jescheck*, Strafrecht, S. 383; ders., Fahrlässigkeit, S. 12; *Maurach*, Strafrecht, AT, § 44 II B 1; *H. Mayer*, Strafrecht, S. 140; *Mezger-Blei*, Strafrecht, AT, S. 218 f.; wohl auch *Roxin*, ZStW 74, S. 529. Sonderfähigkeiten werden hierbei im allgemeinen berücksichtigt (vgl. *Maurach*, *Mezger-Blei*, aaO.). Ob im *Zivilrecht* ein Durchschnittsmaßstab entscheidet, also die Vermeidbarkeit in concreto fingiert wird, richtet sich nach dem Zweck zivilrechtlicher Haftungsvorschriften und ist hier nicht zu entscheiden; hierzu: *Deutsch*, Fahrlässigkeit, S. 64 ff., 69, 83; *Wiethölter*, Rechtfertigungsgrund, S. 47.

[102] So die oben Genannten außer *Maurach* (vgl. Anm. 101). Zu *Maihofer* und *Oehler*, s. o. S. 53 ff.

[103] *Maurach*, aaO. Anm. 101; *Mezger*, Strafrecht, S. 358; *Roeder*, Sozialadäquates Risiko, S. 98 ff.

[104] Unklar *Exner*, s. o. S. 57 ff.; wie hier: *Krauß*, Zurechnung, S. 133; *Krauß* hat seine Ansicht jedoch inzwischen (stillschweigend) weitgehend modifiziert: vgl. ZStW 76, S. 57 f., 65 ff.

[105] So, bei ansonsten zutreffend allein subjektiver Bestimmung der Voraussehbarkeit als Sorgfaltsfolge: *Binding*, Normen, IV, S. 483 ff., 520, 545, 567; *Kohlrausch-Lange*, Strafgesetzbuch, § 59 Anm. IV 2, 3 a; *Nagler* bei Mezger in Leipziger Kommentar, § 59, Anm. III 23 b aa, bb; *Schönke-Schröder*, Strafgesetzbuch § 59, Anm. 175.

VII. Vermeidbarkeit und Finalität

Das hier entwickelte Modell ist der ursprünglichen Fahrlässigkeitskonzeption *Welzels* verwandt. Wie bei *Exner* so erfüllt auch bei *Welzel* die im Verkehr erforderliche Sorgfalt als Ausprägung des sozialadäquaten Risikos zwei Funktionen: Sie schränkt das Kausierungsverbot, das als Verhaltensnorm zu einer „funktionslosen, toten Museumswelt" führt[106], auf das Verbot der Verletzung durch übermäßig riskantes Verhalten ein, soll aber nicht nur für einen theoretischen, idealen Beobachter einen Handlungsspielraum eröffnen, sondern für ein konkretes Subjekt: „Für den strafrechtlichen Unrechtstatbestand ist das wirkliche Handlungselement konstitutiv, vermöge dessen dem Täter die Verursachung spezifisch zugehört. Die Verursachung muß für den konkreten Täter wirklich vermeidbar gewesen sein; nur so wird die spezifische Tat-Täterbeziehung des Strafrechts, wonach die Tat dem Täter als sein Werk — und zwar entweder als finale Zwecksetzung oder als für ihn zweckhaft vermeidbare Verursachung — in besonderem Maße zugehört, im Unrechtstatbestand wirklich zum Ausdruck gebracht"[107]. Die Vermeidbarkeit als Kennzeichen der Tat-Täterbeziehung setzt „mögliche finale Voraussicht" voraus[108], die sich für *Welzel* allein nach den Fähigkeiten des Subjekts richtet. Gerade bei *Welzels* Fahrlässigkeitsmodell tritt die individuelle Vermeidbarkeit als Ansatz der rechtlichen Wertung besonders deutlich hervor, obgleich für *Welzel* nie zweifelhaft war, daß auch beim Vorsatz nicht das psychische Faktum der finalen Überdetermination, sondern die finale Überdetermination als Steuerungselement, also als eine Ausprägung der Vermeidbarkeit, Ansatz der rechtlichen Wertung ist. Wenn bei der hier gegebenen Lösung das final Zweckhafte in das Vermeidbare eingeordnet wird, dürfte das *Welzels* Intentionen nicht widersprechen. Auch die Reduktion der Sorgfalt auf das Vermeidemotiv ist bereits bei *Welzel* angelegt: „Sorgfalt ist willensbedingtes, bewußtes oder unbewußtes Eingestelltsein auf Aufgaben mit einer das seelische Geschehen auf die Aufgabenerfüllung richtenden Tendenz"[109].

Die Differenz der hier bezogenen zu *Welzels* früherer Position bezieht sich auf den Grund, den psychischen Anlaß, des „Eingestelltseins". *Welzel* bindet die Möglichkeit zur Vermeidung nicht nur an die Macht eines Vermeidemotivs, sondern zudem an die Wertung des Nichtgebrauchs dieser Macht, genauer: an den Anlaß, aus der Wertung des Nichtgebrauchs der Macht Konsequenzen zu ziehen, also an die *sinnhafte* (Anlaß) Vermeidbarkeit einer *Rechts*verletzung (Wertung)[110]. Damit „fallen Schuld und Un-

[106] *Welzel*, ZStW 58, S. 557, ferner S. 517, 527.
[107] ZStW 58, S. 559.
[108] ZStW 58, S. 559.
[109] ZStW 60, S. 472.
[110] ZStW 58, S. 561.

recht untrennbar zusammen“[111]. Diese Position konnte schon aus normlogischen Gründen nicht das letzte Wort sein: Wer sich sinnhaft am Recht orientieren soll, muß das Recht als der Orientierung vorgehend erkennen, so daß die Richtlinie der Orientierung (die Verhaltensnorm, das Unrecht) nicht bereits das Verhältnis des Normunterworfenen zur Richtlinie (die Schuld) enthalten kann. Mit *Welzels* Worten: „So grenzt sich der ontologische Gegenstand der Schuld von der Handlung dadurch ab, daß diese die finale Zugehörigkeit des Erfolgs zum Willen als besonderen determinativen Faktor, jene aber eine bestimmt geartete Wertentscheidung zugunsten des Wertgehaltes der realen Handlung betrifft. . . . Beruht die Handlung auf der intellektuell praktischen Funktion des Willens, so die Schuld auf seiner emotionalen Entscheidungsfähigkeit zwischen Werten“[112]. Diese Distinktion zwischen dem Willen als Element der Steuerung und als Element der subjektiven Wertwahl kann bei der Fahrlässigkeit nur durchgehalten werden, wenn im Unrecht (in der Verhaltensnorm) die natürliche Fahrlässigkeit, also die Vermeidbarkeit durch Motivation zur Vermeidung ohne Blick auf die Sinnhaftigkeit der Motivation, das Unrecht-Schuld-Gemenge ersetzt[113]. Damit wird die Fahrlässigkeit zum reinen Steuerungsmerkmal, wie auch der Vorsatz bei *Welzel* stets nur Steuerungsmerkmal und nie dolus malus ist, und die Verhaltensnorm bezieht sich bei Vorsatz und Fahrlässigkeit gleichermaßen auf vermeidbares (gesteuertes oder steuerbares) Verhalten, jedoch nicht auf bereits aktuell rechtmäßig oder rechtswidrig gesteuertes oder steuerbares Verhalten, sondern auf Verhalten von vorrechtlicher und insofern natürlicher Steuerung und Steuerbarkeit.

So nahe diese Modifizierung, die nur die normlogisch notwendige und auch von *Welzel* schon postulierte Trennung der Vermeidbarkeit von ihrer rechtlichen Bewertung betrifft, auch liegt, die finale Handlungslehre ging einen anderen Weg. *Niese* erkannte, daß in *Welzels* Konzeption der Fahrlässigkeit ein normativ bestimmtes Moment schon im Gegenstand des Unrechts steckt, nämlich die Möglichkeit zur *sinnhaften* Ausrichtung nach dem Recht[114], und daß insofern die Vergleichbarkeit mit dem Vorsatz fehlt, vielmehr eine „typische Schuldbewertung“ vorgenommen wird[115]. Statt nun aber auf den Vorsatz als Steuerungselement abzustellen und das Steuerungselement bei der Fahrlässigkeit zu suchen, blickte *Niese* auf den Vorsatz als psychisches Faktum und bemühte sich, einen vergleichbaren Sachverhalt bei der Fahrlässigkeit aufzuweisen, den er in dem Vorsatz zu finden glaubte, der sich bei fahrlässigem Verhalten auf einen außertatbestand-

---

[111] ZStW 58, S. 562.

[112] Naturalismus, S. 80.

[113] Dafür, daß *Welzel* der Gedanke der natürlichen Fahrlässigkeit nicht fremd war, vgl. ZStW 58, S. 560 Anm. 89, zur bewußten Fahrlässigkeit.

[114] Finalität, S. 44.

[115] Finalität, S. 44.

lichen Erfolg bezieht[116]. Da aber ein Unrecht aus außertatbestandlicher Finalität plus tatbestandlicher Kausalität auf ein Kausierungsverbot hinausläuft, mußte — wie beim Ausgang vom Kausierungsverbot — ein limitierendes Moment gefunden werden. Da *Niese* glaubte, die Stellung, die der Vorsatz bei den vorsätzlichen Delikten hat, bei der Fahrlässigkeit bereits durch die außertatbestandliche Finalität abgedeckt zu haben, verfiel er auf die objektive Sorgfalt[117], statt auf die individuelle Vermeidbarkeit, wie sie sich im Vorsatzbereich als Vorsatz präsentiert[118].

Seit der Übernahme dieser Konzeption durch *Welzel*[119] änderte sich zwar die Zuordnung einzelner Fahrlässigkeitselemente zu den Stufen des Deliktsaufbaus[120], nicht aber die Objektivität der Sorgfalt[121]. Allerdings verbindet *Welzel* die Sorgfalt mit der Handlung enger als *Niese*. Für *Niese* bleiben Handlung und Sorgfalt isoliert: „Der Handlungsunwert der unvorsätzlichen Tat liegt nicht in ihrer aktuellen Finalität, die ja nach wie vor nicht mißbilligt wird, sondern im pflichtwidrigen ‚Nichtbedenken' der unfinalen Folgen. Dieses ist aber als ontologischer Befund keine Finalität, sondern es ist ein unfinaler Verstoß gegen ein rechtliches Sollen *gelegentlich* einer Handlung, ist also nur durch eine objektive Wertung auf dem Boden der Rechtsordnung zu fassen"[122]. Bei dieser an der Diligenzpflicht orientierten Formulierung bleibt offen, weshalb die aktuelle Handlung, wenn ihre Finalität nicht mißbilligt wird, überhaupt unterlassen werden soll. Der Bezug auf die Finalität ist funktionslos[123]. Demgegenüber ist die Sorgfalts-

---

[116] Finalität, S. 53.

[117] Finalität, S. 62 f.

[118] Die von *Lampe*, Personales Unrecht, S. 83, behauptete subjektive Unrechtsbegrenzung bei *Niese* fehlt. Insbesondere bezüglich der Voraussicht spricht *Niese* vom Voraussehen-Sollen des Adäquaten (Finalität, S. 64).

[119] Strafrecht, 3. Auflage, S. 94 ff.

[120] Insbesondere wurde der „Tatbestandstorso" (Strafrecht, 3. Auflage, S. 413) der Erfolgskausierung durch die Tatbestandshandlung, die die objektive Sorgfalt verletzt, zu einem unrechtsindizierenden Tatbestand ergänzt (Strafrecht, 7. Auflage, S. 114; Fahrlässigkeit und Verkehrsdelikte, S. 15). Dogmengeschichtliches bei *Lampe*, Personales Unrecht, S. 84 ff.

[121] Anfänglich findet sich noch die Bemerkung, „nicht die realen Handlungsbedingungen (Situation, Handlungsmittel, Fertigkeiten, Sinnesschärfe), sondern die auf Grund dieser realen Bedingungen erwartete einsichtige und besonnene finale Leistung" werde bei der Sorgfaltsermittlung objektiviert (Strafrecht, 3. Auflage, S. 97; hierzu *Lampe*, Personales Unrecht, S. 84 f.). Konsequenzen für den Motivationsvorgang hat *Welzel* hieraus nicht gezogen; insbesondere bestimmt er die Erkennbarkeit als psychische Voraussetzung der Vermeidung nicht nach der jeweiligen Sinnesschärfe des Täters, sondern nach den Fähigkeiten des „einsichtigen Menschen" (Strafrecht, 3. Auflage, S. 97).

[122] Finalität, S. 63; Hervorhebung nicht original.

[123] Auch bei *Boldt* fehlt eine mehr als kausale Beziehung zwischen dem finalen und dem sorgfaltswidrigen Moment der Fahrlässigkeit. Zwar soll das kausale Moment nur ein Überschuß über ein Handlungsmoment sein (ZStW 68, S. 340), und

losigkeit bei *Welzel* — auch soweit er noch vom Boden der Diligenzpflicht aus argumentiert[124] — Eigenschaft der Handlung. Die Sorgfaltslosigkeit kommt nicht zu einem gelegentlichen Willkürakt hinzu, sondern liegt im „konkrete(n) Vollzug“, in der „konkrete(n) Steuerung der finalen Handlung“[125]. „Während die Tatbestände der vorsätzlichen Delikte (vorsätzlich im Sinne des Tatbestandsvorsatzes) die finale Handlung insoweit erfassen, als ihr Handlungswille auf die Verwirklichung sozial unerwünschter Erfolge (Ziele) gerichtet ist, beschäftigen sich die Tatbestände der fahrlässigen Delikte (. . .) mit der Art der Ausführung der finalen Handlung im Hinblick auf solche sozial unerwünschten Folgen, auf deren Ausbleiben der Handelnde entweder vertraut oder an deren Eintritt er gar nicht denkt, und erfassen diejenigen Handlungsvollzüge (Steuerungsvorgänge), welche die im Verkehr (zur Vermeidung solcher Folgen) erforderliche Sorgfalt verletzt haben“[126]. Führt bei *Niese* die vorhandene Finalität bei der Unrechtsbegründung ein Kümmerdasein — der Sollensverstoß vollzieht sich nicht durch eine Handlung, sondern *gelegentlich* einer Handlung —, so besteht bei *Welzel* das Unrecht in der — unsorgfältigen — Finalität. Unrecht ist nicht die Sorgfalt in ihrer Potentialität, sondern die reale Finalität.

Nur dieser Ansatz kann normlogisch befriedigen. Was bei Verboten unterlassen werden soll, kann nie etwas Potentielles oder gar etwas Fehlendes, Ausgebliebenes sein, sondern immer nur etwas Reales. Nun könnte es allerdings bei der Fahrlässigkeit lediglich auf den realen Verursachungsprozeß ankommen, der zudem durch Adäquanz, erlaubtes Risiko, im Verkehr erforderliche Sorgfalt etc. konkretisiert werden könnte, ohne finale Momente aufzunehmen. Verursachungen zu verbieten wäre jedoch so sinnlos, wie Krampfakte oder Reflexe zu verbieten (wenn auch die durch Gegensteuerung vermeidbare Schädigung durch diese Verhaltensweisen *ver*boten und ihre Beherrschung *ge*boten werden kann). Insbesondere kann die Rückführung der Bedingungskette auf einen Willensakt — von den Automatismen wird noch zu handeln sein — nicht bei einem Willensakt-überhaupt, also bei einem Motivationsvorgang ohne Blick auf seinen Inhalt, enden; denn überhaupt jedes Wollen einzustellen ist schon im Blick auf die Gebotsnormen keine taugliche Methode zur Rechtsbefolgung. Ein Willensakt, der als Beginn eines normwidrigen Verlaufs unterlassen wer-

---

dieses „Verhalten in seiner Intentionalität“ soll „eine rechtliche Grundlage bilden für das Urteil rechtlicher Mißbilligung der fehlsamen Steuerung im konkreten Bezug auf das final nicht determinierte Ergebnis“ (ZStW 68, S. 343). Daß jedoch gerade das finale Moment rechtlich das fehlerhafte Moment ist, zeigt *Boldt* nicht, sieht vielmehr den Fehler, die finale Unterdetermination, im bloß kausierenden Moment. Es geht aber nicht darum, letzteres final zu determinieren, sondern die Handlung zu unterlassen. Rechtlich ist die fahrlässige Handlung ein zuviel an Determination: Unterlassung wäre angebracht gewesen.

124 Strafrecht, 3. Auflage, S. 94, 95; ders., JZ 1956, S. 317.

125 Strafrecht, S. 130; ders., Fahrlässigkeit und Verkehrsdelikte, S. 11.

126 *Welzel*, Strafrecht, S. 129 f.

den soll, darf also keinen beliebigen Inhalt haben — wobei freilich auch ein Willensakt beliebigen Inhalts im konkreten Fall je einen konkreten Inhalt hat und insofern das finale Moment einer Handlung ist; inhaltslose oder unkonkretisierte Willensakte gibt es nicht —, sondern muß bestimmt sein. Nur bestimmte Willensakte können unterlassen werden.

Eine Schwierigkeit, deretwegen immer wieder eingewendet wird, die finale Handlungslehre laufe bei der Fahrlässigkeit auf die kausale Handlungslehre hinaus[127], liegt jedoch darin, daß die inhaltliche Bestimmung des Willensaktes nicht unmittelbar durch Benennung des Zieles erfolgen kann, sondern nur mittelbar über die Eigenschaft der mangelnden Sorgfalt. Weil wiederum die Sorgfalt potentiell einer Handlung nahezu jeden Inhalts fehlen kann, scheint der Handlungsinhalt (der Inhalt des Willensaktes) doch rechtlich bedeutungslos zu sein. Eine Parallele zum Vorsatzbereich zeigt den Trugschluß: Auch vorsätzlich verletzen kann der Täter durch eine Handlung nahezu beliebigen Inhalts: durch Einschenken (von Gift), durch Finger-Krümmen (am Gewehr), durch Schrauben-Lösen (am Autorad), durch Treten (gegen den Kopf des Opfers) etc., und der Inhalt dieser finalen Teilstücke kann nicht rechtlich irrelevant sein, weil ohne sie der Finalnexus zum Erfolg zerstört wäre. Wie also bei den Vorsatzdelikten zu der Finalität zwischen Handlung und Erfolg die Finalität des Handlungsvollzugs hinzukommen muß, so muß bei den fahrlässigen Delikten, soweit die Erfolgsverursachung durch eine Handlung und nicht durch eine automatische Reaktion bedingt wird, zur Sorgfaltswidrigkeit, die ja — wie der Vorsatz — das Merkmal der Vermeidbarkeit der Verletzung ist, die Finalität des Handlungsvollzugs hinzukommen; denn es gibt zwar so beliebig viele sorgfaltswidrige Handlungen, wie es beliebig viele vorsätzliche Handlungen gibt; wie jedoch die vorsätzliche Handlung nur von einem *konkreten* Handlungsvollzug ausgehend erfolgsfinale Handlung sein kann, so kann auch nur ein konkreter Handlungsvollzug sorgfaltswidrig sein. Sorgfaltswidrige Willensakte-überhaupt gibt es nicht, sondern nur ein sorgfaltswidriges „gelenktes oder besser: . . . sich lenkendes Geschehen“[128]. Daß die Sorgfaltswidrigkeit einmal Eigenschaft des Autofahrens, dann des Schießens in belebter Gegend, dann des In-Verkehr-Bringens von Nahrungsmitteln ist, sollte nicht mehr verwundern als die Übertretung ein und derselben Norm für vorsätzliche Taten gleichfalls durch solchermaßen unterschiedliche Akte.

Auch die Frage, in welchem Umfang die Finalität bei der Fahrlässigkeit bedeutsam ist, bietet nunmehr keine Schwierigkeiten mehr. Da das finale Stück die Eigenschaft „sorgfaltswidrig“ tragen muß, kann es nur auf die Finalität des Handlungsvollzugs und derjenigen Folgen des Handlungsvollzugs ankommen, die zugleich Bedingungen des durch die Sorgfalt zu ver-

[127] Arthur *Kaufmann*, JuS 1967, S. 147; *Jescheck*, Strafrecht, S. 152; *H. Mayer*, Studienbuch, S. 49.

[128] *Welzel*, NJW 1968, S. 428.

meidenden Erfolges sind; denn nur durch Gestaltung der Bedingungen des Erfolges kann dieser vermieden werden[129]. Der Wille zu strafrechtlich irrelevanten Erfolgen, die auch nicht Bedingungen eines strafrechtlich zu vermeidenden Erfolges sind, ist rechtlich zugleich unschädlich und ohnmächtig. Daß freilich die Intention eines Ziels, das nicht Bedingung des zu vermeidenden Erfolges ist, wegen seiner sozialen Nützlichkeit auf das Maß der Sorgfalt, also die Höhe des erlaubten Risikos, wirkt, bleibt unbenommen. Sorgfaltswidrig ist jedoch nicht die auf ein solches Ziel bezogene Finalität, sondern es sind nur diejenigen Finalakte, die zugleich den zu vermeidenden Erfolg bedingen. Soweit eine Handlung und nicht ein Automatismus die zu vermeidende Folge bedingt, bestehen nicht nur keine spezifischen Schwierigkeiten der finalen Handlungslehre bei der Fahrlässigkeit, sondern nur diese kann den Gegenstand der Sorgfaltswidrigkeit überhaupt bezeichnen: den bestimmten Handlungsentschluß, der ohne Vermeidemotiv gefaßt wird und mit einem Vermeidemotiv nicht gefaßt würde.

Der Mangel der finalistischen Fahrlässigkeitstheorie liegt — das Problem der Automatismen dahingestellt — nicht im finalen Ansatz, sondern in einem bloßen Akzidens, nämlich in der objektiven Ausgestaltung der Sorgfalt[130]. Der auf den rechtlich zu vermeidenden Erfolg bezogene Vorsatz gehört nicht als psychisches Faktum, sondern als Kennzeichen einer qualifizierten Vermeidbarkeit zum Inhalt der Verhaltensnorm: Mit der Erfolgsvermeidung als dominantem Motiv werden vorausgesehene Erfolge vermieden, und zwar ohne daß durch das Motiv die zur Vermeidung erforderliche Voraussicht noch bewirkt werden müßte. Der bei der Fahrlässigkeit nur auf eine Erfolgsbedingung bezogene Vorsatz hingegen bedingt die Vermeidbarkeit zwar notwendig, nicht aber hinreichend; denn mit der Erfolgsvermeidung als dominantem Motiv lassen sich Erfolge, die durch eine Handlung bedingt werden, nur vermeiden, wenn sie als durch die Handlung bedingt erkannt werden können. Diese Möglichkeit der Erkenntnis kann durch kein objektives Urteil ersetzt werden. Das „Spannungsverhältnis“ zwischen ex post Richtigem und ex ante individuell richtig Scheinendem, in dem die „normative Problematik des fahrlässigen Delikts liegt“[131], muß zum ex ante richtig Scheinenden aufgelöst werden, wenn die fahrlässigen Verletzungsdelikte im Unrecht nicht zu Ungehorsamsdelikten umfunktioniert werden sollen[132]. Eins sei jedoch nochmals hervorgehoben: „Der Sorgfältige, das ist derjenige, der Sorge entfaltet, weil er besorgt ist um

---

[129] Wohl weitergehend: Armin *Kaufmann*, ZRV 1964, S. 46.

[130] *Welzel*, Neues Bild, S. 32 ff.; ders., Strafrecht, S. 131 ff.; ders., Fahrlässigkeit und Verkehrsdelikte, S. 31 f.; *Niese*, Finalität, S. 60, 63 (vgl. aber o. Anm. 118); *Boldt*, ZStW 68, S. 345 f.; *Stratenwerth*, SchwZStR 81, S. 205 f.; Armin *Kaufmann*, ZRV 1964, S. 47 ff.

[131] Armin *Kaufmann*, ZRV 1964, S. 47, der sich freilich für eine auch in der Erkenntnis objektive Sorgfalt entscheidet.

[132] S. o. S. 66 ff.

die Rechtsgüter, um die Richtigkeit des Verhaltens"[133]. Daß der Rechtsunterworfene das Motiv zur Erfolgsvermeidung aufweist, wird vom Recht verlangt, bestimmt sich also objektiv, nicht individuell; mit der Realisierung dieses Motivs ist die Aufgabe der Verhaltensnorm freilich bereits erfüllt.

VIII. Automatismen

Besonders schwierig gestaltet sich die Bestimmung der Normwidrigkeitsvoraussetzungen bei automatisch ablaufenden Reaktionen. Arthur *Kaufmann* weist im Anschluß an *H. Mayer*[134] und *Hall*[135] auf die Vielzahl der nicht durch die Ich-Person[136] gesteuerten, unbewußten Verhalten hin[137] und schließt daraus, es sei ein „intellektualistisches Vorurteil zu meinen, von einer Handlung könne nur da die Rede sein, wo das Wachbewußtsein . . . eingeschaltet ist"[138]. Dieser Einwand ist strafrechtlich besonders wegen der Häufigkeit automatischer Reaktionsabläufe beim Autofahren von Bedeutung[139].

Nun verneint auch *Welzel* nicht wegen der nach seinem Handlungsbegriff mangelnden Handlungsqualität automatisierter Reaktionen[140] deren Steuerbarkeit, weicht jedoch von dem unbewußten Verhalten auf eine vorgehende (bewußte) finale Handlung aus, bei der die „Funktionsgrenzen" der „automatisierten Handlungsbereitschaften" nicht berücksichtigt wurden[141]. Diese Funktionsgrenzen der Automatismen können zum einen auftauchen, weil in bestimmten Situationen weder durch Automatismen noch durch eine Wil-

---

[133] Armin *Kaufmann*, ZRV 1964, S. 51 ff.

[134] Strafrecht, S. 42, 44; ders., v. Weber-Festschrift, S. 160.

[135] Fahrlässigkeit im Vorsatz, S. 13 ff.

[136] Freilich fällt die Beteiligung des Ich nicht mit der Beteiligung des Bewußtseins zusammen: Auch bei impulsiven bewußten Handlungen kann es sein, „daß infolge eines elementaren Auf- und Ausbruchs der dynamischen Tiefe der Persönlichkeit die Antwort so schnell und unmittelbar gegeben wird, daß die Kontrollinstanz der Ichfunktion gar nicht erst in Funktion treten kann" *(Undeutsch*, in: Ponsold, Gerichtliche Medizin, S. 134). Das Bewußtsein wie die Beteiligung des Ich sind nur — bei bloßer Bewußtseinsbeteiligung: widerlegbare — Kennzeichen der Vermeidbarkeit, die stets die Hypothese eines motivatorisch aktiven anderen, „besseren" Ich voraussetzt. Die das Ich bildende Identität von Antrieb und Bewußtsein (der Wille) (s. o. S. 33) fehlt bei bloßem Wissen um die Reaktionen des Es.

[137] JuS 1967, S. 151 f.; ders., Mayer-Festschrift, S. 109 ff.; auch *Jescheck*, Strafrecht, S. 151; ders., Eb. Schmidt-Festschrift, S. 148.

[138] JuS 1967, S. 151.

[139] *Luff*, DAR 1959, S. 91 m. Nachweisen; *Spiegel*, DAR 1968, S. 284 f.

[140] Zur Physiologie der Automatismen: *Müller-Limmroth*, in: Handbuch der Verkehrsmedizin, hrsg. von K. Wagner und H. J. Wagner, S. 127 ff., 165 f.; ders., DAR 1968, S. 295. Zur Psychologie der Automatismen vgl. o. S. 29 f.

[141] Strafrecht, S. 152; ders., Neues Bild, S. 57; ders., Fahrlässigkeit und Verkehrsdelikte, S. 34.

lenshandlung der Gefahr einer Schädigung zu entkommen ist oder weil es in bestimmten Situationen unmöglich ist, diejenigen schädigenden Automatismen zu vermeiden, welche „durch die mit der Übung verbundene Mechanisierung so schnell" geworden sind, „daß das kontrollierende und steuernde Bewußtsein sich nicht immer schnell genug einschalten kann"[142]. Hier kann die Steuerung zur Vermeidung von Verletzungen nur in der Vermeidung dieser Situationen liegen; bei fehlender Steuerung handelt es sich also um Übernahmefahrlässigkeit oder -vorsatz[143]. Der Autofahrer etwa, der sich vermeidbar in eine Situation manövriert, aus der er mit seinen Automatismen oder mit einer bewußten Handlung nicht mehr ohne Schadensfolge entkommen kann oder in der seine Automatismen unbeherrschbar zu Schädigungen führen, hätte diese Situation vermeiden sollen[144]; in der Situation selbst ist er zur Vermeidung von Verletzungen unfähig. Zum anderen liegt jedoch eine Funktionsgrenze der Automatismen in ihrem Zuschnitt auf typische Situationen. Z. B.: Das heftige Bremsen beim Aufleuchten der Bremslichter des Vorfahrenden ist bei Glatteis verfehlt; das schnelle Starten bei Grünlicht an der Ampel muß unterbleiben, wenn noch Fußgänger zum Überqueren der Straße ansetzen. In einer atypischen Situation muß also der Automatismus ausgeschaltet werden. Bei keinem Menschen ist jedes Verhalten automatisiert und in wohl keinem Lebensbereich ist stets, wenn die sensorischen Reize zur Auslösung des Automatismus hinreichen, dieser auch angebracht. Die in bestimmten Situationen deshalb notwendig werdende Willensbildung kann nicht durch vorgezogene Steuerung ersetzt werden, denn nicht nur die Übernahme einer Aufgabe ohne Motiv zur Vermeidung von Verletzungen ist eine Fehlsteuerung, sondern auch die Preisgabe dieses Motivs nach der Übernahme. Der Autofahrer z. B., der bei Glatteis losfährt und sich vornimmt, bewußt sanft zu beschleunigen und zu bremsen, muß an der Ampel bei Grünlicht seine normalen Startautomatismen willentlich überformen. Startet er automatisch, also für die konkrete Situation zu heftig,

---

[142] *Undeutsch*, Anstösse Nr. 4, S. 107.

[143] *Spiegel*, DAR 1968, S. 289.

[144] In der „Übernahme" der Situation liegt auch, wie *Spiegel*, DAR 1968, S. 291, 292, ausführt, das steuerbare Verhalten in denjenigen Fällen, in denen die Berufung auf eine — psychisch freilich unvermeidbare — Schreck-„Sekunde" bei vermeidbarer Herbeiführung der Schrecksituation versagt wird; BGH VRS 23, S. 375 ff., 378; BGH VRS 27, S. 119 ff., 123. Insbesondere muß der Fahrer bei beschränkter Sicht sein Tempo der Bremszeit plus Reaktionszeit plus Schreckzeit angleichen; BGH VRS 25, S. 51 f. m. Nachweisen. — Nicht exakt: *Sattler*, NJW 1967, S. 423: Die Verletzung werde trotz Schreckens zugerechnet, wenn sie „voraussehbar" gewesen sei. Wer falsch überholt wird, ohne daß schon dieses Ereignis eine Schrecksituation erzeugt (so im Fall BGH VRS 33, S. 358 ff.), kann voraussehen, daß bei Eintritt auch nur kleinster weiterer Schwierigkeiten komplizierte Manöver erforderlich werden und muß sich darauf einstellen. Erschrickt er aber beim plötzlichen Bremsen des falsch Fahrenden trotz bestmöglicher Leistungsbereitschaft, so war ihm eine eintretende Verletzung — ungeachtet ihrer Voraussehbarkeit — nicht vermeidbar (zutr. vom BGH aaO. S. 361 entschieden).

und verursacht durch sein Schleudern Verletzungen, so wäre ihm dies noch in der konkreten Situation mit dem Motiv zum richtigen Verhalten vermeidbar gewesen. Soweit die Vermeidbarkeit bleibt, ist allerdings fraglich — und nicht nur von systematisch-theoretischem Interesse, sondern nicht zuletzt der stets nur beschränkten Garantenstellungen wegen von weitreichender praktischer Bedeutung —, ob die Verhaltensnorm den Automatismus verbietet oder seine Aufhebung oder Unterdrückung gebietet. Die Frage nach der Grenze der Handlung verbindet sich also für die unbewußt ablaufenden Automatismen mit der Distinktion: Handlung oder Unterlassung.

Bei einer auch hinsichtlich der Folgen bewußten oder gar gewollten[145] Reaktion wäre mit dem dominanten Motiv, die Folge zu vermeiden, ein Handlungsentschluß nicht gefaßt worden. Bei Befolgung der Verhaltensnorm soll der Täter nicht zunächst einen unbedingten Handlungsentschluß fassen, um sich erst als an sich Tatentschlossener zur Erfolgsvermeidung zu motivieren — obgleich sich auch auf diesem Weg noch rechtwidrige Handlungen vermeiden lassen —, sondern er soll sich bei jeder Motivation die Vermeidung bestimmter Erfolge angelegen sein lassen, also Handlungsentschlüsse, die nach seiner Erkenntnis verletzende Folgen haben (können), nicht erst fassen; denn wird ein Handlungsentschluß erst unbedingt gefaßt, so wird es häufig zu spät für eine vermeidende Motivation sein, weil auf den unbedingten Entschluß in der Regel die Handlung folgt (den Extremfall bildet die Affekttat) und nur zufällig weitere Reflexion. Das dominante Motiv zur Erfolgsvermeidung ist bei dem Täter, der sich um die Erfolgsvermeidung bemüht, nicht erst Gegenmotiv zur Unterdrückung perfekter Handlungsentschlüsse, sondern begrenzendes Motiv bei deren Bildung. Bei der Begehung ist also rechtlich gesehen ein Stück Wille zuviel da, nämlich der Wille zur verletzenden Handlung. Das gilt auch für die Begehungsfahrlässigkeit; denn auch hier hätte sich bei dominantem Erfolgsvermeidemotiv der Handlungswille nicht gebildet. Allerdings fehlt auch bei der Begehung ein Motiv, nämlich das Erfolgsvermeidemotiv. Dieses aber fehlt, wie gezeigt wurde[146], auch bei der Unterlassung. Nur fehlt bei der Unterlassung zudem, genauer: als Folge des fehlenden Vermeidemotivs, ein Handlungswille.

Die Einordnung derjenigen unbewußten Reaktionen, die zu ihrer Überwindung einer Handlung bedürfen, ist demnach eindeutig: Nicht die Reaktion ist rechtlich bedeutsam, sondern das Unterlassen, die Reaktion bei vor-

[145] *Spiegel,* DAR 1968, S. 285, nennt auch die automatisierten Reaktionen „willentliche Handlungen"; das damit erneut kreierte unbewußte Wollen wird in seiner Eigenart durch die Terminologie verschleiert.

[146] S. o. S. 44 f.

handener Fähigkeit zu unterdrücken[147, 148]. Hierbei handelt es sich um solche Reflexe und stark eingefahrene Reaktionen, die zwar überhaupt noch, aber nicht rein motivatorisch, sondern nur durch körperliche Aktivität, insbesondere durch ein Verkrampfen der reaktionsbereiten Muskelpartien, unterdrückt werden können. Die Grenze des Beherrschbaren wird freilich je nach den Fähigkeiten des Subjekts unterschiedlich verlaufen; ein Yoga-Praktiker vermag mehr als ein impulsiver Jugendlicher.

Größere Schwierigkeiten bietet die Systematisierung derjenigen Reaktionen, die, sofern sie in das Bewußtsein gehoben werden, zu willensgesteuerten Reaktionen, also Handlungen werden[149] und die demgemäß bei dominantem Motiv zur Vermeidung ohne gegensteuernden *Handlungs*willen rein motivatorisch vermieden werden[150]. Werden sie der Begehung zugerechnet, weil sie ohne Bildung eines Handlungswillens vermeidbar sind, so muß man unwillentliche Begehung anerkennen; werden sie aber der Unterlassung zugeordnet, so muß man Gebote anerkennen, die nicht auf die Bildung eines Handlungswillens zielen, vielmehr auf bloße Neutralisierung von Antrieben[151]. Bei den Reaktionen der bezeichneten Art ist in Situationen, in de-

---

[147] Die unbewußte Reaktion bei fehlender Fähigkeit zur Beherrschung ist das Leitbild der häufig anzutreffenden Aussage, Reflexe seien strafrechtlich irrelevant (*Gössel*, Wertungsprobleme, S. 102 f.; *Franzheim*, NJW 1965, S. 2000 f.; *Maurach*, Strafrecht, AT, § 17 II 1; *Schönke-Schröder*, Strafgesetzbuch, Rdn. 29 vor § 1; *Jescheck*, Strafrecht, S. 154). Dies bezieht sich jedoch nur auf einen der möglichen Typen; ausdrücklich differenzierend: *Baumann*, Strafrecht, S. 176 f.; *Jescheck*, Schmidt-Festschrift, S. 152 Anm. 65; implicite auch *Maihofer*, Eb. Schmidt-Festschrift, S. 169, mittels der — freilich objektiven — Beherrschbarkeit. — Überhaupt für Hereinnahme der Reflexe in den Begriff des strafrechtlich relevanten Verhaltens: *Nowakowski*, Grundzüge, S. 43 f.; *Maihofer*, Handlungsbegriff, S. 34 f.; *v. Weber*, Engisch-Festschrift, S. 335. — Einen Überblick über die psychologischen Differenzierungen der Reaktionen gibt *Heegner*, ZentralBl. f. Verk. Med. 1957, S. 131 f..

[148] Die Zuordnung zur Unterlassung erfolgt nach der Verwandtschaft zum Grundtypus, nicht aber aus normlogischem Zwang: Die Norm könnte auch eine Verursachung von Verletzungen durch Reflexe *ver*bieten (freilich nicht den Reflex selbst), wodurch die willensmäßige Gegenlenkung des körperlichen Verhaltens als psychische und physische Voraussetzung der *Ver*botserfüllung ohne eigene normative Stellung anzusehen wäre.

[149] Auch *Spiegel*, DAR 1968, S. 286; ders., Anstösse Nr. 4, S. 108, zählt zu den Automatismen — im Gegensatz zu den Reflexen — nur Reaktionen, die noch „dem spontanen Zugriff des Bewußtseins offen stehen".

[150] Nach *Luff*, DAR 1959, S. 91, „unterliegen" die „Reflexe", wie *Luff* auch die Automatismen nennt, „im Regelfall der Willenssphäre"; nach *Müller-Limmroth*, DAR 1968, S. 302, stets; enger aber *Luff*, Anstösse Nr. 4, S. 105.

[151] Hervorgehoben sei, daß auch bei der Lösung, die den Vollzug unbewußter Reaktionen als Unterlassung ihrer Unterdrückung wertet, die bewußte Vermeidung der unbewußt angelegten, vor Verletzungen rettenden Reaktion (z. B.: der geübte Autofahrer bremst bewußt nicht beim plötzlichen Stoppen des Vordermannes, obwohl er automatisch bremsen würde) nicht zur Begehung wird; denn wem der Ret-

nen die sensorischen Reize eines Automatismus gegeben sind, der Vollzug der Reaktion jedoch einen rechtlich mißbilligten Erfolg brächte, weder in concreto eine — bewußte — Handlung verboten (weil nur ein Automatismus bevorsteht), noch eine Handlung geboten (weil es zur Hinderung des Automatismus keiner Handlung bedarf). *Die Handlung muß also entweder im Begehungsbereich um die Automatismen erweitert oder im Unterlassungsbereich als Gebotsgegenstand aufgegeben werden*[152].

Wird die Finalität nicht als psychisches Faktum, sondern als Kennzeichen einer Form der Vermeidbarkeit für rechtlich bedeutsam gehalten, so kann die Zuordnung auch der unbewußten Automatismen zur Begehung in dem Maße erfolgen, in dem sie — wie Handlungen — mit dem Motiv der Erfolgsvermeidung ohne Bildung eines Handlungswillens vermeidbar sind[153]. Diese Zuordnung wird auch durch Praktikabilitätsgründe geboten. Bei den Automatismen im Straßenverkehr, dem strafrechtlich besonders relevanten Bereich, handelt es sich nicht um stets gleich strukturierte Vorgänge, sondern um Verhaltensweisen, die von unbewußten über halbbewußte bis zu wachbewußten Reaktionen reichen[154]. Den Grad der Beteiligung des Bewußtseins ex post zu ermitteln, dürfte unmöglich sein; aber nicht auf ihn kommt es für die rechtliche Bewertung an, sondern auf die Vermeidbarkeit. Allerdings wird auch die Vermeidbarkeit teils für die Regel der Automatismen[155], teils für Einzelfälle[156] verneint. Letzteres zu klären ist Aufgabe der Psychologen und Physiologen; ersteres ist evident falsch: Selbst Prototypen automatisierter und voll unbewußter Verhaltensweisen, wie der Zug an der Zigarette, der Zeilenwechsel der Augen beim Lesen, Lenkkorrekturen

---

tungsantrieb bewußt — und damit zum Handlungswillen — wird, der soll auch bewußt handeln. Seine Unterlassung ist ein Abbruch des im Entschluß steckengebliebenen Rettungsversuchs.

[152] Es bliebe die — der Interferenztheorie nahekommende — Möglichkeit, die Motivation als innere Handlung anzusehen. Das will *Horn*, Verbotsirrtum, S. 107 ff., beim analogen Problem der Unrechtseinsicht. Hiergegen s. u. S. 135 f. Anm. 37.

[153] Im Fall von Frankfurt, VRS 28, S. 364 ff., ist nach dem Tatbestand unklar, ob das Motiv, einen Unfall zu vermeiden, nicht bereits Grund der Ausweichbewegung war. Fehlt es an einem solchen Motiv, handelte die Fahrerin vielmehr mit der dominanten Motivation, das gefährdete Tier zu schützen, so wäre neben mangelnder Einstellung auf die Gefahren bei Fahrtantritt (so das OLG, aaO., S. 366) die Ausweichbewegung als noch unmittelbar vermeidbares Fehlverhalten zu werten gewesen.

[154] *Müller-Limmroth*, in: Handbuch der Verkehrsmedizin, hrsg. von K. Wagner und H. J. Wagner, S. 139; ihm folgend: *Spiegel*, DAR 1968, S. 285; ferner *Heegner*, ZentralBl. f. Verk. Med. 1957, S. 132; ders., ZentralBl. f. Verk. Med. 1960, S. 78.

[155] So: *W. L. Schmitz*, ZVS 1958, S. 18; *Müller-Limmroth*, DAR 1968, S. 302; vgl. aber o. Anm. 150.

[156] *Luff*, DAR 1959, S. 91; ders., ZVS 1967, S. 224; *Müller-Limmroth*, DAR 1968, S. 302.

beim Autofahren, lassen sich bei gegebener Motivation zur Vermeidung sogar ohne körperliche Aktivierung vermeiden. Ob die Aufhebung des Automatismus bei gegebener Motivation nicht zur Vermeidung des Automatismus selbst, sondern der durch den Automatismus bedingten Folgen im Einzelfall möglich ist, richtet sich danach, ob die erforderlichen Erkenntnisschritte überhaupt und hinreichend schnell, nämlich vor dem Ablauf der automatischen Reaktion, vollzogen werden können. Deshalb kann auch ein an sich noch vermeidbarer Automatismus im Einzelfall mit dem Motiv zur Vermeidung der rechtlich unerwünschten Folgen nicht mehr vermeidbar sein[157]. Freilich würde eine Einübung überhaupt nicht mehr beherrschbarer Automatismen im Straßenverkehr, in dem jede Reaktion nur situationsbedingt richtig ist, in ein falsches Verhalten einüben.

Es bleibt zu klären, ob die gegebene rechtliche Beurteilung nicht die Funktion der Automatismen überspielt, die — insbesondere im Straßenverkehr — darin liegt, von der Entscheidung über den Vollzug und der Aufmerksamkeit beim Vollzug der zum Betrieb erforderlichen Handgriffe zu entlasten[158]. Auch diese Bedienungsautomatismen sind jedoch auf Normalsituationen zugeschnitten und bedürfen in Sonderfällen sowohl hinsichtlich des Ob als auch des Wie der Korrektur[159]. Zwar kann für den geübten Fahrer noch ein Normaltypus sein, was für den Anfänger nur bei höchster Aufmerksamkeit beherrschbar bleibt; kein Mensch kennt jedoch die eine

[157] Problem der Schreck-„Sekunde" und des Handelns im Schrecken. *Luff*, DAR 1959, S. 92: „Gerade bei plötzlichen Situationsänderungen, die dem Kraftfahrer das Gefühl der Gefahr vermitteln, kann es zu überschießenden, unmodulierten Gegenreaktionen kommen, die erlernten und zum Repertoire gehörenden Automatismen können aussetzen oder in falsche Bahnen gelenkt werden". (Auch ders., aaO., S. 93). Die Unfähigkeit zur Vermeidung kann auch mit einer „Bewußtseinsverengung" psychologisch begründet werden (*Lersch*, Aufbau, S. 225; *Rohracher*, Einführung, S. 418; *Undeutsch*, in: Ponsold, Gerichtliche Medizin, S. 137; *Heegner*, ZentralBl. f. Verk. Med. 1957, S. 133). Juristische Literatur: *Sattler*, NJW 1967, S. 422; *Spiegel*, DAR 1968, S. 290 f., ders., Anstösse Nr. 4, S. 109. *Spiegel* sieht allerdings die Vermeidbarkeit als Schuldproblem an; soweit der Automatismus jedoch weder durch — wenn auch verengte — Motivation aktuell beeinflußt noch beeinflußbar ist, fehlt die Vermeidbarkeit und damit der Ansatz jeder sinnvollen Normierung. — Praktisch wird in Schrecksituationen meist nicht falsch reagiert — soweit reagiert wurde, hätte im allgemeinen auch Nichtstun den Schaden nicht verhütet (anders jedoch im Fall *Frankfurt*, VRS 28, S. 364 ff., und im Fall BGH VRS 33, S. 358 ff., 361 f.) —, sondern es fehlt die richtige Reaktion. Die psychologische und physiologische Problematik bei der Unterlassung entspricht derjenigen bei der Begehung: Es fehlt die Vermeidbarkeit durch eine Handlung, wenn auf der Begehungsseite die Vermeidbarkeit einer Handlung fehlt (vgl. die Fälle BGH VRS 26, S. 203 ff., 205; BGH VRS 34, S. 434 ff., 435 f. m. Nachw.).

[158] *Welzel*, Strafrecht, S. 151.

[159] Das gilt besonders — bei im Einzelfall zweifelhafter Fähigkeit zur Korrektur — für spontane, nicht erlernte Automatismen in erlebten Notlagen; hierzu *Spiegel*, DAR 1968, S. 287, und Artur *Kaufmann*, JuS 1967, S. 152.

Verletzungsmöglichkeit bergenden Situationen total, so daß auch niemand von der Aufmerksamkeit für das in einer Sondersituation Erforderliche entlastet werden kann[160]. Damit wird keine ständige Reflexion verlangt, aber eine ständige Bereitschaft zur Übernahme der Steuerung in die Kontrolle des berechnenden, abwägenden Bewußtseins[161]. Solange aus dem Blickpunkt eines automatisch reagierenden Menschen eine Normalsituation vorliegt, in der er erfahrungsgemäß auch unbewußt richtig reagiert, bedarf es keines Urteils darüber, daß die Grenzen des erlaubten Risikos eingehalten werden; dem entspricht auch der psychologische Befund; denn dem Motiv zur Erfolgsvermeidung, das die Sorgfalt ausmacht, fehlt in der Normalsituation jeder Ansatzpunkt, so daß es inaktive Disposition zur Erfolgsvermeidung bleiben muß[162]. Die Entlastungsfunktion der Automatismen bleibt also bei der Zuordnung der Automatismen zum Begehungsbereich unangetastet.

Durch die gegebene Lösung wird freilich die Bedeutung der bewußten Finalität für die Vermeidbarkeit und damit für die Ausgestaltung der Verhaltensnorm nicht völlig geleugnet. Zwar ist der Automatismus, soweit er sich unbewußt vollzieht, keine bewußt finale Tätigkeit. Um ihn aber vermeiden zu können, muß er ins Bewußtsein gehoben und zum (bedingten) Handlungsentschluß umgeformt werden. Die kausale Sequenz vom sensorischen Reiz zur automatischen Reaktion ist nur wegen und in den Grenzen ihrer finalen Überformbarkeit vermeidbar, also tauglicher Gegenstand rechtlicher Wertung.

---

[160] Auch *Welzel*, Strafrecht, S. 151, wonach die Automatismen gerade die Freiheit zur Verkehrsbeobachtung schaffen; ebenso: *Spiegel*, DAR 1968, S. 286.

[161] Wenn diese Bereitschaft nicht sicher erbracht werden kann (so wohl generell: *Leonhard*, ZVS 1957, S. 6 ff.; für eine individuell schwankende Frist, in der die hinreichende Konzentration noch soll erbracht werden können: *Mierke*, NJW 1960, S. 1381), ist das Autofahren einzustellen. Wenn *Leonhard*, aaO., S. 8, allerdings aus der Selbstgefährdung eine Vermutung für die stets schon bestmögliche Leistung der Aufmerksamkeit herleitet, verkennt er, daß der Autofahrer nicht sicher weiß, daß er sich selbst schädigt, sondern das Maß des erlaubten Risikos höher ansetzt, als das Recht es erlaubt.

[162] Da der geübte Kraftfahrer nicht bewußt prinzipiell besser reagiert als halb- oder unbewußt, sind fahrlässige „funktionelle Fehlleistungen" (*Wimmer*, NJW 1959, S. 1757) von unvermeidbaren danach abzugrenzen, ob ex ante die *Veranlassung* zu einer Aktivierung des Bewußtseins bestand. Fehlt es daran, weil die Situation „normal" erscheint (z. B.: Der Beifahrer löscht auf einer Straße die durch Laternen hell beleuchtet ist, versehentlich das Licht; die Beleuchtungsverhältnisse sind für den Fahrer nicht ungewöhnlicher als etwa bei dunklem Straßenbelag und eingeschalteter Fahrzeugbeleuchtung), so liegt kein Anlaß zur bewußten Übernahme der Steuerung vor. Ist jedoch die Situation ungewöhnlich (z. B.: Der Fahrer fährt bei stark fortgeschrittener Dämmerung ohne Licht), so wird die Fehlleistung mit dem Motiv zu schadensmeidendem Verhalten vermeidbar. Daß sich die Vermeidbarkeit „weder ausräumen noch verifizieren lasse" (*Wimmer*, aaO.), ist also falsch. Freilich sind der Ermittlung innerer Tatsachen im Einzelfall enge Grenzen gesetzt.

IX. Der Anlaß zur Vermeidung

Mit der Reduktion der Sorgfalt auf das Motiv zur Erfolgsvermeidung und mit der Individualisierung der Vermeidbarkeit auf das dem konkreten Täter mit dem Motiv zur Erfolgsvermeidung Steuerbare entsteht eine Norm, die keiner Ergänzung durch ein allgemeines Leitbild[163] mehr bedarf: Sie ist geschlossen. Die Norm knüpft einzig an vermeidbare, genauer: mit dem Motiv der Erfolgsvermeidung vermeidbare Erfolgsverursachungen an und stuft sich von der Erfolgssteuerung (Absicht) über die bewußte Steuerbarkeit (auf Nebenfolgen bezogener dolus directus und dolus eventualis) bis zur nicht mehr bewußten Steuerbarkeit (Fahrlässigkeit), wobei der hypothetische Umgang mit dem Motiv zur Erfolgsvermeidung kein spezifisches Merkmal der nicht mehr bewußten Steuerbarkeit ist, sondern auch im Vorsatzbereich Wissen oder Wissen und Wollen gegenüber normirrelevanten psychischen Fakten als Steuerungsmerkmale ausweist. Die Norm lautet also: Es ist richtig, einen bestimmten Erfolg zu vermeiden, was gleichbedeutend ist mit dem Satz: Es ist falsch, für einen bestimmten Erfolg eine Ursache zu setzen, die mit dem Motiv, den Erfolg nicht zu bedingen, nicht gesetzt würde.

Das Ergebnis wäre freilich wenig sinnvoll, wenn es dazu führen würde, daß jedermann in jeder Lage über alle möglichen Rechtsgutsverletzungen urteilen müßte, um sicher zu sein, der Norm zu genügen. Da aber die Norm nur vermeidbare Rechtsgutsverletzungen verbietet und vermeidbar nur Erfolgsverursachungen sind, die mit dem Motiv, nicht zu verursachen, unterlassen worden wären, liegen die Fälle, in denen der Erfolgseintritt dem Täter unerkennbar ist, außerhalb der Norm. Also bezieht sich die Norm nur auf Fälle, in denen der Täter, sofern er urteilte, zu dem Ergebnis gelangte, der Erfolg werde (nicht unwahrscheinlich) eintreten; soweit es daran fehlt, sei es, weil die bevorstehende Verursachung unerkennbar ist, sei es, weil nach zutreffender Erkenntnis keine Verursachung bevorsteht, gibt es für die Norm nichts zu regeln. Um der Norm zu genügen, ist nie die Unterlassung nicht oder nicht erkennbar verletzender Handlungen und nie die Vornahme nicht oder nicht erkennbar erfolgsabwendender Handlungen erforderlich und demzufolge auch nicht die zur Erkenntnis solcher Handlungen notwendige intellektuelle Leistung: das Urteil über das Ausbleiben des Erfolges.

Dem normlogischen Befund entspricht der psychologische, so daß es zu dem Schildbürgerstreich eines nicht erforderlichen Urteils, das nur im Urteil als nicht erforderlich ausgewiesen werden kann, nicht kommt.

Ein Mensch, der sich in totaler und nicht zu beseitigender Unwissenheit über den Fortlauf der ihn umgebenden und ihn betreffenden Geschehnisse

---

[163] Dessentwegen halten *Welzel* (Strafrecht, S. 131; ders., Neues Bild, S. 32) und Armin *Kaufmann* (ZRV 1964, S. 46) den Tatbestand fahrlässiger Delikte für einen offenen Tatbestand.

befände, könnte nicht einmal seine biologische Existenz erhalten. Zur Planung jeder Handlung gehört ein Kenntnispotential: von der zu verändernden Lage und ihrer an sich gegebenen Konstanz, von der zur Veränderung erforderlichen Einwirkung, von der Erzeugung dieser Einwirkung etc. Dabei kann nicht jedes Stück dieser Kenntnis in langer Reflexion aus der Tiefe des Erfahrenen erweckt werden; vielmehr muß die Beharrlichkeit oder Veränderbarkeit eines Dinges oder einer Situation so gegenwärtig sein wie eine erfahrene Eigenschaft, soll eine Einstellung auf die ständig wechselnde Umwelt überhaupt möglich sein. (Hierbei sind ontologische Basis und nomologisches Potential in praxi zumindest teilweise komplex). Selbst wenn die Eignung eines Dinges oder einer Situation, manipuliert zu werden, im Einzelfall erschlossen wird, geht das nur auf Grund gegebener Kenntnis einer Basis, von der aus geschlossen werden kann. Jeder Mensch kennt eine Vielzahl von Handlungsmöglichkeiten nebst ihren Folgen, etwa die Funktion eines Hammers und daß ein Schlag auf den Finger verletzt, die Funktion eines Lichtschalters und daß dessen Bedienung keine schädlichen Folgen bringt etc. Diese Folgen müssen nicht erst von einer Wissensbasis aus mit Hilfe von Lehrsätzen berechnet werden, sondern sind als „Eigenschaften" des Gegenstandes bekannt.

Freilich gilt diese Folgenkenntnis nur für den Normalfall. Trotz aller Schwierigkeiten einer Abgrenzung von der besonderen Situation steht jedoch fest, daß bei einer Vielzahl alltäglicher Handlungen auch die rechtlich relevanten Folgen oder deren Fehlen wenn auch nicht isoliert reflektiert, so doch dadurch bekannt sind, daß die alltäglichen Handlungen nicht für den Einzelfall erdacht, sondern als bereits vielfach erprobte und ausgeklügelte Muster übernommen werden. Solche Handlungen vollziehen sich hinsichtlich ihrer stereotypen Folgen vorsätzlich und hinsichtlich weiterer Folgen in einer Normalsituation unsteuerbar; denn das Motiv, bestimmte Folgen zu vermeiden, trifft bei solchen Handlungen bereits auf Folgenkenntnis[164] (Beispiel: Einschließen eines anderen in ein Zimmer ohne weiteren Ausgang; Überschütten mit kochendem Öl; — hier sind Fälle mangelnden Vorsatzes der Freiheitsberaubung oder Körperverletzung nur bei unnormaler Situationsgestaltung zu erwarten) oder kann die Folgenkenntnis als psychische Voraussetzung der Vermeidbarkeit nicht bewirken, weil der Folgeneintritt der alltäglichen Erfahrung zuwiderläuft. (Einschalten der Zündung eines Automobils, an die von einem verärgerten Monteur eine Höllenmaschine angeschlossen wurde).

Ein Urteil über die Folgen einer Situation ist also erst möglich, wenn die Situation so ungewöhnlich ist, daß sie nicht zum Basiswissen gehört, bei dem ihre Folgen nicht mehr beurteilt, sondern nur gemeinsam mit der

---

[164] *Engisch*, Vorsatz und Fahrlässigkeit, S. 369, spricht in diesen Fällen davon, daß Folgen, die „alle Welt" sofort erkannt hätte, auch dem Täter *erkennbar* waren; weitergehend kann geschlossen werden: War der Täter durchschnittlich begabt, so waren sie auch *erkannt*.

Situation vergegenwärtigt werden können. Das Ungewöhnliche der Situation muß rein subjektiv bestimmt werden: Nur wenn die Situation sich von den Stereotypen, deren Folgen oder Folgenlosigkeit dem *Täter* selbstverständlich sind, unterscheidet, stößt das Motiv zur Erfolgsvermeidung nicht wieder auf notwendig festgefahrene Bahnen, d. h. bei für selbstverständlich gehaltener Folgenlosigkeit: Das Motiv zur Erfolgsvermeidung gibt keinen Grund zum Unterlassen.

Aber auch die Situationskenntnis bestimmt sich subjektiv. Es kommt weder auf Umstände an, die dem Täter nur erkennbar sind — die Erkennbarkeit setzt stets eine objektive Hypothese voraus, unter der erkannt würde —, noch auf den realen oder potentiellen Kenntnisstand eines „einsichtigen Menschen". Wird bei sorgfältiger Handlungsplanung, also bei einer Planung mit dem Motiv, verletzende Folgen zu vermeiden, die in Aussicht genommene Handlung als (nicht unwahrscheinlich) verletzend erkannt (und infolgedessen unterlassen), so muß schon der aktuell gegebene Erkenntnisstand den Schluß auf die Verletzungsgefahr zulassen, soll er überhaupt vollzogen werden können. Auch der vorsichtigste Mensch kann eine Erkennbarkeit, also eine Möglichkeit zur Erkenntnis, nur dann zur Erfolgsvermeidung nutzen, wenn bereits aus seinem aktuellen Wissensstand der Schluß gezogen werden kann, ob und woher eine Verletzungsgefahr droht. Eine nicht nur zufällige, sondern planvolle Vermeidung verletzender Handlungen setzt eine aktuell gegebene Wissensbasis voraus, aus der bereits auf die Erfolgsgefahr geschlossen werden kann; die Erweiterung dieser Basis muß als nicht nur zufällige Voraussetzung der Vermeidung bereits Vermeidungsplanung sein, aber nicht bloß deren Voraussetzung. Entscheidend ist also nicht, ob von einem potentiellen Wissensstand aus die Verletzungsgefahr erkannt werden kann, sondern ob sich aus dem aktuellen Wissensstand mit dem Motiv zur Erfolgsvermeidung die Notwendigkeit ergibt, weiteres Wissen zu aktualisieren oder — in unmittelbarer Erfüllung des Verbots — die geplante Handlung zu unterlassen[165]. Ist vom aktuellen Kenntnisstand des

[165] Nach denselben Regeln richtet sich auch die Vermeidbarkeit im Falle des *Vergessens* von erfolgsrelevanten Bedingungen.

a) Liegt die mangelnde Reproduktion am aktuell fehlenden Motiv zur Erfolgsvermeidung, wäre also dem Täter die Bedingung eingefallen, wenn er an der Erfolgsvermeidung Interesse hätte, so ist seine verletzende Handlung fahrlässig. Beispiel: Der Autofahrer, den Parkverbotszonen nicht interessieren, stellt sein Auto in einer Verbotszone ab, ohne an diese zu denken; käme es ihm auf die Beachtung dieser Vorschrift an, so wäre ihm das Sekunden vorher gesehene Verbotsschild wieder eingefallen.

b) Liegt die mangelnde Reproduktion daran, daß es dem Täter z. Z. der noch aktuellen Bedingungskenntnis am Motiv der Erfolgsvermeidung fehlte, und kann das Motiv die Reproduktion aktuell nicht mehr bewirken, so kommt ein deliktisches Verhalten nur im früheren Zeitpunkt in Betracht, denn im späteren ist der Erfolg unvermeidbar (*Fischer*, Vergessen, S. 75). Kann schon im früheren Zeitpunkt der Erfolgseintritt als Folge des späteren Vergessens vorausgesehen werden,

Täters mit den Fähigkeiten des Täters der Schluß auf eine Verletzungsgefahr nicht zu ziehen und war er auch von einem früheren Kenntnisstand aus nicht zu ziehen, so ist der Erwerb weiterer Kenntnis ein zur Erfolgs-

---

so muß der Täter Merkzeichen setzen oder sich die Gefahr durch besondere Zuwendung einprägen: In beiden Fällen führt das Vermeidemotiv nicht zum Unterlassen, sondern zur Vornahme einer Handlung; es bedarf also einer Rechtspflicht zum Handeln, um den Erfolg zurechnen zu können.

c) Problematisch bleiben die Fälle der *Falschaussage*. Vergißt der Aussagende, vollständig oder unmißverständlich zu berichten, weil er — statt sich dominant zur wahren Aussage zu motivieren — sich etwa darauf konzentriert, möglichst schnell fertig zu werden, so ist die Vermeidbarkeit des Vergessens evident. — Schwieriger liegen die Fälle der falschen Aussage wegen mangelnder Rückbesinnung oder mangelnder Vorbereitung. Aus dem bislang Ausgeführten erhellt bereits, daß Rückbesinnung und Vorbereitung psychisch überhaupt nur möglich sind, wenn das spontane Erinnerungsbild nach Inhalt und Umfang nicht bereits für das Subjekt volle Evidenz besitzt (wobei hervorzuheben ist, daß Personen mit schlechtem Gedächtnis ihre Gedächtnisschwäche einkalkulieren müssen; vgl. *Fischer*, Vergessen, S. 84). Bleiben Zweifel, so können die zweifelhaften Punkte mit dem Motiv zur wahren Aussage durch Rückbesinnung oder äußeres Nachforschen geprüft und gegebenenfalls behoben werden. Das spontane Erinnerungsbild braucht demzufolge dem optimalen Erinnerungsbild (nach Rückbesinnung) oder der optimalen Wahrheitsvorstellung (nach äußerem Nachforschen) nicht zu entsprechen. Die eventuell gegebene Pflicht zur Rückbesinnung oder zu äußerem Nachforschen wird jedoch nicht durch die Normen der Aussagedelikte konstituiert, ist vielmehr prozessualer Natur; denn die Normen der Aussagedelikte verpflichten, *sofern ausgesagt wird*, sich mit dem Motiv der Vermeidung des Falschen zu verhalten, nicht aber überhaupt auszusagen oder das Wahre zu erforschen (zu letzterem *Fischer*, Vergessen, S. 72 ff., die jedoch das Motiv zur wahren Aussage mit dem Motiv zur Wahrheitsfindung identifiziert). Die Mißachtung einer Rückbesinnungs- oder Nachforschungspflicht kann also im Rahmen der Aussagedelikte nur voll relevant werden, wenn der Weg und die Kriterien der Erinnerungsbildung Aussagegegenstand werden (zum Verhältnis von Aussagepflicht und Aussageinhalt für die subjektive Theorie grundlegend: *Schmidhäuser*, Festschrift OLG Celle, S. 207 ff., 215 ff.) oder immerhin noch in beschränktem Maße, sofern zumindest (wie bei der objektiven Theorie: *Schönke-Schröder*, Strafgesetzbuch, § 163, Rdn. 8) der Grad der Evidenz, von dem — wie ausgeführt wurde — die psychische Durchführbarkeit von Rückbesinnung und Nachforschung abhängt (der aber nicht erkennen läßt, ob die Nachprüfung durchgeführt wurde), Aussagegegenstand wird. Jedenfalls ist die bloße Nichtbefolgung dieser Pflichten Aussageverweigerung, nicht jedoch Falschaussage. Vorsätzliche Falschaussage liegt vor, wenn der Aussagende weißt, daß sich die (ausdrücklich oder konkludent) berichtete Erinnerungsbildung in Wahrheit anders vollzogen hat oder die Evidenz falsch angegeben wird. Für die fahrlässige Falschaussage bleibt in diesem Rahmen der Bereich, in dem der Aussagende unbewußt, aber vermeidbar den mit der Wahrheit nicht übereinstimmenden Eindruck erweckt, seine Aussage sei ihm evident richtig (oder nicht) oder sei durch Rückbesinnung oder Nachforschung abgesichert (oder nicht). (Diese Lösung gilt auch bei Anwendung der subjektiven Theorie. Die bei *Maurach*, Strafrecht, BT, § 75 1 C 3 b, angegebenen Grenzen des § 163 StGB für die subjektive Theorie sind zu eng). —

vermeidung nur zufälliges Tun[166]. Das heißt nicht, der Unaufmerksame werde prämiiert; in einer Situation, die Aufmerksamkeit erfordert, bedingt schon das Fehlen von Aufmerksamkeit die Gefahr. Ist aber die Notwendigkeit der Aufmerksamkeit unerkennbar, so weiß auch der Aufmerksamste nicht, daß und worauf er aufmerken soll.

Anlaß zur Vermeidung eines rechtlich mißbilligten Erfolges bildet dabei nie ein bestimmter Kenntnisstand allein; denn ohne Motiv zur Vermeidung bleibt der Kenntnisstand wirkungslos. Aber auch das Motiv zur Vermeidung allein ist kein Anlaß, denn ohne einen bestimmten Kenntnisstand fehlt jeder Ansatz zur erfolgsvermeidenden Motivierung. Da aber das Motiv zur Erfolgsvermeidung von der Verhaltensnorm bewirkt werden soll, also bei Bildung der Verhaltensnorm vorausgesetzt werden muß, kann im Rahmen der Verhaltensnorm der Kenntnisstand, der bei einer Verarbeitung durch das Motiv zur Vermeidung zu der Einsicht führt, die in Aussicht genommene Handlung sei der Erfolgsvermeidung wegen zu unterlassen (oder bei Unterlassungsdelikten: es sei der Erfolgsvermeidung wegen eine bestimmte Handlung zu vollziehen), als *Anlaß* zur rechten Motivierung bezeichnet werden.

Das gilt für Vorsatz und Fahrlässigkeit gleichermaßen. Da sich Fahrlässigkeits- und Vorsatztat in der mangelnden Sorgfalt gleichen — bei beiden fehlt trotz gegebenen Anlasses ein dominantes Motiv zur Erfolgsvermeidung — kann es auch für das Maß der Erfolgschance, bei dem das Vermeidemotiv der Realisierung einer geplanten Handlung entgegenstehen soll, keine speziellen Fahrlässigkeitsprobleme mehr geben. Auch das Vorsatzdelikt verletzt nicht nur die Sorgfalt, sondern wird zugleich durch sie limitiert: Das maßvolle Risiko wird nicht wegen der mangelnden Voraussicht der Erfolgschancen bei der Fahrlässigkeit erlaubt, sondern der Handlungsfreiheit wegen, ist also ein Problem aller Steuerungsformen. Soweit sich dieses Risiko nach der „Sorgfalt" eines „einsichtigen Menschen" bestimmt (was, da der einsichtige Mensch auch einer Norm als Richtlinie bedarf, nur einen Verweis auf ein Normensystem außerhalb der Verhaltensnormen be-

---

Stets gilt, daß kein Mensch bei jedem Verhalten sein vergangenes Leben an sich vorbeiziehen lassen kann und sein künftiges Verhalten lückenlos prognostizieren. Ohne Vertrauen auf seine Identität in der Zeit, d. h. auch: ohne Vertrauen auf den Fortbestand eines bestimmten Kenntnisstandes, kann niemand seine Existenz einrichten. Ohne Berücksichtigung eines erlaubten Risikos entstehen also auch hier unmenschliche Normen.

[166] Soweit in der Literatur die Urteilsbasis — freilich für die *objektive* Adäquanz — auch nach den „Realfaktoren, die einem einsichtigen Menschen erkennbar waren" (*Welzel*, Strafrecht, S. 46) oder nach den „einem einsichtigen Menschen erkennbaren Umstände(n)" (*Engisch*, Kausalität, S. 56) bestimmt wird, muß dies dahin verstanden werden, daß der einsichtige Mensch mit der Erfolgsvermeidung als Motiv realiter erkannt hätte; auch die Situation, von der aus der einsichtige Mensch urteilt, kann nicht wiederum objektiviert werden; die Erkennbarkeit setzt aber eine Hypothese, unter der erkannt werden könnte, voraus.

deuten kann, insbesondere also auf eine Wertabwägung zwischen Handlungsfreiheit und gefährdetem Gut, entsprechend dem rechtfertigenden Notstand), handelt es sich nicht mehr, wie bei der „objektiven Sorgfalt" der neueren Fahrlässigkeitslehren, um die Ersetzung der individuellen Vermeidbarkeit durch eine objektive, sondern um eine Beschränkung der Verhaltensnorm auf eine nach Situation und Erfolgschancenhöhe qualifizierte individuelle Vermeidbarkeit, eben auf das nicht mehr maßvolle Risiko. Da diese Grenze des erlaubten Risikos von der je aktuellen Steuerungsform nicht abhängt[167, 168], soll hier nicht weiter verfolgt werden.

Beispielhaft gesprochen: Ein Autofahrer, der eine bevorrechtigte Straße befährt, sieht, wie sich auf einer Querstraße ein wartepflichtiger Fahrer mit mäßiger Geschwindigkeit der Kreuzung nähert. Darf der bevorrechtigte Fahrer trotz der gegebenen Erkenntnis der entfernten, jedoch nicht außerhalb jeder Erfahrung liegenden Wahrscheinlichkeit einer Vorfahrtsverletzung weiterfahren (wer zum Vorsatz zusätzliche Voraussetzungen zählt, mag diese hinzufügen[169]), soll also das Vermeidemotiv die Realisierung solcher Erfolgschancen nicht verhindern, dann ist auch die Erkennbarkeit einer solchen Chance kein rechtlich[170] relevanter Anlaß zur Vermeidung — und vice

---

[167] Schon *Exner*, Fahrlässigkeit, S. 191 f., 193.

[168] *Zipf* (ZStW 82, S. 635) sieht zutreffend, daß die Verhaltenstypisierung bei sozialadäquaten Risiken an die Verletzungschance gebunden ist, limitiert jedoch bei Vorsatztaten den Tatbestand nur, soweit „die Rechtsgutsverletzung selbst als sozialadäquat angesehen wird" (S. 635 f.). Die Möglichkeit dieser Differenzierung gründet darin, daß das sozialadäquate Verhalten bei *Zipf* ein reiner Verhaltenstypus ist (S. 652), der nur bei Fahrlässigkeitsdelikten „darauf abzielt, die Rechtsgutsverletzung auszuschließen" (S. 636). Inkonsequent erscheint dann freilich die Trennung der Sozialadäquanz bei der Fahrlässigkeit von der im Verkehr erforderlichen Sorgfalt (S. 652) und unverständlich der Ausschluß absichtlicher Verletzung im Vorsatzbereich (S. 634 f.).

[169] Allerdings ist die Zugehörigkeit des Handelns in Kenntnis geringer Erfolgschancen zur vorsätzlichen Handlung bestritten worden (*Hirsch*, ZStW 74, S. 98), da der Erfolgseintritt Zufall bleibe und somit die Tatherrschaft fehle. Jedoch beweist gerade die statistische Häufung von Unfällen bei bestimmten Situationen des Straßenverkehrs, bei gefährlichen Betrieben, bei bestimmten Sportveranstaltungen etc., daß der Erfolg mit der gefährlichen Situation gekoppelt ist. Die Tatherrschaft als Herrschaft zur Erfolgsvermeidung wird also mit der Unterlassung solcher Unternehmungen ausgeübt.

[170] Die Rechtsfigur des Vertrauensgrundsatzes als Unterfall des erlaubten Risikos; *Welzel*, Strafrecht, S. 132 f. m. Nachweisen. — *Stratenwerth* (Eb. Schmidt-Festschrift, S. 390 ff.) will allerdings Vertrauensgrundsatz und erlaubtes Risiko trennen, da ersterer nicht auf der Voraussehbarkeit, sondern auf der Verantwortungsteilung basiere. Jedoch gehen im Straßenverkehr, bei gefährlichen Betrieben etc. „die mit dem Geschehensablauf als solchem notwendig verbundenen Gefahren" (*Stratenwerth*, aaO., S. 391 Anm. 26) zumindest praktisch ununterscheidbar in die Gefahren über, die damit verbunden sind, daß „der Kausalverlauf von einer anderen Person, die ihn ihrerseits zu beherrschen vermag, weitergeführt wird" (aaO., S. 391). Zudem endet der Vertrauensgrundsatz — und nur so läßt sich in Grenz-

versa. Freilich besteht psychisch die Möglichkeit der Vermeidung unter der Hypothese des Vermeidemotivs im Vorsatz- wie im Fahrlässigkeitsfall, jedoch hat die Vermeidemacht keine rechtlich relevante Höhe. Das Maß und die Situation einer *voraussehbaren* Erfolgschance bei der Fahrlässigkeit, die rechtlich Anlaß zur Vermeidung sind, entsprechen dem Maß und der Situation der *gekannten* Erfolgschance beim Vorsatz, deren Realisierung das Vermeidemotiv entgegenstehen soll[171].

X. Der generelle Normzweck

Mit der nicht nur im Motiv zur Erfolgsvermeidung „objektiven" Sorgfalt wird auch die (objektive) Adäquanz aus der Norm ausgeschieden. Ein allgemeines Erfahrungswissen in die Norm aufzunehmen ist nutzlos, wenn nur Subjekte, die lediglich über ihre eigenen, je individuellen Erfahrungen verfügen, der Norm genügen sollen. Das gilt, wie bereits gezeigt wurde, für die mit dem Motiv zur Erfolgsvermeidung zu leistende Voraussicht des Erfolgseintritts; wie weit es auch für die Vermeidbarkeit einer Erfolgsverursachung *auf einem bestimmten Weg* gilt, ist nunmehr darzulegen.

---

fällen eine Erlaubnis zur sicher gewußten Schädigung vermeiden —, „sofern die Erwartung sorgfaltsgemäßen Verhaltens durch konkrete, in der Situation oder in der Person des anderen liegende Umstände entkräftet wird" (*Stratenwerth*, aaO., S. 392), also in einer durch die Voraussehbarkeit einer erhöhten Erfolgschance und nicht durch den Verantwortungsverlust des anderen charakterisierten Lage. So mag die Verantwortungsverteilung im Einzelfall ein geeigneter Ansatz sein, ein erhöhtes Risiko zuzulassen, weil nur dadurch — von den Erfordernissen der Handlungsfreiheit abgesehen — gegenseitige Gängelei vermieden wird. Ohne die Voraussehbarkeit läßt sich jedoch auch hier das erlaubte Risiko nicht begrenzen. Ist aber der Vertrauensgrundsatz kein normatives, sondern ein statistisches Problem, muß er auch in Situationen aufgehoben sein, in denen der andere die Gefahrenquelle beherrschen kann und soll, erfahrungsgemäß aber häufig nicht beherrschen wird (so, entgegen *Stratenwerth*, aaO., S. 392, und *Exner*, Frank-Festgabe, I., S. 580 ff., 582, (besondere Anzeichen erforderlich), der BGH in BGHSt. 12, S. 81 ff., 83 f.; BGHSt. 13, S. 169 ff., 175 ff.).

[171] Entsprechendes gilt, soweit Zumutbarkeitserwägungen im Rahmen der Verhaltensnorm — und nicht erst der Schuld — angestellt werden (*Henkel*, Mezger-Festschrift, S. 284; in den aaO., Anm. 8, genannten Fällen läßt sich freilich die Zumutbarkeit im erlaubten Risiko auflösen). In den Fällen, in denen dem Vorsatztäter die Erfolgsvermeidung nicht zuzumuten ist, und im Bereich der Verhaltensnorm heißt das: in denen er nicht verpflichtet ist, bildet die gekannte Situation trotz der zweifellos gegeben natürlichen Vermeidbarkeit des Erfolges keinen rechtlichen Anlaß zur Vermeidung, so daß auch dem Fahrlässigkeitstäter mangels Anlaß das Vermeidemotiv fehlen muß und damit der Antrieb, die Erfolgskenntnis als Voraussetzung der Erfolgsvermeidung zu leisten. Ob jedoch zumindest die Kenntnis der die Unzumutbarkeit begründenden Umstände erforderlich ist, entscheidet sich nach den Grundsätzen für Rechtfertigungsgründe bei fahrlässiger Tat, die hier außer Betracht bleiben.

Das Problem der Abweichung vom vorgestellten Kausalverlauf beim Vorsatz findet bei der Fahrlässigkeit seine Parallele in der Abweichung vom vorstellbaren Kausalverlauf[172]. In beiden Fällen bedarf es der Begründung, weshalb es überhaupt auf die Zwischenfolgen eines Bedingungszusammenhanges ankommen soll, denn deren Herbeiführung ist weder verboten, noch entfällt die Steuerung oder Steuerbarkeit des strafrechtlich relevanten Erfolges schon allein deshalb, weil die Steuerung der Zwischenfolgen fehlt: Der Satz, mit der Handlung a könne der Erfolg x über den Zwischenerfolg z_1 herbeigeführt werden, ist bezüglich des Bedingungsverhältnisses von a und x nicht falsch, wenn x durch a nur über z_2 herbeigeführt werden kann. Entscheidend für die Steuerung oder Steuerbarkeit eines Erfolges ist einzig, ob der Täter weiß oder wissen kann, bei Vermeidung welcher Handlung der Erfolg vermieden wird. So kann man z. B. ein Medikament seiner Wirkung wegen auch dann planvoll einsetzen, wenn man von seiner Wirkungsweise keine oder sogar falsche oder für einen Teil der individuell verschieden reagierenden Patienten falsche Vorstellungen hat.

Könnte ein Erfolg nur gesteuert werden, „wenn er in seinem konkreten Eintritt vom Willen zweckhaft gesetzt war", wozu mindestens eine Steuerung des Verlaufs „in seinen allgemeinen Zügen" gehörte[173], wäre nicht nur ein steuernder Gebrauch von Mitteln bekannter Wirkung, aber unbekannter Wirkungsweise unmöglich, sondern tauchte sogleich das Problem auf, wie die Zwischenfolgen gesteuert werden, was sich konsequent nur durch Steuerung der diesen vorgehenden Zwischenfolgen erledigen ließe etc.; das Erfordernis der Steuerung bis in die kleinste Zwischenfolge wäre nicht zu umgehen. Der Ansatz der Rechtsprechung, zur Fahrlässigkeit nur Voraussehbarkeit des Erfolges, nicht aber der Zwischenfolgen zu verlangen[174], trifft also zu, und die Kritik *Maurachs*, insbesondere der Verkehrsteilnehmer werde mit einem immensen Risiko belastet, da jede Fehlhandlung eines Autofahrers schwerste Verletzungen bringen könne[175], liefert die kriminalpolitische Bestätigung für die Nützlichkeit des Ansatzes selbst: Wie eine Fehlhandlung schädigt, kann sich ein Autofahrer nur in wenigen Fällen ausmalen; daß sie schädigen kann und deshalb zu unterlassen ist, weiß er stets. Mit „Erfolgshaftung"[176] oder Mißachtung des Schuldprinzips[177] hat das nichts zu tun, denn der Erfolg muß voraussehbar bleiben; für die — nicht voraussehbaren — Zwischenfolgen aber wird nicht gehaftet. Besonders bei

[172] Klar schon *Engisch*, Vorsatz und Fahrlässigkeit, S. 373: „Dem fahrlässigen Täter muß ebenso viel erkennbar sein, wie ihm im Falle wirklicher Kenntnis zum Vorsatz gereichen kann . . .".

[173] *Welzel*, Strafrecht, S. 73 m. Nachweisen.

[174] RGSt. 24, S. 417 ff., 418; 73, S. 370 ff., 372; BGHSt. 12, S. 75 ff., 77; in BGH GA 1969, S. 245 ff., 246, wird trotz subjektivistischer Formulierung ein objektiv inadäquater Verlauf ausgeschieden.

[175] Strafrecht, AT, § 44 III B 1.

[176] *Bockelmann*, Verkehrsrechtliche Aufsätze, S. 98

[177] *Schmidhäuser*, Strafrecht, 10/105.

der Übernahmefahrlässigkeit fehlt die Voraussehbarkeit des Weges zum Erfolg in der Regel. Kennte der Täter den Weg zum Erfolg, so bliebe dieser auch nach der Übernahme meist vermeidbar und des Rückgriffs auf das Übernahmeverhalten bedürfte es nicht; müßte der Täter auch den Weg kennen, so wäre auch im Übernahmezeitpunkt ein zurechenbares erfolgsbedingendes Verhalten nicht zu begründen.

Ist zur Erfolgsvermeidung keine Steuerung oder Steuerbarkeit der Zwischenfolgen erforderlich, so kann es sich bei der Frage der Abweichung vom vorgestellten oder vorstellbaren Verlauf nicht um ein Problem der Vermeidbarkeit handeln, sondern um ein Problem des Normumfangs oder -inhalts. Es darf also nicht gefragt werden, was der Täter *kann* — daß er vermeiden kann, ist für erkanntermaßen oder erkennbar schädigende Verläufe nicht zweifelhaft, weil diese mit dem Motiv zur Vermeidung nicht ins Werk gesetzt worden wären und also auch nicht ins Extraordinäre hätten abweichen können —, sondern was er *soll*.

Da der Täter erlaubte Risiken nicht meiden soll, ist ihm zunächst ein Erfolg, der über ein solches Risiko eintritt, nicht zuzurechnen. In einem Beispiel *Exners*[178] überträgt ein Händler von Feuerwerkskörpern den Verkauf einer Hilfsperson, ohne dieser die Pflicht zur Belehrung der Käufer einzuschärfen. Die Hilfsperson belehrt die Käufer trotzdem zutreffend, jedoch einer von ihnen verunglückt beim Abbrennen der Feuerwerke. Der Verkauf mit Belehrung ist ein erlaubter Vorgang; das normwidrige Verhalten bei der Übertragung der Geschäfte auf die Hilfsperson ist „geheilt"[179]. Eine solche Fallgestaltung liegt freilich nur bei einer kleinen Zahl der Geschehen vor, die vom vorgestellten oder vorstellbaren Verlauf abweichen. *Engischs* Lösung zum genannten Beispiel setzt dementsprechend auch prinzipieller an: Die vom Täter geschaffene Gefahr habe sich nicht verwirklicht[180]. Wenn aber trotz gegebener Erfolgsvermeidbarkeit eine spezifische Beziehung zwischen Gefahr und Geschehensverlauf nötig sein soll, so muß ein Zweck der Norm aufgewiesen werden, dem nur die Verwirklichung bestimmter Gefahren widerspricht. Die Beziehung zwischen Gefahrverwirklichung, Erfolgsvermeidung und Normzweck kann nur beurteilt werden, wenn die Bedeutung der Gefahrvermeidung für die Erfolgsvermeidung als dem Gegenstand des Normzwecks geklärt ist.

Ob bei einer physikalischen Versuchsanordnung alle Bedingungen zu einem bestimmten Erfolg kontrolliert werden können, kann hier dahinste-

---

[178] Frank-Festgabe, I., S. 584.

[179] Dies ist wohl einer der Grundgedanken zur Ermittlung der Normzweckwidrigkeit bei *Gimbernat Ordeig*, Problematik, S. 126 ff., Lösung s. aaO., S. 134 oben; problematisch ist demnach die Lösung S. 134 Mitte. Eine *Systematik* der „sinnvolle(n) Auslegung", wann „die vorliegenden Handlungs- und Erfolgsunwerte auf einander bezogen werden können" (aaO., S. 135), wird nicht gegeben.

[180] *Engisch*, Kausalität, S. 65.

hen; im Bereich der alltäglichen Erfahrung kennt jedenfalls kein Mensch alle Bedingungen zu einem bestimmten Erfolg oder kann sich alle Bedingungen vergegenwärtigen. So weiß zumindest niemand, der nicht Naturwissenschaftler, Mediziner oder Psychologe ist, wie etwa das Zerbrechen einer Vase (§ 303 StGB), die Vergiftung eines menschlichen Körpers (§§ 211 ff. StGB) oder die Bildung eines Verfügungsmotivs (§ 263 StGB) im Detail vor sich gehen (normativ definierte Erfolge wie Ehrverlust, Vermögensschaden etc. sollen außer Betracht bleiben). Der Modellfall, an dem Erfahrungen gemacht werden, wird vielmehr stets nur in einigen Bedingungen spezifiziert, während ansonsten „normale Verhältnisse", „übliche Zustände" angenommen werden. Wer etwa lernt, daß die Einnahme eines Stoffes beim Menschen tödliche Vergiftungen hervorruft, wird sich für die Tageszeit der Einnahme, das Geschlecht des Menschen, sein Alter, die Witterung, den Aufenthaltsort etc. nicht interessieren, falls nicht im Einzelfall einer dieser Umstände gerade zu den Bedingungen gehört, welche die tödliche Wirkung tragen, mag auch von den genannten Umständen der Weg des Verlaufs zum Erfolg — wenn auch z. B. nur als minimale Zeitdifferenz — abhängen. Ohne diese Vergröberung des Erfahrungswissens, nämlich ohne das Abstellen auf den Erfolg-überhaupt, ließe sich alltägliche Erfahrung nicht machen, denn exakt läßt sich in praxi kein Modell rekonstruieren. Selbst die spezifischen Bedingungen können nur unter Berücksichtigung des Rahmens der üblichen Zustände, also als Typus mit einem Spielraum, bestimmt werden, da schon jeder Handlungsvollzug in seiner detaillierten Ausgestaltung vereinzelt ist. Das gleiche gilt für die Erfolgsbeschreibung. Für die einzelnen Stationen des Verlaufs hingegen spielt auch die typenmäßige Bestimmung keine Rolle mehr; denn die spezifischen Bedingungen werden am Modellfall nicht deswegen als erfolgbringend erfahren, weil sie über bestimmte Zwischenerfolge führen — diese können völlig unbekannt bleiben —, sondern weil der Erfolg überhaupt eintritt, ohne diese Bedingungen aber erfahrungsgemäß ausbleibt.

Nun besteht die Schwierigkeit, daß der Erfolg in Einzelfällen auch ohne die spezifischen Bedingungen, also einzig aus den „üblichen" Zuständen entsteht. Dieses stets latente allgemeine Lebensrisiko kann vom Täter weder durch erfahrungsgemäß schädigende Handlungen erhöht, noch durch Vermeidung solcher Handlungen verringert werden. Die Auslösung dieses allgemeinen Lebensrisikos ist also ein Zeichen für anomale Verhältnisse, unübliche Zustände, somit für eine Bedingungslage, auf die der vom Täter angewendete Erfahrungssatz „nur zufällig"[181] paßt. Wenn der Täter weiß oder erkennen kann, daß sich der Erfolg dem Modellfall entsprechend verwirklichen werde, ist zwar nicht sein Wissen von der Erfolgsverwirklichung, aber von der erfahrungsgemäßen, modellhaften Erfolgsverwirklichung falsch, sofern der Erfolg durch die spezifischen Bedingungen nur in solchermaßen re-

[181] *Walder*, Z. Bern. J. V. 1968, S. 181, ferner S. 168.

duzierter Form bedingt ist, daß derselbe Erfolg auch durch ein Aliud[181a] oder Minus an Bedingungen, das den Erfolg erfahrungsgemäß nicht bringen, ihn also allenfalls als ein allgemeines Lebensrisiko auslösen würde, hätte bedingt werden können. Kommt z. B. der mit einem erfahrungsgemäß tödlich wirkenden Gift Vergiftete im Krankenhaus durch Blitzschlag um, so ist gerade die erfahrungsmäßige Tödlichkeit des Giftes für den Erfolg ebenso irrelevant (auch bei nur verletzendem Gift oder bei einem bloßen Besuch im Krankenhaus wäre er gestorben), wie sie etwa im Falle eines Narkosetodes irrelevant ist (auch die Narkose zur Vermeidung bloßer Körperschäden oder zu Versuchszwecken wäre tödlich ausgelaufen). In diesen Fällen hätte also jede Bedingung, die das Opfer ins Krankenhaus schafft bzw. seine Narkotisierung herbeiführt, denselben Erfolg gebracht[182]. Da die Einhaltung der Norm das Lebensrisiko ebenso auslösen kann, wie ihre Übertretung es hemmen (der zu Hause Verletzte muß einen geplanten Flug aufgeben; das Flugzeug stürzt ab), kann es nicht Zweck der Norm sein, die Verwirklichung von Lebensrisiken zu verhüten. Trotz gegebener Vermeidbarkeit erfordert die Zurechnung die Verwirklichung der Gefahr der spezifischen Verletzungsbedingungen.

Wie sich die spezifischen Bedingungen unter dem Einfluß der jeweiligen üblichen Zustände im Modellfall, an dem die Erfahrung gemacht wird, ausgestaltet haben und im Anwendungsfall ausgestalten, ist Zufall. Da jeder Verlauf letztlich in seiner detaillierten Ausgestaltung vereinzelt ist, wäre jede Hoffnung auf einen bestimmten Verlauf eine für praktisches Handeln unbrauchbare Spekulation[183]. Selbst wenn eine typische Zwischenfolge aus-

---

[181a] Freilich wird mit „Aliud" hier nicht gemeint, daß ex post irgendwelche Alternativbedingungen ausgeklügelt werden, die unter geschickter Ausnutzung von Naturkatastrophen, Verletzungen im erlaubten Risiko etc. das Opfer — ex ante natürlich unerkennbar — dann stets zu Schaden bringen. Vielmehr ist eine dergestaltige Spezifizierung *der realiter gesetzten* Bedingungen gemeint, daß deren erfahrungsgemäße Eignung bei üblichen Zuständen paralysiert wird (s. u. Beispiel 2).

[182] Diese Normzwecküberlegungen setzen nicht voraus, daß eine sich im erlaubten Risiko haltende, doch gleichermaßen schädigende Alternativhandlung sicher oder auch nur mit einiger Wahrscheinlichkeit vorgenommen worden wäre, wenn die erfahrungsgemäß schädigende Handlung unterblieben wäre; hierzu eingehender u. S. 100 ff.

[183] Die ganz einhellige Ansicht in der Literatur, die zwar bei der Voraussehbarkeit der Zwischenfolgen ansetzt, die Vermeidbarkeit aber doch nicht von dieser Voraussehbarkeit abhängen läßt, da sie sich trotz des Ansatzes im Ergebnis mit dem *objektiv* adäquaten Verlauf begnügt oder doch mit der Voraussicht der „wesentlichen" Merkmale (*Baumann*, Strafrecht, S. 381, 440; *Jescheck*, Strafrecht, S. 210, 388 f.; *Maurach*, Strafrecht, AT, § 23 III 1, § 44 III B 1; *Schönke-Schröder*, Strafgesetzbuch, § 59, Rdn. 24; *Welzel*, Strafrecht, S. 73; *Wessels*, Strafrecht, AT, S. 85, 113, jeweils mit weiteren Nachweisen), versagt mit ihrem Dogma von der alleinigen Relevanz adäquater Verläufe schon in den Fällen einer Häufung je vereinzelter, insgesamt jedoch häufig erfolgbringender Verläufe als Folge einer Hand-

bleibt, bedeutet dies keinen Fehlschlag der ins Werk gesetzten Handlung, wenn der ersatzweise eintretende Zwischenerfolg nur die Modifizierung des typischen Zwischenerfolges unter den herrschenden Begleitumständen ist. Eine solche Modifizierung des Modellfalls, nicht aber die Verwirklichung eines allgemeinen Lebensrisikos, liegt vor, wenn sich trotz der Vereinzelung des Verlaufs gerade die Modellgefahr realisiert, wenn also die Ersetzung des Modells durch ein solches, aus dem der Enderfolg nicht prognostiziert werden kann, unmöglich ist, ohne daß auch der Enderfolg entfiele. In diesen Fällen verwirklicht sich die Gefahr aus den spezifischen Bedingungen; sie kann deshalb durch Normbefolgung generell und nicht nur im Einzelfall beherrscht werden. So ist es etwa völlig gleichgültig, ob ein Gift schon im Magen wirkt oder — bei besonders resistenten Personen — erst im Darmtrakt, mag letzteres auch höchst selten vorkommen. Die Norm hat auch den Zweck, untypisch reagierende Personen zu schützen. Verschluckt sich aber das Opfer an der Giftpille und erstickt, so sind für diesen Zwischenerfolg die gesetzten spezifischen Bedingungen nicht sämtlich relevant,

---

lung (hierzu *Engisch*, Kausalität, S. 62) und in den Fällen unbekannten Verlaufs, aber bekannter Wirkung. Hieraus wäre gegen die Lösung bei den restlichen Fällen trotz deren bei hinreichend detaillierter Analyse stets vereinzelter Verlaufsform nichts einzuwenden, wenn die adäquaten Verläufe, genauer: die adäquaten Zwischenfolgen, unter dem Aspekt der Zurechnung gewonnene Typisierungen wären, sich also auf den Norminhalt oder Normzweck bezögen. Hingegen werden sie unter dem Aspekt der sinnenfälligen Gleichförmigkeit gewonnen. Was sich dabei unter dem adäquaten Zwischenerfolg etwa der Infektion als Folge eines Messerstichs, dem Überschlagen als Folge zu schnellen Kurvenfahrens, des Verblutens als Folge eines Überfahrenwerdens etc. im Einzelfall verbirgt, richtet sich nach einem aus Anschaulichkeitsgesichtspunkten gewonnenen Quorum von Eigenschaften. Es wird ein Verlauf mit dem üblichen Erscheinungsbild konkretisiert, ohne daß der Verlauf selbst als üblich oder der inadäquate Verlauf als unbeherrschbar dargetan wäre. Die Infektion kann von einem äußerst seltenen Erreger herrühren, das Verbluten nur durch eine extrem ungewöhnliche Lage des Verletzten bedingt sein, das Überschlagen durch eine ungewöhnlich geformte Bordsteinkante mit bedingt werden, und somit können diese Verläufe so ungewöhnlich sein, wie etwa Narkoseunverträglichkeit, Blutereigenschaft oder die Explosion eines Automotors, nur ergeben sie ein bekanntes Erscheinungsbild und sind damit sinnenfällig „adäquat". Zudem löst sich bei hinreichend exakter Analyse des Einzelfalls auch die sinnenfällige Adäquanz in Spekulationen auf. Weshalb etwa der Tod nach einem Schuß, der den Brustkorb traf, an einer Rippe abgelenkt wurde, im Lungenflügel steckenblieb, was bei bestehender Schwächung des anderen Lungenflügels zu Komplikationen führte etc. adäquater sein soll als etwa der Tod bei nicht treffendem Schuß aus Schreck über den Knall, läßt sich nur begründen, wenn man vor dem Detail die Augen verschließt. Die entscheidende Differenz der beiden Verläufe liegt nicht in der Adäquanz, sondern darin, daß nur ersterer die Gefahr scharfen Schießens auf einen Menschen verwirklicht, während letzterer genauso gut durch Platzpatronen oder durch gezieltes Danebenschießen in Gang gesetzt werden könnte, also auf einem Minus spezifischer Bedingungen beruht.

sondern nur ein Minus derselben; denn die Giftigkeit der Pille spielt keine Rolle mehr. Der Erfolg verwirklicht sich als Lebensrisiko[183a].

Bei dem erst nunmehr entscheidungsreifen Problem des Standpunktes, von dem aus die Bestimmung der spezifischen Bedingungen erfolgen muß, ist die Frage nach dem Zusammenhang der Bedingungen mit dem Erfolg bereits entschieden: Da nur das Verbot vermeidbarer Erfolgsherbeiführungen und das Gebot erkennbarer Erfolgshinderung sinnvoll ist, muß der Täter mit dem Motiv zur Erfolgsvermeidung den Erfolg vermeiden können, also in seiner Person den Zusammenhang zwischen den spezifischen Bedingungen und dem Erfolg erkennen können. Da er aber den Erfolg auch zweckvoll vermeiden kann, wenn er von den Zwischenfolgen keine oder nur falsche Vorstellungen hat oder haben kann, hängt die Konkretisierung der Gefahr, die sich nach gegebener oder möglicher Erkenntnis des Täters verwirklicht, nicht von seinen Spekulationen über die Zwischenerfolge ab, sondern diese Spekulationen sind bereits nur möglich als Überlegungen über den Weg der Verwirklichung der in den spezifischen Bedingungen angelegten Gefahr. Die Gefahr konkretisiert sich einzig in dem Modell, auf das sich der Täter mit dem Motiv zur Erfolgsvermeidung beziehen würde. Wenn der Täter Zwischenerfolge des Modellfalls nicht kennt oder insoweit von falschen Vorstellungen ausgeht, hindert das nicht, daß er mit Kenntnis des Modellfalls die Gefahr kennt. Der Kreis der je nach Ausformung der begleitenden Umstände sich vollziehenden Gestaltungen des Weges zum Erfolg wird pauschal in die Erfahrung übernommen, sofern es sich nur um eine Verwirklichung des Risikos des Modells handelt; denn mehr als eine Verwirklichung der in den spezifischen Bedingungen[184] angelegten Gefahr nach Lage der be-

[183a] Der BGH stellt bei der Prüfung, ob eine Schädigung durch einen betrunken fahrenden Kraftfahrer auf der spezifischen Trunkenheitsgefahr beruht, in der bislang letzten Entscheidung zum Normzweck (BGHSt. 24, S. 31 ff., 35 f.) nicht auf den Vergleich mit der Leistung eines nüchternen Fahrers ab, sondern untersucht, ob auch ein Verhalten, das der betrunkene Fahrer unter Berücksichtigung seiner Trunkenheit solcherart einrichtet, daß er das allgemeine Risiko des Verkehrs nicht erhöht (im zu beurteilenden Fall: bei ganz geringer Geschwindigkeit), zum Erfolg geführt hätte. Das so gewonnene Ergebnis muß jedoch — was der BGH übersieht — notwendig mit dem Ergebnis, das durch Vergleich mit den Leistungen eines nüchternen Fahrers gewonnen wurde, koinzidieren; denn der Betrunkene überschreitet das Grundrisiko des Verkehrs nicht, wenn er alle Schädigungen vermeidet, die auch ein ordnungsgemäß fahrender Nüchterner vermeidet. Hätte also bei der *tatsächlich* eingeschlagenen Fahrweise ein Nüchterner sich im Rahmen des Grundrisikos gehalten (wovon der BGH, aaO., S. 35 o., ausgeht) und eine Schädigung soeben nicht mehr vermeiden können, kann die *entsprechende* Fahrweise für den seine Trunkenheit in Rechnung Stellenden auch nur eine solche sein, bei der er gleichfalls eine Schädigung soeben nicht mehr vermeiden kann. Im Ergebnis zutreffend: *Knauber*, NJW 1971, S. 627, der jedoch die Koinzidenz der Lösungen gleichfalls übersieht.

[184] Die spezifischen Bedingungen sind dabei unter Einschluß des Fehlens rettender Verläufe zu bestimmen.

gleitenden Umstände kann aus dem Modellfall nicht erfahren und also im Anwendungsfall erfahrungsgemäß nicht erwartet werden. Bei der Frage, ob sich die Modellgefahr verwirklicht hat, ob also die spezifischen Bedingungen zur Auslösung des Verlaufs zum Erfolg erforderlich waren, geht es also nicht mehr um die Steuerung, die notwendig nach individuellem Ex-ante-Prospekt zu bestimmen ist, sondern um deren Gelingen, somit um eine möglichst exakt und damit objektiv nach bestem Beurteilungsvermögen unter Einschluß der ex post gewonnenen Erkenntnisse zu ermittelnde Tatsache[185].

Beispiele: 1. A gibt dem B ein Gift, von dem er weiß, daß es tödlich wirkt. B verspürt, was dem üblichen Verlauf entspricht, zunächst schwere Benommenheit; er wankt umher, um ein Getränk zu besorgen, stürzt aber auf Grund seiner Benommenheit hin und wird durch den Aufschlag beim Sturz getötet. Die Gefahr tödlichen Vergiftens hat sich nicht verwirklicht, da der Verlauf auch durch ein Minus an Bedingungen, aus dem der Täter

---

[185] Es geht also bei diesen Normzwecküberlegungen nicht um die Frage der Risikoerhöhung, sondern der Risikoverwirklichung. Freilich kann das Verbot, normzweckwidrige Folgen zu bedingen, nur durch Vermeidung jeder Steigerung des erlaubten Risikos über das erlaubte Maß erfüllt werden. Wann sich aber die Gefahr einer Risiko*steigerung* verwirklicht, ist damit nicht ausgemacht. Wird — wie bei *Roxin*, Honig-Festschrift, S. 138; ebenso *Walder*, Z. Bern. J. V. 1968, S. 178 f. — nicht auf die sich verwirklichende, sondern auf die gesetzte Gefahr abgestellt, also das Problem der *Erfolgs*zurechnung ausgeklammert, so widerspricht auch die Risikohandlung, bei der feststeht, daß der Erfolg auch bei mäßigem Risiko eingetreten wäre, der (dann nur noch motivationsbezogenen) Norm. Bei *Roxins* Lösung (aaO., S. 139 f.) hat also der Umstand, daß der Erfolg sicher auch ohne Normübertretung eingetreten wäre, die Stellung eines objektiven Strafaufhebungsgrundes und liegt damit jenseits der verhaltensbestimmenden Norm. — *Rudolphi* argumentiert, eine Gefahr lasse sich nicht in einen erlaubten und einen unerlaubten Teil zerlegen; auch das Gesetz wolle beim Verbot einer Gefährdung über ein erlaubtes Risiko hinaus nicht nur die übersteigende, sondern die gesamte Gefahr verbieten: Alle Rechtsgutsverletzungen, die „durch eine das erlaubte Maß übersteigende Gefährdung verursacht werden", sollen unterbunden werden (JuS 1969, S. 554; ebenso *Stratenwerth*, Strafrecht, Rdn. 1182). Nun wird ein Erfolg nur bei verkürzter Redeweise „durch eine Gefährdung" verursacht, genauer aber durch einen Komplex von Bedingungen. Sind nun in diesem Komplex die Bedingungen der erhöhten Gefahr nur akzidentiell und nicht notwendig enthalten, sind m. a. W. die Bedingungen der erhöhten Gefahr für den Erfolg nicht spezifisch, so bleibt die Erfolgszurechnung versari in re illicita; zwar hat sich eine Gefahr realisiert, aber nicht die verbotene. Im Ergebnis verzichtet also auch Rudolphi auf die Gefahrverwirklichung und bildet Gefährdungsdelikte. Daß für den Täter „der Eintritt des tatbestandsmäßigen Erfolges . . . gerade als mögliche Verwirklichung der in seinem Verhalten liegenden rechtswidrigen Gefährdung voraussehbar sein" muß (*Rudolphi*, JuS 1969, S. 552), bleibt unausgefüllter Programmsatz. So zutreffend kritisch: *Baumann*, Strafrecht, S. 263; *Ulsenheimer*, JZ 1969, S. 367. Für eine kriminalpolitische Entscheidung der Beweisschwierigkeiten, mit denen die Rechtsprechung zudem seit der Entscheidung BGHSt. 11, S. 1 ff., 4 f., fertig geworden ist, bleibt kein Raum (anders *Rudolphi*, JuS 1969, S. 554).

nur die Erregung einer schweren Benommenheit hätte erschließen können, in Gang gesetzt werden könnte. Freilich kann auch die Realisierung der Gefahr dieses Minus bei Erkennbarkeit eines entsprechenden Modells ihrerseits zurechenbar sein. — 2. Die A schickt ihr dreijähriges Kind zum Spielen auf eine befahrene Landstraße. Das Kind läuft jedoch in den Garten und ertrinkt dort in einem Teich. Der Verlauf hätte auch bei hinreichender Fürsorge, daß das Kind nicht auf die Straße gerät, ins Werk gesetzt werden können. Es kommt also darauf an, ob auch dieses Aliud noch dem Täter erkennbar gefährlich war. — 3.[186] In einem Krankenhaus gibt ein Arzt der gutgläubigen Krankenschwester B für C ein Medikament, das bewußt so gemischt wurde, daß es C bei dessen Gesundheitszustand den Tod bringen kann. B gibt das Medikament versehentlich D, der daran stirbt. Die — B einzig erkennbare — Lebensgefahr aus einer Medikamentenverwechslung hat sich dann verwirklicht, wenn die Mischung noch als Medikament brauchbar war und wenn dieses Medikament bei Verabreichung ohne Indikation generell tödlich wirken konnte, D also nicht an einer vereinzelten Überempfindlichkeit litt[187].

Die bisherige Lösung betrifft die individuelle und generelle Vermeidbarkeit, ohne zwischen Vorsatz und Fahrlässigkeit zu differenzieren. Da sich die Vermeidung eines Erfolges nicht über die Vermeidung bestimmter Zwischenfolgen vollzieht, kann es beim Vorsatz (wie bei der Fahrlässigkeit) nicht auf die Adäquanz des Verlaufs ankommen, sondern nur auf die Verwirklichung der bewußt gesetzten Gefahr. Der Täter muß also zum Vorsatz die gefährlichen spezifischen Bedingungen kennen, d. h. wissen, daß seine Handlung dem Modell einer gefährlichen Handlung entspricht, während seine Vorstellungen über den Verlauf ein Superfluum sind; denn immer wenn sich der Erfolg aus der Gefahr eines erkannten Modells der Erfolgssteuerung verwirklicht, tritt er in individuell und generell vermeidbarer Form ein, also im Widerspruch zur Norm. Da es auf die Adäquanz des Weges nicht ankommt, können auch inadäquat eintretende Erfolge vorsätzlich herbeigeführt sein, sofern sie sich nur aus der erkannten Gefahr verwirklichen; z. B.: Der mit Tötungsvorsatz durch Stiche mit einem nicht desinfizierten Messer schwer Verletzte stirbt an einer wegen des Ausmaßes der Verletzung nicht beherrschbaren Infektion, die durch die Verschmutzung des Messers mit einem extrem seltenen Erreger verursacht wurde. Die Verschmutzung der Waffe mit diesem Erreger ist inadäquat, jedoch unter den gegebenen Umständen ist der Tod durch eine Infektion dieser Art die Verwirklichung der Gefahr, die in der schweren Verletzung durch dieses Messer liegt.

Die Differenzierung zwischen Vorsatz und Fahrlässigkeit wird schwieriger, soweit der Täter übersieht, daß bereits ein in den erkannten spezifi-

---

[186] Nach *Baumann-Arzt-Weber,* Strafrechtsfälle, S. 132 ff.

[187] Abw. (jedenfalls Fahrlässigkeit): *Baumann-Arzt-Weber,* Strafrechtsfälle, S. 132 ff.

schen Bedingungen steckendes Minus regelmäßig gefährlich in bezug auf den erkannten Erfolg ist[188] und gerade die Gefahr dieses Minus sich verwirklicht[189]. Mit der Feststellung, daß der Täter das Minus als hinreichende Erfolgsbedingung nicht erkannt hat, ist jedoch das Urteil gefallen, daß bewußte Erfolgssteuerung nicht vorliegt. Die als gefährlich erkennbaren Teile einer als gefährlich erkannten Handlung beherrscht der Täter in ihrer isolierten Gefährlichkeit so wenig *aktuell* wie die als gefährlich erkennbaren Bedingungen, die er *gelegentlich* einer als gefährlich erkannten Handlung ins Werk setzt[190]. (Der Wilderer zerstört im Jagdeifer, ohne es zu merken, Teile einer Schonung). Diese Fälle dem Vorsatz zuzuschlagen führte zu einer Korrektur der Steuerungsformen durch Strafbarkeitserwägungen. Praktisch dürfte sich die Differenz dieser Lösung zum Ergebnis der durchgängig vertretenen Lehre allerdings meist dahin auflösen, daß der Täter bei ganz allgemein als gefährlich bekannten Manipulationen nur der größeren Erfolgssicherheit wegen weitere spezifische Bedingungen setzt, also die Gefahr des Minus auch erkannt hat. Der Täter macht seine Erfahrungen in der

---

[188] Stellt der Täter sich irrig vor, das Minus wirke nur bei Hinzutritt weiterer Bedingungen, während diese objektiv überflüssig sind, handelt es sich zwar um die Gefahr des Minus, die aber mit der vorgestellten Gefahr identisch ist. Führt bereits der unbeendete Versuch zum Erfolg, bleibt der Vorsatz freilich unverwirklicht.

[189] S. o. Fall 1.) und 2.); ferner die Schulfälle, in denen A den B von einer Brücke stößt, wobei er bedenkt, daß B ertrinken könnte, B aber mit tödlicher Folge gegen einen Brückenpfeiler schlägt, oder A auf B mit Tötungsvorsatz anlegt, B zur Rettung beiseite springt und hierbei zu Tode kommt. Nur scheinbar läuft das im Brückenbeispiel wieder auf eine Berücksichtigung von Zwischenfolgen hinaus. Zwar hat der Handelnde seinen Handlungsvollzug zu Ende gebracht, jedoch die von ihm einzig aktuell gesehene Gefahr des „Werfens von einer Brücke über ein Wasser" hat sich nicht verwirklicht, da diese Ausgangsbedingungen Überflüssiges enthalten, nämlich daß es sich um eine Wasserbrücke handeln müsse. Freilich wird in praxi zumeist dem Täter bekannt sein, daß ein Sturz von einer Brücke allgemein gefährlich ist, und er wird auf das Ertrinken nur wegen der größeren Erfolgssicherheit abstellen.

[190] Sofern sich nur eine nicht erkannte, aber irgendeinem Menschen oder dem Täter erkennbare Gefahr verwirklicht, läuft die Zurechnung als Vorsatztat auf ein durch die Erkennbarkeit limitiertes versari in re illicita hinaus; freilich entspricht die Zurechnung zum Vorsatz ganz allgemeiner Ansicht, s. o. Anm. 183. Würde jedes „Risiko eines Ablaufs", das „die gewählte Ausführungsart . . . von vornherein in sich trug" (so die Begründung von *Roxin,* Honig-Festschrift, S. 137) bei seiner Verwirklichung zur vollendeten Tat führen, ohne Blick auf die vom Täter als spezifisch konkretisierten Bedingungen, so müßte auch ein — nicht vorausgesehener — qualitativ anderer Erfolg, der sich aus dem Risiko der gewählten Ausführungsart verwirklicht, vorsätzlich herbeigeführt sein — ein freilich unvertretbares Ergebnis, da es an der Voraussicht des Erfolges fehlt. Wurde aber ein qualitativ gleicher Erfolg vorausgesehen, jedoch als Folge eines Quorums spezifischer Bedingungen, die sich nicht verwirklichen, so sind Voraussicht und qualitative Gleichheit der Erfolge Zufall.

Regel nicht im Experiment, sondern übernimmt Erfahrungswissen. Mit der tradierten Erfahrung bricht das generell Erfahrene, also das Adäquate, in das subjektive Wissen ein.

Auch die Zugehörigkeit der Fälle der *aberratio ictus* zum Vorsatz, zur Fahrlässigkeit oder zu den nicht mehr steuerbaren Verläufen ist danach zu entscheiden, ob sich die Gefahr verwirklicht, die dem Erfahrungsmodell entspricht, auf Grund dessen der Täter den Erfolg voraussieht oder voraussehen kann. Bei der aberratio ictus tritt die Verletzung nicht an dem Objekt ein, an dem der Täter glaubte, die am Modell gelernte Erfahrung anwenden zu können. Die — nicht gesehene — Abweichungsgefahr ist jedoch von der — gesehenen — Gefahr der Verletzung eines bestimmten Objekts verschieden, wie sich daran zeigt, daß weder alle verletzenden Handlungen geeignet sind, auch durch Abweichung zu verletzen, noch alle nicht verletzenden Handlungen ungeeignet. (Der Täter schießt in einem belebten Garten „ins Blaue"). Die Abweichungsgefahr richtet sich nach der Art des Handlungsvollzuges, nicht aber nach der Art des vom Täter ins Auge gefaßten Angriffsobjekts. Wenn also der Täter die Gefahr für ein Objekt erkannt hat, ist daraus nicht zu schließen, daß er auch die Gefahr einer Abweichung bewußt steuert. Eine vollendete vorsätzliche Tat liegt also im Fall der aberratio ictus nicht vor[191].

Beim *dolus generalis* ist zu differenzieren. Die vom Täter gesehene Gefahr wirkt sich dann nicht aus, wenn die nachfolgende Handlung den Erfolg bringt, ohne die Gefahr der zunächst vollzogenen Handlung fortzusetzen. Als Beispiel ist hier der Schulfall zu nennen, in dem der vermeintlich Erdrosselte einen Abhang hinunter geworfen wird und dabei das Genick bricht; die Gefahr des Erdrosselns hat sich nicht verwirklicht; die Gefahr des Sturzes wurde nicht gesehen. Freilich wird beim dolus generalis stets die nachfolgende Handlung durch die zunächst vollzogene bedingt, jedoch bei der hier zunächst anstehenden Fallkonstellation nicht von sämtlichen dem Täter als gefährlich bekannten spezifischen Bedingungen, sondern von einem Minus: Die nachfolgende Handlung wird vollzogen, weil der Erfolg scheinbar eingetreten ist; zu einem scheinbaren Erfolgseintritt bedarf es nur eines Minus an Verletzungsintensität und ergo eines Minus an Verletzungsbedingungen gegenüber dem wirklichen Erfolgseintritt. Das Minus von Be-

[191] Rechtsprechung und Literatur bei *Loewenheim,* JuS 1966, S. 312 Anm. 9; auf eine Auseinandersetzung mit dem abweichenden Teil der Literatur (Nachweise bei *Loewenheim,* aaO., Anm. 10) kann hier verzichtet werden, da sie mit dem Adäquanzgedanken operiert, der hier zugunsten der Gefahrverwirklichung preisgegeben wurde. — *Loewenheims* Begründung, der Vorsatz könne bereits bei Kenntnis der Gattungsmerkmale gegeben sein, ist falsch: Delikt gegen eine Gattung ist nur § 220 a StGB; ansonsten sind — freilich gattungsmäßig bestimmte — Konkreta die Angriffsobjekte. — *Nolls* Lösung (ZStW 77, S. 5), nur bei Fehlen eines gleichartigen Erfolges habe der Täter Glück gehabt, zielt nicht mehr auf eine Erfolgszurechnung, sondern nur noch auf die Eröffnung des Vollendungsstrafrahmens; die nicht gemilderte Versuchsstrafe hätte den gleichen Effekt.

dingungen führt zwar zusammen mit der nachfolgenden Handlung zum Erfolg, jedoch hat der Täter die Gefährlichkeit schon dieses Minus nicht erkannt.

Wirken hingegen die spezifischen Bedingungen der vorgehenden Handlung fort, wenn auch modifiziert durch die nachfolgende Handlung, so hat sich die gesehene Gefahr verwirklicht, ohne daß es auf die Adäquanz der nachfolgenden Handlung ankäme. Der Weg des Erfolgseintritts ist hier — wie stets, sofern er die Gefahr der Handlung verwirklicht — schon seines Eintritts wegen auch der den Umständen entsprechende Weg. Beispiel: Der mit Tötungsvorsatz Erstochene wird, nur vermeintlich tot, unter einem Holzstoß versteckt. Dabei wird die Wunde abgeklemmt, so daß das Opfer nicht wegen völligen Blutverlustes, sondern wegen Versagens eines durch die Stiche irreparabel verletzten Organs stirbt. Allerdings muß auch hier die vorgehende Handlung nach der Art ihrer Ausführung erfahrungsgemäß zur Herbeiführung des Erfolges geeignet sein, da ihr Vollzug den Erfolg anderenfalls nur als allgemeines Lebensrisiko auslöste und damit dem generellen Normzweck nicht widerspräche[192].

Nach den bisherigen Ausführungen kann nicht mehr zweifelhaft sein, daß auch *culpa generalis* möglich ist: Werden im zuletzt genannten Beispiel die Stiche fahrlässig beigebracht und das Opfer unvermeidbar für tot gehalten, so ist der Verlauf zum Tod die Verwirklichung der Gefahr, die in den Stichverletzungen liegt, unter den konkreten Umständen.

XI. Die Abgrenzung von generellem und speziellem Normzweck

Die bislang angestellten Überlegungen stellen darauf ab, ob sich die erkannte oder erkennbare Gefahr verwirklicht, ohne daß es darauf ankäme, ob beim Fehlen der erkennbar gefährlichen Handlung der Erfolg auch eingetreten wäre. Bei einer Norm, die den Zweck hat, zur Vermeidung bestimmter Erfolge beizutragen, muß jedoch neben die generelle Vermeidbarkeit die spezielle Vermeidbarkeit treten, soll nicht die nur heuristische Funktion der Kausalität[193] überspielt werden. Der Unterschied dieser beiden Aspekte des Normzwecks liegt darin, daß sich bei generell nicht vermeid-

[192] Eine Auseinandersetzung mit Rechtsprechung und Literatur kann hier nicht erfolgen, da es sich um ein Problem der Vorsatztat handelt. Nachweise bei *Maiwald*, ZStW 78, S. 30 ff. — Die nachfolgende Handlung wird im zweiten Fallkomplex als kausale Folge (nämlich als Verwirklichung der Gefahr) der vorgehenden Handlung behandelt. Das hiergegen immer wieder vorgebrachte Argument, die nachfolgende Handlung könne auf einer neuen Sollensentscheidung beruhen (so auch *Maiwald*, ZStW 78, S. 55), was dem kausalen Konnex entgegensteht, liegt kategorial schief, selbst wenn es — wie bei *H. Mayer*, JZ 1956, S. 111 — auf nachfolgende vorsätzliche Erfolgsverwirklichungen beschränkt wird. Die normative Betrachtung (Regreßverbot) besagt über den kausalen Aspekt nichts, und das Regreßverbot geht als normative Regel der Zurechnung verwirklichter Gefahren als gleichfalls normativer Regel nicht automatisch vor.

[193] S. o. S. 19 ff.

barer Erfolgsverursachung trotz in concreto gegebener Vermeidbarkeit nicht die Gefahr des angewendeten (Vorsatz) oder anwendbaren (Fahrlässigkeit) Erfahrungsmodells verwirklicht, während bei der speziell nicht vermeidbaren Erfolgsverursachung trotz Verwirklichung der spezifischen Gefahr die Vermeidung des gefährlichen Verhaltens nur den Weg zum Erfolg modifiziert, nicht aber zur Erfolgsvermeidung führt. Bei der generell nicht vermeidbaren Erfolgsverursachung wird ein nicht erkennbares Risiko ausgelöst, bei der speziell nicht vermeidbaren Erfolgsverursachung ein bereits bestehendes Risiko ersetzt. Im ersteren Fall sind die notwendigen spezifischen Bedingungen als gefährlich nicht erkennbar (und die als gefährlich erkennbaren spezifischen Bedingungen sind nicht notwendig), im letzteren ist ihre Setzung nicht gefährlicher als ihr Ausbleiben.

Es belastet den gegenwärtigen Stand der Diskussion, daß die beiden Aspekte des Normzwecks, Gefahrverwirklichung (beim generellen Normzweck) und überholende Kausalität (beim speziellen Normzweck), nicht entschieden genug getrennt werden[194]. So erscheint als Lösungskern aller Fallgruppen immer wieder die Prüfung, ob der Erfolg bei normgemäßem Verhalten ausgeblieben wäre[195], und der Streit der Meinungen dreht sich vorwiegend darum, ob das Ausbleiben des Erfolges sicher oder nur nicht unwahrscheinlich sein muß, um den Rechtswidrigkeitszusammenhang zu verneinen[196].

Bei Anwendung dieser Formel — das Beweisproblem dahingestellt — müßte also normzweckwidrige Tötung vorliegen, wenn im Radfahrerfall[197]

[194] Eine nicht nur auf die Unvermeidbarkeit beschränkte Anwendung des Normzweckgedankens findet sich jedoch insbesondere bei *Roxin*, Honig-Festschrift, S. 141 ff.; *Rudolphi*, JuS 1969, S. 549 ff.; *Jescheck*, Strafrecht, S. 387; *Schönke-Schröder*, Strafgesetzbuch, § 59 Anm. 161 ff. m. Nachweisen der Rspr., ohne daß es jedoch gelungen wäre, den Inhalt des Normzwecks systematisch zu erfassen. — Die von *Roxin*, aaO., S. 142 f., und *Rudolphi*, aaO., S. 556 f. herangezogenen Fälle der Veranlassung zur Selbstverletzung betreffen Täterschafts- und Tatherrschaftsprobleme (bezeichnend *Roxins* differenzierende Lösung für Vorsatz und Fahrlässigkeit des Veranlassenden, aaO., S. 143), die hier nicht behandelt werden sollen.

[195] *Baumann*, Strafrecht, S. 260 f.; *Hardwig*, JZ 1968, S. 291 ad. 5.); *Kahrs*, Vermeidbarkeitspr., S. 267 f.; *Klöne*, Tatfahrlässigkeit, S. 36 ff.; *Welzel*, Strafrecht, S. 136; *Wessels*, Strafrecht, AT, S. 110; ders., JZ 1967, S. 452; *Ulsenheimer*, Verhältnis, S. 146 f., 148 f., daselbst S. 78 f. weitere Lit.; ders., JZ 1969, S. 364 f. Aus der Rechtsprechung insbes. BGH 11, S. 1 ff., 4 f.; Zusammenstellung der Rechtsprechung bei *Kahrs*, Vermeidbarkeitsprinzip, S. 135 ff.

[196] Nachweise der Rechtsprechung und Literatur bei *Ulsenheimer*, JZ 1969, S. 365 Anm. 11—13; zudem neuestens: *Jescheck*, Strafrecht, S. 388; *Kahrs*, Vermeidbarkeitsprinzip, S. 270; *Roxin*, Honig-Festschrift, S. 138 ff.; *Rudolphi*, JuS 1969, S. 554; *Wessels*, Strafrecht, AT, S. 112. — *Für* Zurechnung *ohne* Blick auf die Wahrscheinlichkeit der Alternative jedoch: *Binavince*, Momente, S. 220 f.; *Eb. Schmidt*, Arzt im Strafrecht, S. 201; *Spendel*, Eb. Schmidt-Festschrift, S. 196 ff., 198 („allenfalls Strafminderungsgrund"); ders., JuS 1964, S. 19 f.

[197] BGHSt. 11, S. 1 ff.

der Lastwagen in ordnungsgemäßem Seitenabstand etwa wegen zu geringer Straßenbreite nicht hätte überholen können und damit *jedes* Überholmanöver unterlassen müssen, oder wenn im Ziegenhaarfall[198] wegen dauernder Nichtverfügbarkeit der für geeignet gehaltenen Desinfektionsmittel die Verarbeitung hätte überhaupt unterbleiben müssen. Das Alternativverhalten zur Begehung ist jedoch normlogisch stets nur die Unterlassung dieser Begehung[199]; wie diese Unterlassung praktisch ausfällt, insbesondere welche Alternativhandlungen mutmaßlich vollzogen worden wären, kann mit dem generellen Normzweck nichts zu tun haben, weil es sich um eine zufällige Konstellation der Tat handelt (während der spezielle Normzweck gerade hierauf beruht). Zu den spezifischen Bedingungen, die zum Tod des Radfahrers beitrugen, gehört — unabhängig vom Alternativverhalten — nicht ein bestimmter enger Abstand beim Überholen, sondern nur ein Abstand *bis* zu einer Weite, die auch einem torkelnden Radfahrer nicht schadet; der konkrete Abstand ist nur ein vermeintlich notwendiger, in Wahrheit akzidentieller Faktor, so daß sich seine spezifische Gefahr auch dann nicht verwirklicht (denn er ist nur vermeintlich spezifische Bedingung), wenn ein schädigendes Alternativverhalten praktisch völlig unwahrscheinlich ist. Entsprechendes gilt für das Fehlen der Desinfektion im Ziegenhaarfall, für die rezeptlose Weiterlieferung im Apothekerfall[200], auch wenn feststünde, daß die Mutter ein neues Rezept beim Arzt etwa aus Zeitmangel nicht beantragt hätte, für die Anwendung einer gefährlichen Narkoseart ohne Beratung durch einen Anästhesisten im Zahnarztfall[201], auch wenn die Patientin sich einer weiteren Untersuchung und nachfolgenden Zahnbehandlung entzogen hätte[202]. Die generelle Vermeidbarkeit fehlt in allen diesen Fällen nicht schon und erst dann, wenn das Alternativverhalten auch (nicht unwahrscheinlich) den Erfolg gebracht hätte — dieser Umstand hängt von Zufälligkeiten der Fallgestaltung ab —, sondern wenn mindestens eine der Bedingungen, aus denen auf den Erfolg geschlossen werden konnte, nur vermeintlich spezifische Bedingung des Erfolges ist, so daß sich der Erfolg trotz gegebener Vermeidbarkeit im Einzelfall generell in Fällen dieser Art nicht mit dem Motiv zur Erfolgsvermeidung vermeiden läßt, weil in den begleitenden Umständen, also in dem vom Täter als „üblich" klassifizierten Teil des Bedingungskomplexes, eine Bedingung steckt, die durch Beherr-

---

[198] RGSt. 63, S. 211 ff.

[199] Damit erledigt sich auch der Fall RGSt. 63, S. 392 ff.: Die Beleuchtung eines Fahrrades in der Dunkelheit ist nicht geboten, sondern das Fahren ohne Beleuchtung ist *verboten.* Besteht aber kein Beleuchtungsgebot, kommt es auf dessen Rechtswidrigkeitszusammenhang nicht an (anders RGSt. 63, S. 392 ff., 394; *Jescheck,* Strafrecht, S. 387; *Roxin,* Honig-Festschrift, S. 141).

[200] RGSt. 15, 151 ff.

[201] BGH JZ 1967, S. 449.

[202] Wobei sich aus der Irrelevanz des Alternativverhaltens die Irrelevanz einer Zeitpunktverschiebung des Erfolgseintritts bei Prüfung des Alternativverhaltens von selbst ergibt.

schung des dem Täter zugänglichen Erfahrungsmodells nicht beherrscht wird. Es handelt sich um eine Parallele zu dem herkömmlich als „Abweichung vom Kausalverlauf" bezeichneten Phänomen, das, wie gezeigt wurde, auch durch die Gefahrverwirklichung faßbar ist: Die erkannten oder erkennbaren spezifischen Erfolgsbedingungen verwirklichen nicht ihre Gefahr, sondern das Verhalten löst ein Lebensrisiko aus.

Hat sich aber die Gefahr des erkannten Modells verwirklicht — torkelt der betrunkene Radfahrer nicht schon durch das Geräusch erschreckt gegen den Lastwagen, sondern durch den geringen Abstand verunsichert, oder wirkt, wie im Kokainfall[203], die spezifische Gefahr des Kokains —, so steht die generelle Vermeidbarkeit fest, denn die spezifischen Bedingungen, aus denen die Gefahr erschlossen werden kann, sind auch die spezifischen Bedingungen des eintretenden Erfolges. In diesen Fällen kann es allenfalls *im Einzelfall* sinnlos sein, noch auf Erfolgsvermeidung hinzuarbeiten, und zwar wenn die erkennbare und sich verwirklichende Gefahr nur eine bereits angelegte Gefahr verdrängt. Die Beherrschung von Erfolgsbedingungen bedeutet bei bereits unbeherrschbar angelegtem Verlauf zum Erfolg keine Beherrschung des Erfolgs. Soweit der Zweck des Strafrechts jedoch in der Vermeidung bestimmter Erfolge liegt, trägt ein Vermeidemotiv zum Zweck des Rechts nichts bei, wenn es nur den Weg zum Erfolg modifiziert. Für die spezielle Normzweckwidrigkeit kommt es also auf den Alternativverlauf im Einzelfall an: Der Täter initiiert nur einen überholenden Bedingungsverlauf. Die Vermeidbarkeit eines Erfolges bei gegebener Verwirklichung der spezifischen Gefahr entfällt nicht schon dann, wenn in einem Fall dieser Art ein gleichermaßen schädigendes Alternativverhalten denkbar ist, sondern nur, wenn das Rechtsgut konkret nicht mehr zu retten ist. Wann das der Fall ist, bleibt freilich Zufall.

---

[203] RG HRR 26, Nr. 2302.

6. Kapitel

DIE ABGRENZUNG VON VORSATZ UND FAHRLÄSSIGKEIT

I. Wertungsprobleme

Die Abgrenzung von Vorsatz und Fahrlässigkeit wird teils als „weitgehend geklärt"[1], teils als eine der „umstrittensten Fragen des Strafrechts"[2] angesehen. Geklärt ist der Bereich möglicher Lösungen[3]: Das Spektrum reicht von der Ablehnung des dolus eventualis für das heutige Recht und seiner Zuweisung in die „mittelalterliche Scholastik"[4] bis zum Programmsatz: „Alle Fahrlässigkeit ist unbewußte Fahrlässigkeit"[5]. Umstritten ist hingegen die Methode zur Ermittlung der richtigen Lösung: Der Forderung nach Beschränkung auf Aspekte der Tat[6] steht die Berücksichtigung von Aspekten der Strafwürdigkeit[7] schroff gegenüber. Über den geklärten Bereich sind keine Worte zu verlieren; was die Billigungs- und Gleichgültigkeitstheorie, die Wahrscheinlichkeitstheorie, die reine Vorstellungstheorie, die Differenzierungen nach dem Rechnen mit dem Erfolg und dem Vertrauen auf sein Ausbleiben, nach Ernst- und Leichtnehmen oder nach der Gegensteuerung besagen, ist bekannt und insbesondere im Anschluß an die anregende Entscheidung BGHSt. 7, S. 363 ff., genug dargestellt worden[8]. Also zur Methode!

Die Abgrenzung von Vorsatz und Fahrlässigkeit, geschehe sie nach der aktuellen oder typischen Schuldhöhe oder nach dem Steuerungsmaß, muß nach geltendem Recht für die Beurteilung der aus Gleichgültigkeit gegen die Rechtsordnung resultierenden Verletzungsunkenntnis[9] unbefriedigend blei-

---

[1] *Maurach*, Strafrecht, AT, § 22 III B 1.

[2] *Welzel*, Strafrecht, S. 69.

[3] So auch *Roxin*, JuS 1964, S. 61.

[4] *Liepmann*, Reform, S. 80.

[5] *Schröder*, Sauer-Festschrift, S. 245.

[6] Armin *Kaufmann*, ZStW 70, S. 64.

[7] *Engisch*, Vorsatz und Fahrlässigkeit, S. 187 ff.; *Roxin*, ZStW 74, S. 554.

[8] Neben den einschlägigen Lehrbüchern und Kommentaren insbesondere bei: *Ambrosius*, Vorsatzabgrenzung, S. 31 ff.; *Binavince*, Momente, S. 157 ff.; *Engisch*, Vorsatz und Fahrlässigkeit, S. 88—220; ders., NJW 1955, S. 1688 ff.; *Germann*, SchwZStR 77, S. 357 ff.; *Gessner*, Bewußte Fahrlässigkeit, S. 18 ff.; *Roxin*, JuS 1964, S. 54 f.; *Warnke*, Dolusarten, S. 37 ff.

[9] Gemeint ist die Unkenntnis des Tatbestandes unter Ausklammerung auch des normativen Momentes, das etwa neuestens wieder *Tiedemann* als „abstrakte Rechtsnorm" zum Tatbestand zählt: Tatbestandsfunktionen, S. 359, 386 (Tatbestand im Sinne der Irrtumslehre).

ben. *Rechts*feindliche und *Rechts*blinde sind nur solange Paradepferde der Schuldtheorie, als sie die Verletzung kennen, um deren Herbeiführung es geht. Wächst sich jedoch die Ablehnung der Rechtsordnung zur Gleichgültigkeit aus, sich mit Rechtsgutsverletzungen überhaupt zu befassen, so wird die Differenzierung von Vorsatz und Fahrlässigkeit, wie sie in § 59 Abs. 1 und 2 StGB angedeutet ist und wie sie auch ohne diese Vorschrift vorgenommen werden müßte, wenn die Sprachebene des Gesetzes eingehalten werden soll, zum Benefiz, das durch keine Theorie gerechtfertigt werden kann, solange sich die Sanktion nach dem Maß der Rechtsfeindlichkeit bemißt. Ein Beispiel: Ein verrohter KZ-Wächter schlägt einem beim Appell nicht hinreichend devot stehenden Häftling mit dem Gewehrkolben auf den Kopf, wobei er die naheliegenden Folgen des Schlages (Tod, Verstümmelung), deren Kenntnis sich aufdrängt, nicht bedenkt, weil sie ihm völlig gleichgültig sind[10]. Bekannt ist die Problematik im Bereich der Unterlassung, wo ihretwegen von einem Teil der Literatur die Tatmachtkenntnis aus dem (Quasi-) Vorsatz ausgeklammert wird[11]. Dadurch wird jedoch der Unterlassungsvorsatz in Bereiche erweitert, die vom Begehungsvorsatz nicht mehr erfaßt werden: Die auf Gleichgültigkeit beruhende Tatmachtunkenntnis indiziert bei der Begehung und konsequenterweise auch bei der Unterlassung einen minderen Steuerungsgrad und führt zur Fahrlässigkeit[12]. Dies zeigt, daß die Steuerungsgrade, denen das Bewußtsein der Tatmacht entlehnt ist, sich mit den Graden des Vorwurfs, zu denen die negative Einstellung zum Recht gehört, nicht decken müssen. Zumindest soweit es um den in § 59 StGB getroffenen Regelungsteil geht, muß diese Ungereimtheit auf das Konto des Gesetzes verbucht werden, das insoweit Typen der Steuerung und nicht Typen der Einstellung zum Recht gebildet hat. Eine ideale Lösung anzustreben wäre de lege lata verfehlt, da eine prästabilierte Harmonie zwischen Steuerung und Schuld nicht besteht.

---

[10] Tatsachenblindheit; das Problem hohen Verschuldens bei minderer Steuerung ist erkannt bei: *Mezger*, Moderne Wege, S. 46; ders., Kohlrausch-Festschrift, S. 184; *Hall*, Mezger-Festschrift, S. 245 ff.

[11] Armin *Kaufmann*, Unterlassungsdelikte, S. 116, 120; ders., v. Weber-Festschrift, S. 226 ff., 229; *Welzel*, Strafrecht, S. 205. — Auch dieses Ergebnis kann in den Fällen, in denen die Gleichgültigkeit schon die Erkenntnis der tatbestandsmäßigen Situation inhibiert, nicht befriedigen: Ein KZ-Wächter hat einen Brunnenbau zu überwachen, der von Häftlingen ausgeführt wird. Als das Werk fast vollendet ist, stürzt es zusammen. Sofort bedroht der Wächter die umherstehenden Häftlinge wegen vermeintlicher Sabotage mit Sanktionen. An die in der Brunnentiefe eingeschlossenen Häftlinge denkt er nicht, da ihm das Schicksal von Häftlingen nichts bedenkenswertes ist. Eher noch würde er an die verschütteten Arbeitsgeräte denken.

[12] *Baumann*, Strafrecht, S. 375; *Engisch*, JZ 1962, S. 190; *Grünwald*, Mayer-Festschrift, S. 291; *Jakobs*, JuS 1969, S. 485; *Jescheck*, Strafrecht, S. 420; *Maurach*, Strafrecht, AT, § 46 II B 2; *Schönke-Schröder*, Strafgesetzbuch, § 59, Rdn. 46; *Stree*, GA 1963, S. 6; *Wessels*, Strafrecht, AT, S. 121.

Aus diesem Ergebnis für einige, wohl nicht häufige Fälle folgt nicht schon, daß Erwägungen zum Sanktionsmaß für die Differenzierung von Vorsatz und Fahrlässigkeit auch unbeachtlich sind, soweit Gesetz und Sprache dafür Platz lassen. Bei möglicher Berücksichtigung von Steuerungsformen und Schuldgraden oder Steuerungsformen oder Schuldgraden kommen drei Lösungswege in Frage:

1. Die Trennung von Vorsatz und Fahrlässigkeit ist eine Differenzierung nach Schuldgraden; lediglich die Verletzungskenntnis ist als Merkmal der höheren Schuldstufe positiv festgelegt, bedarf deswegen auch keiner systematischen Rechtfertigung.

2. Die Trennung von Vorsatz und Fahrlässigkeit erfolgt nach Schuldgraden, jedoch werden die Vermeidbarkeitsstufen getrennt; die Schuld gibt den Aspekt der Trennung, die Steuerungsgrade liefern das Material, das getrennt wird.

3. Die Trennung von Vorsatz und Fahrlässigkeit wird nur nach Steuerungsgesichtspunkten vollzogen.

Die Entscheidung zwischen den Lösungsmöglichkeiten wird dadurch erschwert, daß dem Gesetz nur das Ergebnis der Differenzierungen zu entnehmen ist: Bei Fahrlässigkeit wird typischerweise geringer gestraft als bei Vorsatz. Zwar kann daraus geschlossen werden, daß bei Fahrlässigkeit auch das Sanktionsbedürfnis typischerweise geringer ist als bei Vorsatz, ob aber das geringere Sanktionsbedürfnis nur bei geringerer Steuerungsintensität vorliegen kann, bleibt offen. Ins Normlogische gewendet: Die Vermeidbarkeit bildet einen notwendigen Inhalt zweckhafter Verhaltensnormen, sie ist deshalb (und sei es als vorgestellte Vermeidbarkeit) Voraussetzung eines wie auch immer gearteten Sanktionsbedürfnisses. Das Maß der Sanktion muß aber nicht schon durch die Art der Vermeidbarkeit, also die einzelnen Steuerungsformen, entschieden oder vorentschieden werden; Vorsatz und Fahrlässigkeit müssen nicht Inhalt der Verhaltensnorm sein (wie in Lösung 2. und 3.), sondern können — zumindest in einem ihrer Bestandteile — auf die Beziehung des Täters zur Verhaltensnorm abstellen, also zumindest teilweise nicht zur Verhaltensnorm, sondern unmittelbar zu den Sanktionsvoraussetzungen zählen (Lösung 1.). Die Entscheidung zwischen den Lösungsmöglichkeiten kann also nicht auf die theoretische Durchführbarkeit abstellen — diese ist bei allen drei Lösungsmöglichkeiten gegeben —, sondern nur auf die Konsequenzen, also die Zweckmäßigkeit.

Armin *Kaufmann* wendet allerdings ein, was als Vorsatz zu bewerten sei — und jeder Bezug auf das Sanktionsbedürfnis ist Bezug auf eine Bewertung — sei ohne Wissen, was Vorsatz sei, nicht zu entscheiden: „Dogmatisch geht es ... um die Bestimmung dessen, was Vorsatz ist, und deshalb, *weil* es Vorsatz ist, einem Werturteil unterliegt“[13]. Hiermit wird auf ein Dilemma der Lösungen 1.) und 2.) hingewiesen: Das Sanktionsbedürfnis, das von Vorsatz und Fahrlässigkeit abhängen soll, wird bereits zur Bestimmung

[13] ZStW 70, S. 67.

von Vorsatz und Fahrlässigkeit herangezogen. Die Unumgänglichkeit, eine Bestimmung des Sanktionsbedürfnisses in den Vorgriff zu nehmen, folgt jedoch notwendig daraus, daß dem Sanktionsbedürfnis (neben § 59 StGB) das Ergebnis der Differenzierung entsprechen muß. Der Versuch, Vorsatz und Fahrlässigkeit im Blick auf die Sanktionsdifferenzen zu ermitteln, ist zwar sachlich ein Rechtssetzungsakt, legt aber die Wertbeziehungen offen. Nicht so die Gegenmeinung: Wer Vorsatz und Fahrlässigkeit nicht nur in dem durch die Vermeidbarkeitsstufen gegebenen Material, sondern auch ohne Blick auf die an das Ergebnis geknüpfte Wertung differenziert (Lösung 3.)), vermeidet das bezeichnete Dilemma nur scheinbar, denn auch er optiert für einen — wenn auch verkappten — Wertungsaspekt, nämlich für eine harmonische Entsprechung der Steuerungsstufen mit den Sanktionsstufen. Ob aber das Recht mit den Sanktionsstufen auf Steuerungsgrade abzielt, läßt sich nicht entscheiden, ohne auch erstere in den Vorgriff zu nehmen. Daß das bei Armin *Kaufmann* entscheidende Merkmal der Finalität mit der Vermeidbarkeit Inhalt der Verhaltensnorm wird, soll nicht bestritten werden[14]; daß aber die psychischen Voraussetzungen von Steuerung und Steuerbarkeit den Vorsatz und die Fahrlässigkeit als Typen eines höheren oder minderen Sanktionsbedürfnisses präjudizieren, muß gesondert begründet werden. „Denn die in einer tieferen Stufe des Verbrechensbegriffs angelegte Verbrechensdifferenz kehrt in der höheren Stufe — nun doch fundamentaler — wieder"[15]. Vorsatz und Fahrlässigkeit sind auch als Steuerungselemente Indikatoren des Sanktionsbedürfnisses und dementsprechend nur brauchbar definiert, wenn sie beides, Steuerung und Sanktion, zweckvoll differenzieren[16]. Zudem bleibt beim Beharren allein im Steuerungsbereich unentscheidbar, nach welchem Kriterium die entscheidende Steuerungsdifferenz unter den sich anbietenden Differenzen (als sicher erkannt — als möglich erkannt; als wahrscheinlich erkannt — als unwahrscheinlich erkannt; erkannt — nicht erkannt; als herbeigeführt gewollt — als vermieden gewollt[17]; etc.) gefunden werden soll, wenn nicht nach dem typischen Sanktionsbedürfnis. Die dritte Lösungsmöglichkeit ist also nicht nur eine verkappte Form der zweiten, sondern ihre Einzelausgestaltung bleibt überdies nach ihren Prämissen — selbst wenn diese ohne Wertimplikationen wären — unvollziehbar.

Die Unterscheidung von Vorsatz und Fahrlässigkeit muß also eine Unterscheidung nach dem Sanktionsbedürfnis sein[18]. Bevor die Trennungslinie

---

[14] Zur Bedeutung des Wissens und Wollens für die Fahrlässigkeit s. o. S. 41 ff.; s. auch S. 76 ff. zur Korrektur des Finalitätsmodells wegen der Automatismen.

[15] *Welzel*, Strafrecht, S. 165.

[16] *Gallas*, Niederschriften XII, S. 110 f.

[17] So die Differenzierung bei Armin *Kaufmann*, ZStW 70, S. 73.

[18] Im Ansatz ist also *Roxin* darin zuzustimmen, „daß Begriff und Inhalt des Vorsatzes nach Vorwerfbarkeitsgesichtspunkten zu beurteilen sind" (ZStW 74, S. 554). Ob allerdings dieser Ansatz von der Schuldtheorie abführt (aaO., S. 555), wird noch zu prüfen sein.

gezogen werden kann, ist jedoch zu ermitteln, welche Gegenstände getrennt werden sollen. Die radikalste Lösung läge darin, die psychischen Voraussetzungen des größeren Sanktionsbedürfnisses als Vorsatz und des geringeren als Fahrlässigkeit zu bezeichnen, also Vorsatz und Fahrlässigkeit mit den Sanktionsvoraussetzungen zu identifizieren. Bei dieser Lösung wäre die Rechtssicherheit noch mehr zerstört, als sie es angesichts der Notwendigkeit, mit dem Sanktionsbedürfnis im Vorgriff Vorsatz und Fahrlässigkeit zu bestimmen, ohnehin ist; es gäbe nur noch eine undifferenzierte Totalwertung des jeweiligen Verhaltens. Zwar wäre die begriffliche Differenzierung noch scharf, die sachliche wäre jedoch nur noch wertend[19]. Daß aber Vorsatz und Fahrlässigkeit nur Zwischenstationen, Vorentscheidungen zur Ermittlung des Sanktionsbedürfnisses sind, ergibt sich zwingend aus den sich überlappenden Strafrahmen der vorsätzlichen und fahrlässigen Delikte, sei es unmittelbar wie bei den §§ 223, 230 StGB, sei es nach Anwendung von Milderungsmöglichkeiten, insbesondere von § 51 Abs. 2 StGB, auf das Vorsatzdelikt. Vorsatz hat nicht stets die schwerere Sanktion zur Folge und Fahrlässigkeit nicht stets die leichtere.

Auch in der Literatur geht der Streit nicht um die Zuordnung aller unmittelbaren (also nicht schon in der Verhaltensnorm lozierten) Sanktionsvoraussetzungen zu Vorsatz oder Fahrlässigkeit, sondern nur der Unrechtskenntnis (Kenntnis des Verstoßes gegen die Verhaltensnorm) und — bei schon schwierigerer normlogischer Zuordnung — der Einstellung zum Erfolg.

Die Vorsatztheorie hat die partielle Unzweckmäßigkeit ihrer Ergebnisse — daß es hier nur noch um eine Zweckmäßigkeitsentscheidung geht, wurde schon dargetan — selbst erkannt: Das Fehlen der aktuellen Kenntnis der Normwidrigkeit kann auf Rechtsgleichgültigkeit oder Rechtsfeindschaft beruhen und deshalb gerade ein erhöhtes Sanktionsbedürfnis indizieren. Freilich wird argumentiert: „Wenn krasseste Tatbestandsirrtümer zum Ausschluß des Vorsatzes führen, so ist nicht erkennbar, warum nicht das gleiche für krasseste Verbotsirrtümer gelten soll"[20]. Dieses Argument besagt, auch Entscheidungen des Gesetzes, die kein lückenloses materiales System ergeben, präjudizierten analoge Problemlagen, und wenn der Gesetzgeber grob typisierend den über den Tatbestand Irrenden stets entlaste, könne er auch grob typisierend den in Unrechtskenntnis Handelnden stets entlasten. Die Differenz Normkenntnis — Normunkenntnis, wobei dahinsteht, ob letztere auf einem Tatbestandsirrtum basiert, muß dann aber zumindest Typen von größerem und geringerem Sanktionsbedürfnis ergeben. Das zitierte Argument trifft also nur zu, wenn „nicht entscheidend" ist, „über welche Merkmale der Täter irrt, ob er sich mittelbar oder unmittelbar über das Verbotensein täuscht"[21].

---

[19] So schon (gegen die Einwilligungstheorie): *Grünhut*, Begriffsbildung, S. 18 f.
[20] *Lang-Hinrichsen*, JR 1952, S. 357.
[21] *Lang-Hinrichsen*, JR 1952, S. 192.

Einer auf den aktuellen Kenntnisstand abstellenden Wertung bleibt jedoch notwendig die Berücksichtigung der Bildung des Wissensstandes und der dabei ungenutzt gelassenen Potenzen verschlossen. Sie ist damit genötigt, bei der Typenbildung den Täter im Tatzeitpunkt von seiner eigenen Vergangenheit zu isolieren und sich auf die Bewertung derjenigen psychischen Prozesse der Person zu beschränken, die die aktuelle Kenntnis ausmachen. Ob das Delikt ein bloßer Fehlgriff oder aber Indiz für ein zerrüttetes Wertgefüge ist, läßt sich bei solchermaßen unhistorischer Betrachtung der Person nicht ermitteln; denn schon das Fehlen der Kenntnis der Normwidrigkeit kann Symptom mangelhafter Werthaltung sein. Das gilt besonders bei Affekttaten, bei denen der Schnitt durch die Tatzeitpsyche stets nur ein verzerrtes Persönlichkeitsbild ergibt[22]. Zwar zeigt sich auch „beim Sorglosen und Leichtsinnigen, der das unbewußte Gespanntsein auf Gefahren ungenügend ausgebildet hat“[23], ein das Sanktionsbedürfnis begründender Mangel der Werthaltung gerade in der (Verletzungs-)Unkenntnis, jedoch würde der durch die Verletzungskenntnis vollzogene Schnitt zwischen Vorsatz und Fahrläsigkeit bei einer Übertragung auf die Kenntnis der Normwidrigkeit keine analoge Abgrenzung ergeben, weil nicht nur *eine* nicht notwendige und praktisch vereinzelte Konsequenz mangelhafter Werthaltung, scil. die Tatbestandsunkenntnis, bei ansonsten beibehaltener Orientierung an der Werthaltung aus dem schwereren Typus ausgegliedert, sondern das ganze Reservat der personalen Grundentscheidungen[24], soweit es im Querschnitt durch die aktuelle Tatzeitpsyche nicht auftaucht, vielmehr potentiell bleibt, vorab für sanktionsirrelevant erklärt würde. An der auf die Tatzeit punktualisierten Person ist ihr Haltungsgefüge so wenig stets zu erkennen, wie an *einem* Bild eines Films stets der dargestellte Bewegungsablauf zu erkennen ist[25].

Die strenge Vorsatztheorie verkürzt also den potentiellen Schuldsachverhalt bereits bei der Zuordnung zum schwereren oder leichteren Typus, und d. h. bei alleiniger Strafbarkeit von Vorsatztaten: Sie verkürzt mit dem Schuldsachverhalt die Strafbarkeit überhaupt.

Soweit de lege lata oder ferenda Rechtsblindheit, Rechtsfeindlichkeit oder Rechtsgleichgültigkeit sollen die Kenntnis der Normwidrigkeit ersetzen können[26], bleibt für die restlichen Fälle tatvorsätzlichen Verhaltens in Unkenntnis der Normwidrigkeit das Problem, ob es Vorsatzfälle bei teils verminderter Schuld oder Fahrlässigkeitsfälle sind, was sich unter Zweckmäßigkeitsgründen nicht exakter entscheiden läßt, als das Sanktionsbedürf-

[22] *Welzel*, Strafrecht, S. 149 ff., 161.

[23] *Welzel*, Strafrecht, S. 150.

[24] *Welzel*, Strafrecht, S. 149 f.

[25] *Baumann* (Strafrecht, S. 424) hat den Rekurs auf die Lebensführungsschuld erkannt; was bei ihm als Schuldsachverhalt übrigbleibt, reicht jedoch nicht aus, die Tat in das subjektive Haltungsgefüge einzuordnen.

[26] Insbesondere: *Mezger*, Kohlrausch-Festschrift, S. 183 f.; ders., Moderne Wege, S. 43; weitere Nachweise bei *Jescheck*, Strafrecht, S. 300 Anm. 17.

nis wertend ermittelt werden kann. Wenn hier für die Schuldtheorie optiert wird, so wegen der größeren Elastizität ihres Sanktionsrahmens[27] schon de lege lata.

Der Vorschlag *Schröders,* die Strafbarkeitslücken der Vorsatztheorie durch einen generellen Tatbestand der Rechtsfahrlässigkeit zu füllen[28], könnte nur bei einem Strafrahmen, der von einer Übertretungsstrafe bis zu hoher Verbrechensstrafe reichte, alle Verkürzungen des Schuldsachverhaltes auffangen. Die bei einem solchen Strafrahmen dahingeschwundene Rechtssicherheit läßt sich zwar durch spezielle Rechtsfahrlässigkeitsdelikte vermeiden[29], nur bleibt die Differenz zur Schuldtheorie dann terminologisch.

Es bleibt allerdings zu untersuchen, ob die aufgezeigte Verkürzung des Schuldsachverhalts bei der Vorsatztheorie nicht durch die neuere Interpretation der Bewußtseinsformen, insbesondere als möglicherweise nur sachgedankliches[30] oder gestalthaftes Bewußtsein[31] oder als „Bewußtsein am Rande", „Mitbewußtsein"[32], praktisch unbedeutend geworden ist[33]. In diesen Bewußtseinsformen wird zwar häufig ein aktuelles, wenn auch nicht isoliert reflektiertes Bewußtsein der Normwidrigkeit auftreten (wie auch Teile der Tatbestandskenntnis, insbesondere bei raschen Taten, etwa im Affekt), jedoch fehlt es selbst an diesem Bewußtsein geminderter Intensität, wenn der Täter seine Tat nicht mehr vor dem Horizont von Recht und Unrecht erlebt; denn der sachgedankliche, „meinende Umgang mit den Dingen selbst"[34] ist nur dann „assoziativ" und „mit Notwendigkeit"[35] Umgang mit einem *unwertbehafteten* Ding, wenn bei der Erfahrung und bei der Reproduktion die Unwerteigenschaften nicht wegen völliger Interesselosigkeit bloßes Akzidens bleiben, wie auch bei der gestalttheoretischen Vorsatzkonzeption zwar „die Reproduktion von Gedächtnismaterial und die Integration des Reproduzierten mit den von außen aufgenommenen Informationen . . . . konstituierender Bestandteil der Wahrnehmung selbst" ist[36], trotzdem aber die Reproduktion der Gedächtnisinhalte „durch die Person des Erlebenden mit ihren Einstellungen, Erwartungen, Bestrebungen und Absichten"[37] bestimmt bleibt, und wie auch schließlich der Täter beim Mitbewußtsein zwar „nicht von einzelnen Bedeutungskomponenten absehen" kann, „wenn er den Gegenstand in sein Denken und sein Wollen

[27] *Engisch* (ZStW 70, S. 581): größere Praktikabilität.

[28] ZStW 65, S. 199.

[29] *Schröder* in *Schönke-Schröder,* § 59, Rdn. 114.

[30] *Schmidhäuser,* Mayer-Festschrift, S. 326; ders., Strafrecht, 10/72.

[31] *Schewe,* Bewußtsein, S. 94 ff.

[32] *Platzgummer,* Bewußtseinsformen, S. 71 ff., 82 ff.

[33] Ausführliche Darstellung bei: *Rudolphi,* Unrechtsbewußtsein, S. 150 ff.

[34] *Schmidhäuser,* Mayer-Festschrift, S. 326.

[35] *Schmidhäuser,* Strafrecht, 10/72.

[36] *Schewe,* Bewußtsein, S. 140.

[37] *Schewe,* Bewußtsein, S. 141.

einbezieht“[38], nur müssen es eben für ihn *Bedeutungs*komponenten sein. So wäre es, zunächst in einem außerrechtlichen Beispiel, absurd zu behaupten, wer unbedeckten Hauptes über die Straße geht, dem sei schon deshalb mitbewußt, etwas nach einigen orientalischen Religionen Kommentwidriges zu tun, weil er die Regeln dieser Religionen so sicher kennt, wie etwa das kleine Einmaleins.

Im rechtlichen Bereich wird freilich aus der — insbesondere heimlichen — Tatbegehung häufig ein sachgedankliches, gestalthaftes oder mitbewußtes Unrechtsbewußtsein erschlossen werden können[39]. Die Untersuchungen zu den Bewußtseinsformen haben hier eine auch für die Schuldtheorie bedeutsame Verfeinerung des Beurteilungsgegenstandes gebracht. Ihre Bedeutung ist jedoch damit erschöpft. Wenn — mit *Engisch* — bei der Frage der Bedeutung des Unrechtsbewußtseins der „grundlegende Gesichtspunkt“ bleiben soll, „inwieweit wir das relativ schwerere Unwerturteil für angebracht halten“[40], werden mit den bezeichneten Bewußtseinsformen zwar brauchbare Substitute des aktuellen Bewußtseins der Normwidrigkeit geschaffen, jedoch ohne auch nur *praktisch* deren generelle Hinlänglichkeit zur Erfassung der Vorsatzfälle untermauern zu können; denn die bleibenden Lücken „relativ schwerer“ wiegender Fälle ohne Bewußtsein der Normwidrigkeit in irgendeiner Form sind zahlreich, wenn auch nicht gar so häufig, wie es vor den Klärungen *Schmidhäusers*, *Platzgummers* und *Schewes* scheinen mochte: Langdauernde und gewohnheitsmäßige Begehung, etwa Mißhandlung Abhängiger (§ 223 b StGB), Blutschande (§ 173 StGB), Unzucht mit Abhängigen (§ 174 StGB), Zuhälterei (§ 181 a StGB), Körperverletzung im Amt (z. B. durch Gefängnisaufseher) (§ 340 StGB), Untreue (§ 266 StGB), Verkehrsübertretungen kleinerer Art etc.; ferner bei grob egoistischer Werthaltung etwa Nötigung und Unterlassungstaten. Weitere Beispiele dürften sich finden lassen. Daß in Fällen solcher Art der Täter schon ein Bewußtsein der Normwidrigkeit, sei es auch in geminderter Form, habe, wenn er die ihn nicht interessierende Forderung des Rechts inaktuell kennt, ist eine Fiktion, die um so überflüssiger ist, als unter Sanktionsgesichtspunkten potentielles, aber sofort aktualisierbares Wissen nicht leichter wiegen muß als das bloße nicht-hemmende, aktuelle Wissen von der Normwidrigkeit. Die Intensität der Rechtsuntreue des Täters findet nicht mit psychologischer Notwendigkeit in einem sachgedanklichen, gestalthaften

[38] *Platzgummer*, Bewußtseinsformen, S. 85. Die Beispiele Platzgummers zum Mitbewußtsein sind solche der Kenntnis von „Tatbildmerkmalen“ (aaO., S. 85). Beispiele zum Unrechtsbewußtsein behandelt er bei der Abgrenzung des „Bewußtseins am Rande“ mit noch vorsatzrelevanter Stärke (aaO., S. 63 ff.). Die Bedeutung des Interesses ist hierbei erkannt (aaO., S. 74).

[39] *Schewe*, Bewußtsein, S. 151.

[40] Vorsatz und Fahrlässigkeit, S. 237.

oder mitbewußten Erlebnis der Normwidrigkeit eine Entsprechung. Deshalb besitzt die Schuldtheorie auch noch praktische Relevanz[41].

Die damit noch nicht ausgeschlossene Möglichkeit, zum Vorsatz lediglich potentielle Kenntnis der Normwidrigkeit zu verlangen[42] (die freilich auch bei Fahrlässigkeit nicht fehlen darf) oder sich bei bestimmten Deliktsgruppen mit potentieller Unrechtskenntnis zu begnügen[43], zielt schon nicht mehr auf eine Trennung von Vorsatz und Fahrlässigkeit, sonder auf eine Eliminierung des schuldlosen Vorsatzes; denn das Handeln in Tatbestandskenntnis, jedoch ohne aktuelles oder potentielles Bewußtsein der Normwidrigkeit ist nicht fahrlässig, sondern — bei Vorsatz und Fahrlässigkeit als Steuerungselementen — schuldlos vorsätzlich oder — bei Vorsatz und Fahrlässig-

[41] Für das Nebenstrafrecht hat *Tiedemann* erneut herausgearbeitet, in welchem hohen Maße der Tatbestand mit normativen Bezügen, insbesondere mit einzelnen Normbefehlen, angereichert ist (Tatbestandsfunktionen, S. 281 ff.), und daraus geschlossen, von der Kenntnis des „objektiven Tatgeschehens" könne der „maßgebende psychologisch normative Impuls" nicht ausgehen (aaO., S. 320), was im Kernstrafrecht immerhin noch typischerweise der Fall sei (aaO., S. 326). Seine Lösung geht dahin, das *abstrakte* Verbot (Gebot) einem — funktional gebildeten — Tatbestand zuzurechnen, mit entsprechenden Irrtumskonsequenzen. Die „Einbeziehung der abstrakten Rechtssätze und Werte in das aktuelle Täterbewußtsein", also in den Vorsatz, führt aber — ein inzwischen stereotyper Einwand — besonders im Nebenstrafrecht zur Prämiierung des Gleichgültigen, da hier die Kenntnis des Wertbezuges mit noch geringerer Wahrscheinlichkeit mit der Kenntnis des Handlungsablaufs verknüpft ist als im Kernstrafrecht; denn die Tatbilder des Nebenstrafrechts tauchen in der gesellschaftlichen Kommunikation nicht so häufig und eindringlich als unwerthafte Bilder auf wie diejenigen des Kernstrafrechts. — *Tiedemanns* Bezug (aaO., S. 378) auf die Konzession Armin *Kaufmanns* an die limitierte Vorsatztheorie (v. Weber-Festschrift, S. 217 Anm. 25) zum Unterlassungsvorsatz stützt seine Lösung zum Nebenstrafrecht nicht, da *Kaufmanns* Beispiele dem Kernstrafrecht entnommen sind, er zudem die psychologische Notwendigkeit einer Verbindung von Tatbestandskenntnis und *aktueller* Kenntnis der abstrakten Norm nicht behauptet. — Die schuldtheoretische Konzeption bietet per se freilich keinen Ersatz für die sozialethische Farblosigkeit zahlreicher nebenstrafrechtlicher Vorschriften. Die Lösung kann jedoch nicht darin liegen, die Zugehörigkeit zum schwereren Typus an die Kenntnis der Norm zu binden, weil die formelle Rechtswidrigkeit dem Verhalten zwar die Eigenschaft einer nutzlosen Pflichtübung, aber auch nicht jedenfalls — wenn auch im Einzelfall — mehr verschafft. Vielmehr wäre durch Interpretation der jeweiligen Vorschriften der (abstrakte) Rechtsgutsbezug des Verhaltens offenzulegen, der die Vorschrift erst befolgungswürdig sein läßt und von dessen Kenntnis dann auch der „maßgebende psychologisch normative Impuls" — so stark und so schwach er bei abstrakt schützenden Vorschriften zu erwarten ist — ausgehen dürfte. Diese Probleme eines Besonderen Teils können hier, zumal die Arbeit auf Erfolgsdelikte zugeschnitten ist, nicht verfolgt werden.

[42] *Frank*, Strafgesetzbuch, § 59 III 2 (S. 187); allerdings von einer Rechtserkenntnispflicht ausgehend: Vorsatz soll auch gegeben sein, wenn die Rechtswidrigkeit hätte bekannt sein müssen.

[43] *Engisch*, Vorsatz und Fahrlässigkeit, S. 237.

keit als Schuldelementen — schuldlos. Die hier verbleibende Grenze zur Schuldtheorie liegt nur im Namen für den bei fehlender Potentialität des Bewußtseins der Normwidrigkeit bleibenden Rest dessen, was bei gegebener Potentialität Vorsatz ist: Die Schuldtheorie nennt schon diesen Rest Vorsatz. Nach ihr geht es darum, Vorsatz und Fahrlässigkeit zwar unter Sanktionsgesichtspunkten zu trennen, das zu Trennende sollen jedoch die Vermeidbarkeitsstufen sein.

II. Durchführung

Aus der Beschränkung des Materials auf die psychischen Steuerungselemente in der Auswahl, wie sie in der Verhaltensnorm vorausgesetzt werden, folgt, daß neben der Kenntnis der Normwidrigkeit auch die Einstellung zur Normwidrigkeit oder zum Erfolg als *Unrechts*erfolg für die Differenzierung von Vorsatz und Fahrlässigkeit unbeachtlich ist, mögen die *unrechtsbezogenen* Einstellungen als „Billigen", „Gleichgültigkeit" oder „Ernstnehmen" auftreten. Solche Lösungen zielen auf die Konturierung eines dolus malus und nicht eines Tatvorsatzes.

Allerdings könnte statt der Einstellung zur Normwidrigkeit die Einstellung des Täters zur Erfolgsherbeiführung als unter außerrechtlichem Aspekt unwerthaftem Geschehen ohne Vorgriff auf die Kenntnis der Normwidrigkeit herangezogen werden. Sofern es sich bei diesen außerrechtlichen Wertordnungen lediglich um eine Reduktion der Normwidrigkeit auf die das Recht in weiten Teilen untermauernde sozialethische Bewertung handelt[44], treffen die Einwendungen gegen die Vorsatztheorie zu: Die Ermittlung des Sanktionsbedürfnisses wird auf den aktuellen Erlebnisbereich beschränkt, ohne dessen Typizität zu begründen. Aber auch wenn Einstellungen zu anderen Wertordnungen herangezogen werden, insbesondere eine ablehnende oder zustimmende Stellungnahme nach den individuellen Bewertungen des Täters, garantiert die Ausrichtung an diesen psychischen Momenten nicht, daß auch nur typischerweise Fälle des schwereren und leichteren Sanktionsbedürfnisses geschieden werden. Ob den Brandstifter etwa, der innig hofft, im zur Tat ausersehenen Gebäude möchten sich bestimmte ihm sympathische, sich normalerweise dort aufhaltende Personen nicht befinden, während ihm weitere, gleichermaßen wahrscheinlich dort befindliche Personen völlig gleichgültig sind, seine Hoffnung entlasten soll und ob ihn die Gleichgültigkeit belasten soll, läßt sich rechtlich nur dann entscheiden, wenn Hoffen und Gleichgültigkeit nicht um ihrer selbst willen hingenommen werden, sondern hinter ihnen doch nach der Einstellung zur *Rechtsguts*verletzung gesucht wird. Stets wenn mehrere Objekte durch eine Handlung angegriffen werden, kann sich der Täter zu deren gleichermaßen wahrscheinlichen Verletzung je nach seinen Sympathien verschieden einstellen. Diese Einstellung zum Ansatz einer Differenzierung des Sank-

---

[44] So: *Stratenwerth*, ZStW 71, S. 68.

tionsbedürfnisses zu nehmen, hieße jedoch, daß der auf Vermeidung bestimmter Erfolge zielende Zweck des Rechts als Interpretationsleitlinie verlassen würde. „Es kann ihm (dem Recht) nicht in erster Linie darauf ankommen, zu verhindern, daß jemand eine Rechtsgüterbeeinträchtigung auf Grund einer besonders mißbilligenswerten inneren Einstellung begeht; vielmehr muß verhindert werden, daß sie überhaupt begangen wird“[45]. Dementsprechend muß das Sanktionsbedürfnis daran anknüpfen, in welchem Maße der Täter seine Macht zur Erfolgshinderung mißbraucht hat.

Mit dem Ansatz bei der Vermeidbarkeit ist auch die Formel vom Wissen und Wollen (oder dessen Metaphern) überwunden. Es ist von allenfalls vorläufigem Wert, im Bereich des Vorsatzes Überlegungen zur Beziehung zwischen Täter und Erfolgsherbeiführung anzustellen; denn es kommt auf das Verhältnis zur (ausgebliebenen) Erfolgsvermeidung an. Ob also im Falle des auf sichere Nebenfolgen bezogenen dolus directus die Nebenfolgen auch gewollt sind[46] und ob im Bereich der als möglich vorausgesehenen Nebenfolgen gewollte von ungewollten geschieden werden können[47], liefert nur dann Kriterien für die Scheidung von Vorsatz und Fahrlässigkeit, wenn mit der Feststellung des Gewolltseins der Folgen auch über das Verhältnis des Täters zur Vermeidung etwas ausgemacht ist. Jedoch bleibt dieses Verhältnis mit und ohne Wollen dasselbe: Der Täter weiß, daß er vermeiden kann, und vermeidet nicht.

Freilich ließe sich daran denken, statt auf das Wollen der Erfolgsherbeiführung auf das Wollen der Erfolgsvermeidung abzustellen, den Vorsatz also durch den Vermeidewillen zu begrenzen[48]. Solange der Vermeidewille jedoch nicht in der Art eingesetzt wird, daß bei seiner Betätigung schon die Erfolgsvoraussicht entfällt, er also voll vermeidungsfähiger Wille ist, vermindert seine Betätigung lediglich die Verletzungswahrscheinlichkeit und erhöht die Vermeidechance. Für das verbleibende Risiko jedoch gilt unverändert: Der Täter weiß, daß er vermeiden kann, und vermeidet nicht, und bezüglich *dieses* Risikos fehlt ein (betätigter) Vermeidewille.

Die Differenzierung von Vorsatz und Fahrlässigkeit hat also nicht auf den Willen zur Erfolgsherbeiführung oder -vermeidung abzustellen, sondern auf den Mißbrauch der Tatmacht. Natürlich setzt das Wissen um die Tatmacht voraus, daß der Täter den Erfolgseintritt als vom eigenen Wil-

---

[45] *Roxin*, JuS 1964, S. 58.

[46] Verneinend: s. o. S. 36 ff., und aus neuerer Zeit: *Grünwald*, Mayer-Festschrift, S. 285 ff.; *Schmidhäuser*, Begriffsjurisprudenz, S. 21; ders., Strafrecht, 10/26 ff.

[47] Verneinend: s. o. S. 36 ff., und aus neuerer Zeit: *Grünwald*, aaO. in Anm. 46, S. 287 ff.; *Schmidhäuser*, aaO. in Anm. 46.

[48] Armin *Kaufmann*, ZStW 70, S. 73 f.; *Jescheck*, Niederschriften XII, Anhang A, Nr. 5, § 18; vgl. auch ders. in Niederschriften XII, S. 114.

len abhängig erkennt; den Erfolgseintritt jedoch deshalb als gewollt anzusehen, wäre „begriffsjuristisch"[49].

Kriterien der Differenzierung könne also nur die Tatmachtkenntnis (i. e. in der Umkehrung die Kenntnis der Vermeidemacht) oder die gekannte Höhe der Erfolgschance sein. Auf letztere kommt es sicherlich insofern an, als nicht jede noch so entfernte Vermeidbarkeit, sondern nur die Überschreitung eines Risikos, das an der Grenze des noch Planbaren liegt[50], Voraussetzung sinnvoller Verhaltensplanung und damit auch Voraussetzung von Vorsatz und Fahrlässigkeit ist. Vom Täter muß „ein objektives Adäquanzurteil psychologisch realisiert sein"[51], wobei freilich in der Realisierung das Urteil seinen nur-objektiven Charakter verliert: Der Täter muß eine vermeidbare Gefährdung eines Grades, der das Unplanbare übersteigt, individuell erkennen. Damit ist jedoch die Bedeutung der Risikountergrenze für Vorsatz und Fahrlässigkeit auch schon erschöpft; denn wie die Adäquanz den Vorsatz begrenzt, so begrenzt sie auch die Fahrlässigkeit[52]; für eine Abschichtung von Vorsatz und Fahrlässigkeit gibt dieses Moment also nichts her.

Soll die gekannte Höhe der Erfolgschance für die Abgrenzung von Vorsatz und Fahrlässigkeit herangezogen werden, muß der Schnitt innerhalb des schon adäquaten Risikos gezogen werden. Da es um den Mißbrauch der Macht zur Vermeidung geht, muß dieser Schnitt den Vorsatz aller Formen von der Fahrlässigkeit abgrenzen, also auch die Absicht; denn wie dem Täter an Tatmacht nichts zuwächst, wenn es ihm auf die Herbeiführung eines Erfolges ankommt, erhöht sich auch seine Vermeidemacht durch die voluntative Ausrichtung auf den Erfolg nicht. Ob Erfolge gesteuert herbeigeführt werden, wie die beabsichtigten Erfolge, oder nur steuerbar, wie alle mit einem Vorsatz unterhalb der Absicht ins Werk gesetzten Rechtsgutsverletztungen, besagt nichts über die Tat- und Vermeidemacht, sondern nur etwas über die Gründe, aus denen erstere gebraucht und letztere nicht gebraucht wurde. Die Absicht als Motiv ist jedoch typischerweise nachrangiges Motiv, nicht Endzweck. Die Bewertung der rechtsgutsverletzenden Absicht als erschwerend würde also an ein verkürztes und deshalb zufälliges Motivationsbild anknüpfen. Wenn *H. Mayer* die auf den dolus eventualis beschränkte Wahrscheinlichkeitstheorie gegen den Vorwurf, aus der Kenntnis bloßer Verletzungsmöglichkeit folge keine Geringschätzung des Rechtsguts, mit dem Argument verteidigt, der Täter könne „auch bei

---

[49] *Schmidhäuser*, Begriffsjurisprudenz, S. 21; ich selbst habe früher (Konkurrenz, S. 152, S. 154 Anm. 230) gemeint, beim dolus eventualis ein Willensmoment aufzeigen zu müssen, dieses Wollen jedoch sachlich als Kenntnis der Tatmacht verstanden; diese — verwirrende — Terminologie gebe ich auf.

[50] Die Höhe braucht nicht schon für ein Verbot bedeutsam zu sein: das erlaubte Risiko kann höher liegen, als das noch Planbare liegt.

[51] *Engisch*, Vorsatz und Fahrlässigkeit, S. 220; Armin *Kaufmann*, ZStW 70, S. 81; *Tarnowski*, Kausalitätstheorie, S. 242 f., 251.

[52] *Tarnowski*, Kausalitätstheorie, S. 242 f., 251; vgl. auch o. S. 87 ff.

dolus directus die fremden Rechtsgüter an sich sehr hoch schätzen und nur durch dringende Motive zur Tat veranlaßt sein"[53], liefert er damit selbst den Grund, die Wahrscheinlichkeitsabgrenzung auf die Absicht auszudehnen oder beim dolus eventualis auf eine qualifizierte Wahrscheinlichkeit zu verzichten. Die Ausschaltung geringer, wenn auch nicht als unwahrscheinlich zu beurteilender Verletzungschancen aus dem Vorsatzbereich würde de lege lata zu erheblichen Strafbarkeitslücken führen: Insbesondere Abtreibung, Freiheitsberaubung, Nötigung, Diebstahl, Raub, Betrug, Erpressung wären straffrei, wenn sich der Täter nur eine geringe Erfolgschance ausrechnet. Im Bereich der nur-vorsätzlichen Delikte könnten Taten mit geringer Erfolgsaussicht ohne Sanktionsrisiko unternommen werden, ein Ergebnis, das für Absichtsfälle nach einhelliger Ansicht unannehmbar ist; auf die Absicht des Täters kann es aber nicht ankommen, denn der Absichtstäter mißbraucht seine Macht nicht stärker als derjenige, für den die Rechtsgutsverletzungen Nebenfolgen sind.

Die damit verbleibende Abgrenzung nach der *Kenntnis* einer nicht als unwahrscheinlich zu beurteilenden Verletzungschance ist nicht nur der bei negativer Auslese zufällig verbleibende Rest, sondern zugleich das sachlich Gerechtfertigte. Die gesteuerten (beabsichtigten) und bewußt steuerbaren (schlicht vorsätzlichen) Verläufe sind gegenüber den unbewußt steuerbaren Verläufen dadurch ausgezeichnet, daß ein Motiv zur Erfolgsvermeidung unmittelbar die Vermeidung bewirkt, während bei den unbewußt steuerbaren Verläufen die Vermeidung eine Verarbeitung des Vermeidemotivs zur Voraussicht der Erfolgschance voraussetzt. Bei gleichermaßen aktueller oder aktualisierbarer Rechtskenntnis muß der Täter also bei den bewußt steuerbaren Verläufen (mit Einschluß der gesteuerten) eine geringere Leistung zur Vermeidung erbringen als bei den unbewußt steuerbaren. Hieraus folgt, daß er bei Risikokenntnis von der Vermeidung weniger entfernt ist als bei Risikounkenntnis; also wiegt im ersteren Fall der Machtmißbrauch in der Regel schwerer als im letzteren. Immer wenn der Täter ein das Unwahrscheinliche übersteigendes Risiko psychisch realisiert, weiß er, daß er vermeiden kann, und vermeidet nicht. Diese psychische Lage ist Vorsatz. Dem zu erwartenden Einwand, diese Lösung belaste den Skrupulösen, ist entgegenzuhalten, daß die Kenntnis der auch vom Recht hingenommenen Risiken zwar Vorsatz, aber nicht Tatbestandsvorsatz begründet. Wer z. B. beim Autofahren auf vorfahrtberechtigter Straße an jeder Kreuzung einen Unfall wittert, weil er sich der tatsächlichen Grenzen des Vertrauensgrundsatzes bewußt ist, handelt nicht in Kenntnis eines Risikos von rechtlicher Relevanz. Wer aber auf Grund seiner Skrupelhaftigkeit ein rechtlich bedeutsames Risiko erkennt, ist mit dieser Kenntnis der Vermeidung näher als der Skrupellose. Letzterem mag seine Gleichgültigkeit angelastet werden[54], nur der Skrupelhafte mißbraucht jedoch seine Macht in qualifizierter Form,

[53] Strafrecht, S. 251.

[54] Tatsachenunkenntnis aus Gleichgültigkeit; vgl. hierzu o. S. 104 ff.

nämlich bewußt, und um das Maß dieses Machtmißbrauchs geht es beim Vorsatz[55].

III. Das Urteil über den Erfolgseintritt

Die zum Vorsatz erforderliche Erfolgsprognose muß noch näher bestimmt werden. Bei ihr darf es sich nicht nur um das Auftauchen einer bloßen Möglichkeitsvorstellung ohne erfahrungsmäßigen Realitätsbezug oder den Anflug eines Gedankens handeln, also Vorgängen, denen der Täter selbst keinen unmittelbaren Erkenntniswert beimißt; vielmehr muß ein *Urteil* über den Geschehensverlauf vorliegen, das vom Täter mit seinem Wissen vom Tatsachenstand und den Erfahrungssätzen substantiiert worden ist, mag es auch nach der Voraussicht des Täters vorläufig und lückenhaft sein, insbesondere sich bei weiterer Reflexion noch ändern können. Nur bei einem Urteil, das den Täter nicht nur spekulativ, sondern erfahrungsgemäß als Urheber eines Erfolges ausweist, kann das Vermeidemotiv unmittelbar wirken. Eine hinreichende Kenntnis vom Erfolgseintritt fehlt also in den Fällen, in denen der Täter überhaupt Erfolgsvorstellungen aufweist, nicht erst dann, wenn er positiv urteilt, der Erfolg sei unwahrscheinlich, sondern schon dann, wenn er spekuliert, aber nicht urteilt, wenn also sein Vorstellungsstand, wäre das Motiv zur Erfolgsvermeidung gegeben, nicht unmittelbar, sondern erst nach Prüfung der Vorstellung an der Erfahrung einen Anlaß zur Vermeidung gäbe.

Damit soll nicht gesagt sein, daß im Urteil bereits die Zustimmung oder Ablehnung des Erfolges niedergelegt sein müßte — hierauf abzustellen widerspräche der gewählten Methode der Trennung —, jedoch kann das Urteil nur unmittelbar Anlaß der Vermeidung werden, wenn es vom Täter selbst ernst genommen werden kann, also nicht nur auf Spekulation oder dem Anflug exzessiver Skrupelhaftigkeit beruht, so daß es sich nach dem Wissen des Täters mit der „Stimmung" ändern kann. Ein solchermaßen unabgesichertes Daran-Denken liegt insbesondere vor, wenn der Täter den Erfolg zwar prognostiziert, sich jedoch selbst für überängstlich hält und diesen Konflikt bei der Ermittlung dessen, was nun das eigene Urteil ist, bis zur Handlungsvornahme nicht entscheidet[56]. Hier fehlt ein substantiiertes Urteil, denn keine der Möglichkeiten besitzt für den Täter Erkenntniswert. Nur von außen her läßt sich argumentieren, wer solchermaßen un-

---

[55] Daß bei Verzicht auf eine voluntative Abgrenzung auch sozialnützliche Tätigkeiten in den Vorsatzbereich fallen, z. B. riskante Operationen (*Dreher*, Strafgesetzbuch, § 59 II B 4 a; ders., Niederschriften XII, S. 104), Raumfahrtunternehmen (*Jescheck*, Erik Wolf-Festschrift, S. 483) etc. (weitere Nachweise bei *Schmidhäuser*, GA 1957, S. 307), wird durch Rechtfertigungsgründe ausgeglichen (*Welzel*, Strafrecht, S. 70 f.). Hält man die Erlaubnis zu vorsätzlicher Tötung für skandalös (so: *Dreher*, Niederschriften XII, S. 104), gilt die Frage, ob es bei bloß terminologischer Änderung die Erlaubnis zu fahrlässiger Tat weniger wäre.

[56] *Jakobs*, Konkurrenz, S. 154 Anm. 230.

sicher sei, müsse zumindest auch um die Unsicherheit des Erfolgseintritts wissen; denn wer mit seinem Urteil nicht zu Rande kommt, weil es ihm nicht gelingt, eine Lösung in der Erfahrung zu basieren, wer vielmehr im Wechsel von Lösungsmöglichkeit zu Lösungsmöglichkeit schwankt, urteilt eben nicht. Die Konsequenz, daß bei dieser Unsicherheit bis zur Verbesserung der Erkenntnismittel der Erfolg als nicht unwahrscheinlich zu behandeln ist, wird von dem Subjekt, so nahe sie liegt, nicht gezogen; das Subjekt bleibt unentschieden[57].

Diesen Bereich des nicht-urteilenden An-den-Erfolg-Denkens mag man bewußte Fahrlässigkeit nennen[58] (soweit mit dem Motiv zur Erfolgsvermeidung ein Urteil, der Erfolgseintritt sei nicht unwahrscheinlich, möglich ist); da jedoch hier wie bei der unbewußten Fahrlässigkeit die aktuelle Kenntnis der Vermeidbarkeit fehlt, genießt diese Fahrlässigkeitsform unter Steuerungsgesichtspunkten keine Sonderstellung.

In der Literatur wird weiterhin der Typus eines voluntativ verwässerten Gefahrurteils erwähnt, das gleichfalls zum Vorsatz nicht hinreichen soll. „Die Gefahrvorstellung kann sehr wohl mit dem Vertrauen auf einen guten Ausgang der Sache zusammen bestehen, da beide auf zwei ganz verschiedenen seelischen Ebenen liegen: jene auf intellektueller, diese auf voluntativ-aktiver. Das beweist vor allem der Begriff des Leichtsinns, dessen Wesen dadurch gekennzeichnet ist, daß er beide Momente umfaßt: Wer leichtsinnig handelt, ist sich der Gefahr sehr wohl bewußt (sonst wäre er gar nicht leichtsinnig), aber er vertraut darauf, daß sich die Gefahr nicht realisieren werde, und er handelt, weil er darauf vertraut“[59]. Nun ist die Gefahrvorstellung nur in dem Sinne intellektuell, als sie aus der intellektuellen Verarbeitung der Sachverhaltskenntnis resultiert. Die Gefahrkenntnis selbst ist eine aktuelle Vorstellung. Das leichtsinnige Vertrauen wiederum ist nicht nur voluntativ-aktiv, sondern als Vertrauen mit einem gedanklichen Inhalt zwar voluntativ-aktiv bedingt, selbst aber auch eine Vorstellung, nämlich vom Ausbleiben des Erfolges. Das Zusammenspiel dieser konträren Vorstellungen kann einmal von der Art sein, daß der Täter sich zwischen der intellektuellen Substantiierung der Gefahrvorstellung und ihrer voluntativen Verdrängung nicht entscheidet; dann liegt eine Urteilsunsicherheit der schon beschriebenen Art vor: Die intellektuelle Begründung des Gefahrurteils kann wegen des Vertrauens auf den guten Stern vom Subjekt nicht als gültig erlebt werden. Zum anderen kann das Moment des Leichtsinns, insbesondere soweit es durch — erfahrungsgemäß unbegründete, eben leichtsinnige — Vorstellungen von der eigenen Vermeidefähigkeit

[57] Die Lage gleicht der schwankenden Entscheidungssituation, wie sie von *Thomae,* Entscheidung, insbes. S. 57 ff., plastisch beschrieben worden ist.

[58] Der Bereich dürfte die von *Schmidhäuser,* GA 1957, S. 312, herausgestellte Kenntnis der abstrakten Gefahr umfassen.

[59] *Welzel,* Niederschriften XII, S. 108; ders., Strafrecht, S. 70; *Stratenwerth,* ZStW 71, S. 57, 64; vgl. auch *Roxin,* JuS 1964, S. 61.

scheinbar substantiiert ist, das Gefahrurteil überhaupt verdrängen. Hier setzt der Leichtsinn die Gefahrkenntnis auch voraus, aber nur historisch, also als überwundenes Durchgangsstadium.

Hat der Täter aber die *für ihn gültige* Erkenntnis gewonnen, daß der Erfolg eintreten kann, so kann das Vermeidemotiv unmittelbar wirken, und er handelt vorsätzlich. Es kommt insbesondere nicht darauf an, ob der Täter aus der Erkenntnis, der Erfolg könne sich realisieren, irgendwelche Konsequenzen gezogen oder sich mit ihr auseinandergesetzt hat. Auch wenn er trotz der Erkenntnis von der Möglichkeit des Erfolgseintritts bei seinen weiteren Planungen einzig voraussetzt, der Erfolg bleibe aus, vermag ihn dieses Hoffen oder Vertrauen nicht zu entlasten: Das Vermeidemotiv könnte unmittelbar wirken. Nicht, ob der Täter die Möglichkeit des Erfolgseintritts ernst oder leicht nimmt[60], entscheidet, und nicht, wer „die Kälte aufbringt, daß er ernstlich den Gedanken an das Erfolgsrisiko besteht, der handelt mit dolus eventualis“[61], sondern derjenige handelt vorsätzlich, dessen *Urteil* über das Erfolgsrisiko gilt und ernstlich ist; das Urteil muß für den Täter Erkenntniswert haben; andere Stellungnahmen sind unbeachtlich. Vorsatz und Fahrlässigkeit grenzen sich nach dem Wissen des Täters von seiner Macht ab[62], nicht nach dem, was ihm sein angestrebter Erfolg wert ist oder wie er sich zu dem Erfolg verhält[63]. Letzteres ist ohne Berücksichtigung, wie der angestrebte Erfolg und die Haltung zu ihm rechtlich zu bewerten sind — und würde das berücksichtigt, fielen die Feststellung von Vorsatz und Fahrlässigkeit mit der Schuldfeststellung zusammen —, eine verkürzte und damit zufällige Bewertung.

---

[60] So aber *Stratenwerth,* ZStW 71, S. 56 ff.

[61] So aber *Gallas,* Niederschriften XII, S. 121.

[62] Die Parallele zu *Schmidhäusers* (GA 1957, S. 305 ff.; ders., Strafrecht, 10/94 ff.) und *Schröders* (Sauer-Festschrift, S. 224 ff.) Abgrenzung ist evident. Der methodische Ansatz zur Ermittlung der größeren Vermeidemacht ist freilich bei diesen Vorsatztheoretikern unmittelbar das Rechtswidrigkeitsbewußtsein.

[63] Das gilt auch gegen das Sich-Abfinden des Entwurfs 1962 (§ 16) und das In-Kauf-Nehmen des Alternativentwurfs (§ 17 Abs. 2). Abgesehen davon, daß die verurteilende Instanz bei hohen Wahrscheinlichkeiten die Haltung fingieren wird, wie in BGHSt. 7, S. 363 ff., selbst die Billigung terminologisch erschlichen worden ist, ist nicht einzusehen, weshalb das nicht betätigte Widerstreben oder das betätigte, aber nicht voll vermeidemächtige Widerstreben den Täter entlasten soll, da die Vermeidemacht von diesen Haltungen nicht tangiert wird.

7. Kapitel

DIE STELLUNG DES ERFOLGES

Es ist eine alte Streitfrage, welche Stellung dem Erfolg im Normensystem zukommt. Die Entscheidung hat im Blick auf den Zweck der Norm zu fallen, denn in der Norm kann dem Erfolg nur dann eine Stellung zukommen, wenn dies zur Verwirklichung des Normzwecks nötig ist.

Da die Norm nur als Motivationsregel wirken kann und zur Vermeidung nutzloser Wertungen darauf inhaltlich abzustimmen ist, läge es nahe, nicht beim Erfolg als einem Vorgang in der Außenwelt, sondern allein bei der Vorstellung oder Vorstellbarkeit des Erfolges anzusetzen. Allerdings würden hierdurch auch solche Geschehensverläufe für normwidrig erklärt, die den Erfolg realiter nicht zeitigen, sondern nur in der (potentiellen) Vorstellung. Um den Zweck der Verhaltensnorm höchstmöglich effektiv zu verwirklichen, ist es jedoch nicht erforderlich, Motivationsregeln auch für solche Fälle aufzustellen, in denen der zu vermeidende Erfolg nur vermeintlich herbeigeführt wird (vorsätzlicher Versuch) oder mit dem Motiv zur Vermeidung das Urteil gefällt würde, der Erfolg könne eintreten, während er realiter ausbleibt (fahrlässiger Versuch). Im Versuchsfalle gibt es keinen Erfolg, der nicht auch ohne Normbefolgung vermieden würde, und infolgedessen für eine auf Vermeidung bestimmter Erfolge zielende Norm nichts zu regeln. Wer freilich der Norm genügen, sich also mit dem Motiv zur Erfolgsvermeidung verhalten will, kann nicht auf die Bestätigung des Erkannten oder Erkennbaren durch den realen Verlauf warten, für ihn darf also nicht der Erfolgseintritt, sondern muß die (potentielle) Vorstellung vom Erfolgseintritt entscheidend sein; jedoch folgt aus der psychischen Notwendigkeit, von der Erfolgs*prognose* auszugehen, nicht die normlogische Notwendigkeit, von der Erfolgsrealität abzugehen. Also gehören nicht die Vorstellung oder Vorstellbarkeit des Erfolges allein, sondern zudem der reale Erfolg zu dem Sachverhalt, der das Urteil „normwidrig" trägt. (Dieses Ergebnis impliziert nicht die Straflosigkeit des Versuchs, wie noch zu zeigen sein wird.)

Daß diese Lösung sich von den Ergebnissen der durch v. *Liszt*, *Beling* und *Radbruch* entwickelten, erfolgsbezogenen Bestimmung des Norminhaltes, der allenfalls[1] steuerungsirrelevante subjektive Momente aufnimmt,

[1] Wie bei *Mezger*, GS 89, S. 207 ff., 259 ff.; dort Darstellung und Nachweise des Verständnisses subjektiver Unrechtselemente, insbesondere von *H. A. Fischer* (S. 228 ff.) und *Hegler* (S. 233 ff.).

grundlegend unterscheidet, liegt am Ansatz: Erfolge, die nicht vermeidbar sind, tauchen in dem hier gewählten System nicht auf, weil nur Elemente berücksichtigt werden, die durch rechtliche Regelungen beeinflußt werden können. Dadurch wandelt sich das Urteil der Normwidrigkeit von ohnmächtiger Klage über den Weltverlauf zur Feststellung einer Fehlleistung. Die an der Vermeidbarkeit orientierte Norm setzt zwar auch ein Gut voraus, das als erhaltenswürdig bereits bewertet ist, jedoch ist diese Vorwertung weder notwendigerweise rechtlicher Natur, noch bestimmt sie, soweit sie als rechtliche Wertung verstanden wird, die Zurechnung der Verletzung des Gutes; damit ist sie als Verhaltensnorm, sofern darunter etwas Zweckvolles verstanden werden soll, ungeeignet[2].

Differenzierter und in den Konsequenzen nur noch als terminologische Differenz verläuft die Grenze der hier entwickelten Lösung zu den Ergebnissen der finalistischen Bestimmung des Norminhalts, freilich unter Ausklammerung des Systembruchs, der beim Übergang vom Vorsatz zur Fahrlässigkeit in der Abwendung von der individuellen Steuerung und Steuerbarkeit zugunsten einer objektiv bestimmten Steuerbarkeit liegt. Die zu diesem Punkt erforderlichen Korrekturen wurden bereits angebracht[3]. Ausgangspunkt zur Bestimmung des Norminhaltes ist die Erkenntnis *Welzels*, daß ein nicht gesolltes (Verbot) oder gesolltes (Gebot) Verhalten „allein die willentliche Handlung" sein kann[4]. Schon aus diesem Ansatz folgert *Stratenwerth*, „daß der Eintritt des rechtlich mißbilligten Erfolges nicht zur sog. Verbots- oder Gebotsmaterie, d. h. also nicht zu der normierten Verhaltensweise, gehören kann"[5]. „Von dem (späteren) Eintritt des Erfolges kann es nicht abhängen, ob die Handlung (im Zeitpunkt ihrer Vornahme) verboten ist. Verbieten läßt sich nur die auf den Erfolg abzielende (oder ihn möglicherweise bewirkende) Handlung"[6]. Diese Wendung gegen Kausierungsverbote (oder im Bereich der Unterlassungsdelikte: Herbeiführungsgebote) ist überspitzt. Wenn nur Handlungen, genauer: gesteuertes oder steuerbares Verhalten, sinnvoll normiert werden können, so folgte daraus nur dann die Unzulässigkeit, die normierte Verhaltensweise auch durch den Erfolg zu bedingen, wenn diese Bedingung dem Zweck der Norm, zur Vermeidung bestimmter Erfolge beizutragen, zuwiderliefe; die Bedingung müßte also die motivatorische Wirkung der Norm hemmen. Nun steht zwar

---

[2] Zum normlogischen Aspekt: Armin *Kaufmann*, Bindings Normentheorie, S. 69 ff., m. ausführlicher Darstellung und Literaturnachweisen; zur Problemgeschichte: *Welzel*, JuS 1966, S. 421 ff.

[3] S. o. S. 70 ff., 75 f.

[4] Naturalismus, S. 85; ders., ZStW 51, S. 718 f.; ders., ZStW 58, S. 516 ff.; ders., Strafrecht, S. 33 ff., 37, m. weiteren Nachweisen; Armin *Kaufmann*, Bindings Normentheorie, S. 106 f.; ders., Unterlassungsdelikte, S. 3, 24, 26 f.; *Maurach*, Strafrecht, AT, § 17 I 3, § 17 II; *Stratenwerth*, SchwZStR 79, S. 245; ders., SchwZStR 81, S. 181. Zur Abweichung bei den Automatismen s. o. S. 76 ff.

[5] SchwZStR 79, S. 245.

[6] *Stratenwerth*, aaO., S. 245 f.

außer Zweifel, daß sich der Normunterworfene „nur nach einer zur Zeit der Handlung erkennbaren Vorschrift . . . richten" kann[7] (wobei es hier nicht um das Problem der Normkenntnis geht, sondern um die Erkennbarkeit, daß der in der — bekannten — Norm beschriebene Sachverhalt aktuell der Fall ist[8]). Wenn jedoch ein Täter den Erfolgseintritt oder dessen Wahrscheinlichkeit erkennt oder erkennen kann, so kann er zugleich erkennen, daß er sich erfolgsvermeidend verhalten muß, wenn er sicher sein will, der Norm zu genügen. Die Ungewißheit über den tatsächlichen Verlauf nimmt also auch bei einer durch den tatsächlichen Verlauf bedingten Norm dem Erfolgsvermeidemotiv nichts von seiner kategorischen Notwendigkeit zur Normbefolgung.

Dies bestätigt sich bei einer genaueren Analyse der Gegenposition. Auch wenn unterstellt wird, Versuche seien normwidrig, so weiß doch jeder Täter, der über die Folgen seines Verhaltens ungewiß ist, daß sich für den Fall, der Erfolg bliebe aus, die Vermeidung seines avisierten Verhaltens erübrigt. Damit weiß er zugleich, daß sein Urteil über die Notwendigkeit einer Vermeidung dieses Verhaltens und damit das psychische Substrat der rechtlich negativen Bewertung für diesen Fall anders ausfällt, wenn er sein Wissen durch die Wahrnehmung des realen Verlaufs erweitert hat. Die Notwendigkeit der Vermeidung des eventuell folgenschweren Verhaltens wird also, wie der Täter weiß, retrospektiv nicht mehr nachvollzogen werden können. Trotzdem ist im Verhaltenszeitpunkt für diesen Täter das Vermeidemotiv selbstverständlich erforderlich und als solches erkannt. So wenig das zukünftige Wissen von der Überflüssigkeit des vermeidenden Verhaltens, das als möglicherweise zukünftig gegebenes Wissen im Verhaltenszeitpunkt schon erkannt ist, den Funktionsmechanismus der Norm stört, so wenig stört auch in dem Modell, das den Erfolg zum Normwidrigen zählt, die Vorstellung vom möglichen Ausbleiben des Erfolges mit der Folge der Überflüssigkeit der Vermeidungsplanung den Funktionsmechanismus einer Norm dieses Modells. Nur hat, bei gleich gestaltetem psychischem Funktionsmechanismus, der Erfolg im letzteren Fall normative Bedeutung, im ersteren nicht.

Der normlogische und normpsychologische Aspekt tritt jedoch bei *Welzel* hinter einer materialen Argumentation zurück und wird auch bei *Stratenwerth* davon flankiert[9], und zwar durch eine Erweiterung dessen, was nach dem Normzweck als zu vermeidender Erfolg gilt. *Welzel* erkennt an, daß „zunächst" die Sachverhaltswerte (Leben, Gesundheit etc.) rechtlich geschützte „Interessen" sind, beschränkt den Zweck des Strafrechts jedoch nicht auf deren unmittelbaren Schutz: „. . . weiter ist für das Recht natürlich von ‚Interesse', daß Handlungen, Bewegungen, Entwicklungen u. s. w.

---

[7] *Schwander*, SchwZStR 63, S. 282.

[8] Konkretisierung der Norm zur Pflicht; Armin *Kaufmann*, Bindings Normentheorie, S. 126 ff.

[9] *Stratenwerth*, SchwZStR 79, S. 239.

stattfinden, die diesen Zustand erhalten oder befördern, und daß Handlungen, Bewegungen, Entwicklungen nicht stattfinden, die diesen Zustand beeinträchtigen . . . Nicht nur an den ‚Sachverhaltswerten', sondern auch an Handlungen und Unterlassungen, die sich auf jene Sachverhaltswerte positiv oder negativ beziehen, hat der Staat ein ‚Interesse', das er dadurch schützt, daß er jene Handlungen oder Unterlassungen bei Strafe gebietet oder verbietet"[10]. Die bei diesen Sätzen noch verbleibenden Zweifel, ob die Aktwerte auch isoliert von den Sachverhaltswerten rechtliche Bedeutung haben sollen, werden beseitigt: „Auch dieses Interesse am Verhalten der Rechtsgenossen kann man terminologisch im übertragenden Sinne als Rechtsgut bezeichnen"[11, 12]. Bei dieser Konzeption liegt der Zweck des Strafrechts nicht unmittelbar in der Vermeidung rechtsgutsverletzender Erfolge als den Träger eines Sachverhaltswertes verletzenden Folgen, sondern in der Sicherung vor dem „wirklich betätigten Abfall von den Grundwerten rechtlichen Handelns"[13] und zugleich mittelbar in der Sicherung von Sachverhaltswerten, „auf die jene Aktwerte bezogen sind"[14]. *Welzel* verlagert also den Schutz des Sachverhaltswertes vor in den Schutz der Grundwerte des menschlichen Handelns, und die Mißachtung dieses letzteren Wertes, der „terminologisch im übertragenden Sinne als Rechtsgut" bezeichnet werden kann, gehört als Erfolgssachverhalt zum Norminhalt. *Dieser* Erfolg liegt freilich stets vor, wenn der Täter die Verletzung des Rechtsguts, das Träger des Sachverhaltswertes ist, als (mögliche) Folge seines Verhaltens voraussieht oder voraussehen kann, ungeachtet der Dekkung vor Vorstellung und Realität. Unter Übereinstimmung mit der formalen Bestimmung des Norminhaltes, wie sie eingangs gegeben wurde, wird bei *Welzel* der Erfolg so bestimmt, daß er im Versuchsfall notwendig vollendet verletzt ist: Die eingangs entwickelte These, die Norm sei durch den Erfolgseintritt bedingt, wird nicht tangiert.

Gleichfalls auf eine Vorverlagerung des Strafrechtsschutzes zielen die Ausführungen *Germanns*[15], die von *Stratenwerth* aufgenommen werden[16]. Neben das normpsychologische Argument, dessen Unzulänglichkeit zur Begründung einer rein subjektiven Ausgestaltung des Norminhalts bereits aufgezeigt wurde, stellt *Germann* die Überlegung, „die Strafe" setzte „ihrem Zweck gemäß stets die Existenz einer Gefahrenquelle voraus", die es zurückzudrängen gelte, und da Strafe „wiederum die notwendige Rechtsfolge einer Normübertretung ist, so muß mit dem Vorliegen jener Norm-

---

[10] ZStW 58, S. 509.

[11] *Welzel*, ZStW 58, S. 509.

[12] Die Problematik der von *Welzel* zugleich anvisierten Delikte, die selbst bei materieller Beendigung keine Rechtsgutsverletzung zeitigen (ZStW 58, S. 511—513 in Anm. 30), soll hier außer Betracht bleiben.

[13] *Welzel*, Strafrecht, S. 2, 3.

[14] *Welzel*, Strafrecht, S. 3; ders., Kohlrausch-Festschrift, S. 107.

[15] Versuch, S. 128 ff.

[16] SchwZStR 79, S. 239, 244 ff.

übertretung stets auch eine Gefahrenquelle gegeben sein: dies legt die Vermutung nahe, daß die Normübertretung selbst sich als das gefährdende Moment herausstellt"[17]. *Germann* findet diese Vermutung bestätigt: „... der deliktische Wille ist sogar die weitaus erheblichste Gefahrenquelle, da er sein Verhalten stets nach den übrigen, bereits gegebenen Faktoren richtet, weshalb es keineswegs als ein Zufall anzusehen ist, wenn dann alle Faktoren zusammenstimmen, um den deliktischen Erfolg zu verursachen"[18]. Aus dieser Eigenschaft des Willens als Gefahrenquelle folgert *Germann:* „... allein das Herbeiführen-Wollen ist das Verbrechen"[19]. Nun wird über das bei dieser Folgerung verwendete Argument, was zweckvoll zu bestrafen sei, sei auch normwidrig, noch zu befinden sein, und diese Frage kann hier um so eher dahinstehen, als die Bekämpfung einer Gefahrenquelle nicht nur als Strafzweck, sondern auch als tauglicher Zweck der Verhaltensnorm herhalten kann. Wenn jedoch die Verhaltensnorm nicht nur der Verhinderung von Verletzungen dient, sondern bereits der Verhinderung des Verletzen-Wollens[20], weil bereits dieses Wollen das Rechtsgut zumindest gefährdet, wird die Freiheit von Gefährdung zum neuen und unmittelbar geschützten Rechtsgut, d. h. die Störung der Gefahrlosigkeit wird zu dem nach dem Normzweck zu vermeidenden *Erfolg.*

Nun soll nicht bestritten werden, daß die Verlagerung des Normzwecks vom unmittelbaren Schutz werthafter Sachverhalte hin zum Schutz der Grundwerte menschlichen Handelns oder eines Zustandes der Gefahrlosigkeit möglich ist und vom Schutz der Sachverhaltswerte nichts abstreicht. Zweifelhaft ist jedoch, ob es sich hierbei um originäre Probleme der Verhaltensnorm handelt oder aber der Sanktionsnorm. Zunächst sei daran erinnert, daß auch bei Zugehörigkeit des Erfolges (im traditionellen Sinne bei Verletzungsdelikten) zu den Elementen der Normwidrigkeit die Norm zwar nicht ihres Inhaltes, jedoch ihrer psychischen Wirkungsweise wegen dazu zwingt, jedes Verhalten zu meiden, als dessen Folge der Erfolgseintritt vorgestellt wird oder vorstellbar ist. Von der (potentiellen) Erfolgs*prognose* auszugehen ist bei diesem Normmodell nicht normativ, aber psychisch notwendig. Jeder Mensch, der sein Verhalten mit dem Motiv zur Erfolgsvermeidung bestimmt, vermeidet auf Grund dieser psychischen Notwendigkeit zugleich Gefährdungen im Sinne *Germanns* und wahrt die Grundwerte menschlichen Handelns auch in den Fällen realiter fehlenden Erfolgseintritts. Diese vorverlagerten „Rechtsgüter" werden also bei der Lösung, die den Erfolg zur Norm rechnet, mittelbar mitgeschützt. Wird aber ein Verhalten vollzogen, das mit dem Motiv zur Erfolgsvermeidung vermieden würde, wirkt also die Norm psychisch nicht, so versagt ihr Schutz, und zwar stets für die genannten vorverlagerten Rechtsgüter und

[17] Versuch, S. 130.
[18] Versuch, S. 131.
[19] Versuch, S. 147.
[20] Zur objektiven Gefährlichkeit des Wollens vgl. *Germann,* Versuch, S. 148 ff.

bei Eintritt des Erfolges auch für den Sachverhaltswert. Die normative Erfassung dieser Lage kann nicht mehr Aufgabe bei Ausgestaltung der Verhaltensnorm sein, denn diese kann, wie sie auch ausgestaltet sein mag, nichts nützen; nunmehr interessiert nur noch, ob auf das Versagen mit einer Sanktion reagiert werden soll, und dies ist nach dem Zweck der Sanktionsnorm, nicht aber nach dem Zweck der Verhaltensnorm zu entscheiden.

Nach dem Zweck der Sanktionsnorm entscheidet sich die Bedeutung des Erfolges für das Strafmaß. Nach dem Zweck der Sanktionsnorm richtet sich auch, an welche Elemente der Normübertretung die Sanktion anknüpft und an welche weiteren Voraussetzungen sie gebunden ist. Der Zweck der Sanktionsnorm ist schließlich dafür maßgeblich, ob die Sanktion überhaupt einen Verstoß gegen die Norm, die den Erfolg umfaßt, voraussetzt, oder sich — bei Fehlen des Erfolgseintritts — mit dem Versuch einer Normwidrigkeit begnügt. Bereits den Versuch einer Normwidrigkeit zur Begründung der Strafbarkeit hinreichen zu lassen steht zwar „der eingefleischten Gewohnheit entgegen, daß alles Strafbare auch rechtswidrig sein müsse“[21], erweist sich jedoch bei genauerer Analyse als eine Lösung, die einer Normfassung, bei der schon der Versuch als normwidrig gewertet wird, gleichwertig ist: Hält man schon den Versuch für normwidrig, so zwingt trotzdem nichts dazu, ihn zu sanktionieren, wenn der Zweckmäßigkeit einer Sanktion außernormative, insbesondere kriminalpolitische Erwägungen entgegenstehen. Schon diese Überlegung zeigt, daß zwischen den Zwecken von Verhaltensnorm und Sanktionsnorm keine prästabilierte Harmonie besteht, wie sich im übrigen auch daraus ergibt, daß sich für den immerhin denkbaren Sanktionszweck „Vergeltung“ ein paralleler Verhaltensnormzweck nicht finden läßt. Ein Verstoß gegen die Verhaltensnorm ist keine *hinreichende* Bedingung zur Auslösung der Sanktion. Er ist auch keine *notwendige* Bedingung; denn es ließe sich nur behaupten, die Sanktionsnorm knüpfe mindestens an sämtliche Merkmale der Verhaltensnormwidrigkeit an, wenn die Elemente, die nach dem Zweck der Verhaltensnorm in diese eingehen, auch unter dem Aspekt des Zwecks der Sanktionsnorm eine Funktion hätten, — was nichts anderes wäre als die bereits abgelehnte harmonische Entsprechung der Zwecke. Kann aber die Sanktionsnorm schon an einzelne Momente der Verhaltensnormwidrigkeit anknüpfen, etwa an das fehlende Motiv zur Erfolgsvermeidung bei gegebener oder potentieller Erfolgskenntnis, so kann sie auf die Elemente auch dann reagieren, wenn diese nicht im Konnex einer Verhaltensnormwidrigkeit stehen, sondern etwa nur im Konnex einer versuchten Normwidrigkeit, sofern diese Reaktion nur dem Zweck der Sanktionsnorm entspricht[22].

---

[21] *Nowakowski*, ZStW 63, S. 299.

[22] Strafe ohne Normwidrigkeit; ebenso, ohne freilich, wie hier, sowohl den Erfolg als *auch die Steuerung* zur Verhaltensnorm zu zählen: *Nowakowski*, ZStW 63, S. 299 ff., 313; ders., Grundzüge, S. 42 f., dort weitere Nachweise; *Goldschmidt*, Notstand, S. 18; ders., Frank-Festgabe, I, S. 434; *Kadečka*, ZStW 59,

Es ist evident, daß nach diesen Ausführungen nicht für die *Verbindlichkeit* einer der Lösungsentwürfe optiert werden soll, denn wie die Option auch gebraucht würde, so sind doch die Konsequenzen sowohl für den Schutz der Sachverhaltswerte als auch der vorverlagerten Rechtsgüter identisch, während die Konsequenzen für die Sanktion keinesfalls präjudiziert werden. Der Streit um die „Stellung des Erfolges im Unrecht" ist nutzlos. Ob im Versuchsfalle wegen normwidrigen Versuchs oder wegen versuchter Normwidrigkeit zu strafen ist, ist kein der Erörterung wertes Thema[23]. Für die weitere Erörterung wird von der eingangs gesetzten These aus, die als Benennung des strafrechtlichen Zweckminimums auch unbestritten ist, das Strafrecht sei ein System von Sätzen zur Vermeidung bestimmter Erfolge an sachverhaltswerten Gütern, die Verletzung des sachverhaltswerten Gutes zur Normwidrigkeit gerechnet[24], ohne damit mehr als eine terminologische Klarstellung zu bezwecken.

S. 12, 17. — *Lampe* wendet gegen *Nowakowski* ein, dieser übersehe, daß bei einem nach objektivem Urteil tauglichen Versuch die Gefährlichkeit des Angriffs und bei einem untauglichen Versuch die Gefährlichkeit des Willens bereits den Rechtsfrieden verletzten; Personales Unrecht, S. 58 f. Damit wandelt *Lampe* die Versuchsdelikte in vollendete Delikte; er verlagert das Rechtsgut vor, ohne damit jedoch einen Weg zu neuen Konsequenzen zu eröffnen.

[23] Im Ergebnis wohl auch Armin *Kaufmann*, ZRV 1964, S. 44.

[24] Der Einwand liegt nahe, gegen Versuche müsse doch Notwehr möglich sein, diese sei überdies *nur* gegen Versuche sinnvoll, setze aber nach positivem Recht einen *rechtswidrigen* Angriff voraus (grundsätzliche Bedenken gegen das Notwehrargument s. o. S. 16 ff.). Nun ist nach positivem Recht gegen erkanntermaßen nicht erfolgversprechende Versuche Notwehr nicht zulässig, weil sie die Verteidigungshandlung nicht gegen die Rechtswidrigkeit des Angriffs, sondern gegen seine Erfolgstendenz richtet. Diese Erforderlichkeit der Abwehr wird dabei vom Standpunkt ex ante ermittelt (*Welzel*, Strafrecht, S. 186; *Jescheck*, Strafrecht, S. 230), beiläufig: ein Bruch mit den generellen Irrtumsregelungen. Wird der Versuch nicht als rechtswidrig angesehen, so ist neben der Erforderlichkeit auch die Rechtswidrigkeit des Angriffsverhaltens nebst der bei ungehinderter Ausführung zu erwartenden Konsequenzen ex ante zu bestimmen.

8. Kapitel

DIE FORMELLE SCHULD BEI DER FAHRLÄSSIGKEIT

Die Verhaltensnorm, die zu dem Zweck erlassen wird, zur Vermeidung bestimmter Erfolge beizutragen, ist nunmehr beschreibbar: Sie erklärt diejenigen Herbeiführungen bestimmter Erfolge für falsch, die mit dem Motiv der Erfolgsvermeidung vermieden worden wären. Hat die Sanktionsnorm nur den Zweck, Verstöße gegen die Verhaltensnorm „auszugleichen", lautet sie dementsprechend: Es ist richtig, eine Sanktion zu verhängen, wenn sich das Subjekt falsch verhalten hat (d. h. einen bestimmten Erfolg nicht vermieden hat, den es mit dem Motiv zur Erfolgsvermeidung vermieden hätte). Bei dieser Fassung der Sanktionsnorm gibt es keine besonderen Sanktionsvoraussetzungen, insbesondere kommt die Haltung des Subjekts zur Verhaltensnorm oder auch zu nicht-rechtlichen Normen nicht in den Blick, da ja die Vermeidbarkeit des Erfolges im Rahmen der Verhaltensnorm ein vorrechtliches, durch die Verhaltensnorm nur übernommenes Phänomen ist. Diese Fassung kennt aber auch keine Auswahl aus den Elementen der Verhaltensnormwidrigkeit; sie konstatiert nur eine Reaktion auf den vollendeten Normverstoß und läßt außer acht, daß die subjektiven Elemente der Normwidrigkeit auch bei Erfolglosigkeit des Verhaltens vollzählig gegeben sein können.

Ob nun die Sanktion an weitere Voraussetzungen und überhaupt an die genannten Voraussetzungen gebunden ist, läßt sich nur entscheiden, soweit feststeht, was mit der Sanktion bezweckt werden soll; denn nur unter der Hypothese, die Strafe sei Ausgleich dafür, daß das Subjekt der Verhaltensnorm zuwidergehandelt hat, bleiben die Elemente der Normwidrigkeit hinreichende und kumulativ notwendige Sanktionsvoraussetzungen. Sie sind jedoch nicht unter jedem Wertungsaspekt die bei Feststellung der Sanktionswürdigkeit einzigen oder unmittelbar zu wertenden Objekte.

So soll nach positivem Recht die Schuld des Täters die Grundlage für die Zumessung der Strafe abgeben (§ 13 Abs. 1 Satz 1 StGB). Damit wird kontroverses Gebiet betreten: „Schuld ist bewußte und gewollte Verfehlung der sittlichen Aufgabe des Menschen"[1]; oder ohne Bezug auf Wissen und Wollen: „Die Schuld . . . begründet den persönlichen Vorwurf gegen

---

[1] Arthur *Kaufmann*, Schuldprinzip, S. 208.

den Täter, daß er die rechtswidrige Handlung nicht unterlassen hat, obwohl er sie unterlassen konnte"[2]; schließlich ohne Bezug auf die Handlungsfreiheit: „Die rechtliche Schuld besteht unabhängig vom Auch-anders-Können in der Nichterfüllung eines vom Recht gesetzten Maßes"[3]. In diesen Programmsätzen wird die besondere Problematik der Schuld bei fahrlässigem Verhalten dadurch berührt, daß einerseits eine „bewußte und gewollte Verfehlung"[4] zur Schuld gefordert wird, oder aber doch, daß der Täter den „Sollensanforderungen des Rechts hätte nachkommen können"[5], wohingegen andererseits die Schuld sich „unabhängig vom Auch-anders-Können in der Nichterfüllung eines vom Recht gesetzten Maßes" erschöpfen soll[6]. Inwieweit diese Aussagen gültig sind und zu kontroversen Lösungen für die Fahrlässigkeit führen, läßt sich nur entscheiden, wenn präzisiert wird, welche Rolle Wissen und Wollen bei der Erfüllung der *rechtlichen* Aufgabe spielen, wann das Recht ein Anders-handeln-Können zumindest präsumiert und für was es ein Maß setzt.

In der heutigen Schuldlehre wird einhellig angenommen, daß eine aktuelle oder unter noch zu spezifizierenden Bedingungen potentielle Beziehung des Täters zur Norm Schuldvoraussetzung ist[7], wobei die Kenntnis der Norm das Höchstmaß der geforderten Voraussetzungen bildet[8]. Beim vorsätzlich und mit Kenntnis der Normwidrigkeit handelnden Täter weiß dieser um die vom Recht gestellte Aufgabe. Seine die Aufgabe nicht erfüllende Motivation ist vom Recht aus betrachtet sinnwidrig, wobei der rechtliche Sinnzusammenhang dem Täter bewußt ist: Das geforderte Maß an rechtskonformer Motivation bringt er bewußt nicht auf. Der Unterschied einer auf diese Normkenntnis abstellenden Motivationsbewertung zu der oben skizzierten Bewertung jeder (vorrechtlich) vermeidbaren Erfolgsverursachung als sanktionswürdig ist evident: Nicht mehr die Haltung des Täters zum Erfolg, sondern zur rechtlichen Mißbilligung des Erfolges löst die Sanktion aus. Der Grund für diese Spezifizierung des psychischen Anknüpfungspunktes liegt in der Erkenntnis, daß trotz Erfolgs*kenntnis* die Psyche des Täters hinsichtlich der *Bewertung* des Erfolges eine tabula rasa sein kann. Allein aus der Macht des Subjekts folgt nichts über deren Ge-

[2] *Welzel*, Strafrecht, S. 138.

[3] *Nowakowski*, Rittler Festschrift, 1957, S. 70.

[4] Arthur *Kaufmann*, aaO. (Anm. 1).

[5] *Welzel*, aaO. (Anm. 2).

[6] *Nowakowski*, aaO. (Anm. 3).

[7] Für die Rechtsprechung: BGHSt. 2, S. 194 ff., 200 f.; für die indeterministische Lehrmeinung: *Welzel*, Strafrecht, S. 141; für die deterministische Lehrmeinung: *Nowakowski*, Grundzüge, S. 67. Darstellung des Meinungsstandes mit Nachweisen bei *Rudolphi*, Unrechtsbewußtsein, S. 5 ff.

[8] Zu dem im obigen Zitat von Arthur *Kaufmann* geforderten „Wollen" der Verfehlung vgl .die Analyse des Willensbegriffs o. S. 37 ff.

brauch[9]. Die Verhaltensnorm beschreibt nicht nur das richtige oder falsche Verhalten, sondern begründet das rechtlich Richtige und Falsche, so daß die Erfolgskenntnis (die Erweiterung zur Erkennbarkeit folgt) allein nie motivatorisch relevant werden kann, sondern stets nur die Kenntnis des Erfolges als in einem Normensystem — hier dem Recht — beurteilter Erfolg.

Diese durch die neuere Schuldlehre vollzogene Reduktion des psychischen Prozesses bis in den Bereich der Motivationsgründe ist keine notwendige Konsequenz jeden Schuldbegriffs. Noch das Reichsgericht hat in der Rechtskenntnis keine stets notwendige Vorwurfsvoraussetzung gesehen[10]. Wie die Abkehr vom Erfolgsstrafrecht und die Anerkennung der nur beschränkten Steuerungsfähigkeit des Subjekts von einer vermehrten „Einfühlung" in die Fähigkeiten des Delinquenten zeugt, so bringt auch das Erfordernis der Rechtskenntnis einen weiteren Schritt bei der Berücksichtigung des Tätervermögens: Nicht mehr die am objektiven Recht gemessene Falschheit des Verhaltens, sondern die am Täterwissen von den Rechtsnormen gemessene Falschheit trägt die Sanktion. Dieses Abstellen auf die Motivationsgründe durch die Sanktionsnorm ist eine Folge gewandelter Wertvorstellungen (Vorstellungen über den Zweck der Sanktionsnorm) und kann — so wahr Wertungen sich nicht ex nihilo herleiten lassen — nicht seinerseits als wissenschaftlich richtig oder falsch ausgemacht werden.

Freilich erscheint das Urteil, nur derjenige sei strafwürdig, der zum Wissen von Recht und Unrecht Zugang hat, heute plausibel, da der „gute Bürger" um die Kontingenz der Rechtsnormen weiß und deshalb bis auf das Befolgungsmotiv der (wrtl.:) Sympathie mit dem Delinquenten fähig ist[11] und zudem auch unter Präventionsgesichtspunkten bei Rechtsunkenntnis Strafe überflüssig ist und Aufklärung über den Inhalt der Normen hinreicht. Eine vollständige Rationalisierung der Schuldproblematik wird damit jedoch nicht geboten. „Ebensowenig wie sich allgemein theoretisch darüber entscheiden läßt, ob der subjektive oder der objektive Sinn einer Norm für den Rechtsanwender maßgebend sein soll, . . . läßt sich theoretisch entscheiden, ob als Bestrafungsgrundlage der subjektive Sinn oder der objektive Sinn der den Anlaß für das Strafverfahren bildenden Handlung anzunehmen ist . . . Man kann sich nur darüber klar werden, welche rechtspraktischen Konsequenzen jede dieser Maximen der Rechtsanwendung zei-

---

[9] Die Frage nach der Qualifizierung des Unrechtsbewußtseins als Bewußtsein der Rechtswidrigkeit oder Sozialschädlichkeit wird, da sie keine besondere Fahrlässigkeitsproblematik birgt, hier ausgeklammert. Nachweise über den Meinungsstand bei Arthur *Kaufmann*, Schuldprinzip, S. 130 ff., *Rudolphi*, Unrechtsbewußtsein, S. 31 ff., 70 ff.

[10] Grundlegend RGSt. 2, S. 268, 269; weitere Nachweise bei *Welzel*, Strafrecht, S. 158 f.

[11] Felix *Kaufmann*, Strafrechtsschuld, S. 84; ebenso, freilich vom nur indeterministischen Ansatz aus: *Rudolphi*, Unrechtsbewußtsein, S. 33.

tigt, um dann zwischen ihnen nach rechtspolitischen Gesichtspunkten zu entscheiden"[12].

Auch daß der heutige Stand der Schuldlehre endgültig sei, kann nicht ausgemacht werden; denn bei aller Einfühlung bleibt doch ein Bruch, der durch die zumindest an einer Stelle normative und nicht kausale und einfühlende Beurteilung bedingt ist: Der fehlende Wille, der Verhaltensnorm zu folgen, hindert bei gegebener Unrechtskenntnis den Schuldvorwurf auch dann nicht, wenn subjektiv gute Gründe zur Normübertretung vorhanden waren; die Rechtsbefolgung *gilt* stets als das beste Motiv, wenn Rechtskenntnis vorhanden ist, obwohl aus der Rechtskenntnis nicht notwendig ein Motiv zur Rechtsbefolgung folgt, wie jeder im Bewußtsein der Normwidrigkeit Delinquierende beweist. Die Normkenntnis ändert nicht notwendig etwas an der Motivationslage; nicht einmal ein unterdrückbares Gegenmotiv muß aufgetaucht sein. Sie ändert nur die Motivationsbedingungen, d. h. sie ermöglicht, ein Rechtsbefolgungsmotiv unterstellt, die Rechtsbefolgung. (Ob die Motivationsbedingungen schuldhaften Verhaltens mindestens positive Normkenntnis voraussetzen, wird noch zu prüfen sein).

Statt das Anders-Können des Täters (in indeterministischem Verständnis) oder das vom Recht gesetzte Maß (in deterministischem Verständnis) unmittelbar beim unbedingten Motiv zur Befolgung der gekannten Rechtsnormen anzusetzen, könnte der Bruch noch tiefer in die Motivationsgründe verschoben werden, indem etwa das Maß (die Plausibilität) der Motive, die der Rechtsbefolgung widerstreben, berücksichtigt würde[13] oder ihre Art (egoistisch oder altruistisch) oder die Weise ihrer Verarbeitung (bis in die Konsequenzen reflektiert oder kurzschlüssig) etc. Vermeiden läßt sich der Bruch jedoch auch durch diese Verschiebung nicht, denn worin auch immer man den Täter beim Gebrauch seiner Fähigkeiten für frei hält oder woran auch immer man das Maß des Rechts anlegt, jedenfalls wird nicht nur der physische oder psychische Kausalprozeß, sondern auch der *aktuell* erlebte Sinnzusammenhang als der Zusammenhang der richtigen und falschen Handlungsmaximen an einer Stelle normativ gesehen[14]. Die Stelle des Durchbruchs ins Normative richtet sich dabei nach dem durch

---

[12] Felix *Kaufmann*, Strafrechtsschuld, S. 88.

[13] Die Anerkennung bestimmter Gegenmotive wird diskutiert: beim Gewissenstäter.

[14] Mit dieser Behauptung der normativen Durchbrechung des Geschehensverlaufs soll nicht schon der Gegenstand des Schuldurteils als normativ behauptet werden; vielmehr sind die den mißbilligten Erfolg bedingenden Gründe tatsächlicher Art, wie — in der Umkehrung — die Norm tatsächliche Gründe zur Verhinderung des Erfolges vermißt. Hierzu: Felix *Kaufmann*, Strafrechtsschuld, S. 76 f. Lediglich die Auswahl des Beurteilungsgegenstandes erfolgt normativ.

die Strafe zu verwirklichenden Zweck[15]. Beim gegenwärtigen Stand der Schuldlehre ist diese Stelle das Motiv zur Normbefolgung überhaupt, ohne Blick auf die Stärke, mit der es sich durchsetzen müßte: Das Normbefolgungsmotiv ist objektiv sinnvolle Konsequenz der Normkenntnis; subjektiv gezogene Konsequenz ist es, wie die Tat beweist, nicht. Ob das Ausbleiben der objektiv sinnvollen Konsequenz als freie Entscheidung oder als Notwendigkeit verstanden wird, bleibt dabei strafrechtlich ohne Folgen, wenn nur das (freie oder unfreie) Fehlen des Normbefolgungsmotivs gleichermaßen den Ansatzpunkt der rechtlichen Bewertung bildet.

Die bisherigen Ausführungen zur formellen Schuld[16] sind nur als Implikationen eines materiellen Schuldbegriffs verständlich; denn auch in einem „historisch gegebenen Strafrechtssystem" lassen sich „diejenigen seelischen Merkmale der Tat, die in einer gegebenen Rechtsordnung als Voraussetzung der subjektiven Zurechnung positiv verlangt werden"[17], soweit sie nicht bereits in der Norm benannt sind, nur aus einem Vorverständnis vom Grund der Zurechnung und von der Wirkungsweise der Motivation ausmachen; absolute Bezugspunkte für den Ansatz der Schuldwertung lassen sich nicht finden[18]. Schon daß es um „seelische Merkmale" gehen soll, verweist auf einen bestimmten materialen Schuldbegriff. Allerdings bleibt bei der bisherigen Festlegung der formellen Schuld im materialen Bereich ein Spielraum; ob es wegen des Abstellens auf die Normkenntnis nur auf den Motivationsvorgang ankommt oder ob dieses vorübergehende Moment durch seine Verbindung mit generellen Momenten, etwa der Gesinnung, dem Charakter, der durch Lebensführung erworbenen Haltung etc., spezifiziert werden muß, steht noch dahin. Die Einzelausgestaltung der materialen Schuld ist auch nicht Thema dieser Erörterung, die sich vielmehr damit begnügt, den Spielraum des Schuldbegriffs zu umreißen. Hierzu soll zunächst geklärt werden, in welchem Verständnis die bislang analysierte Schuld des in Kenntnis der Normwidrigkeit Handelnden Willensschuld ist, weil von einem Vorverständnis der Schuld als Willensschuld her die Schuld bei fahrlässigem Verhalten in der Literatur problematisiert wird.

Daß der Delinquent gerade auf die Normwidrigkeit seines Verhaltens ausgeht, betrifft nicht den Typus des mit Kenntnis der Normwidrigkeit

---

[15] Solange die Bestrafung einer rechtlich mißbilligten Werthaltung für eine staatliche Aufgabe gehalten wird, ist es nicht erforderlich, hinter diesem Zweck weitere Zwecke zu suchen. Felix *Kaufmanns* Fortführung der Schuldanalyse bis zum Aufweis des Gedankens der Präventionsbedürftigkeit des Schuldigen (Strafrechtsschuld, S. 102, 112) gibt eine mögliche Deutung der Strafe und zeigt unter Präventionsgesichtspunkten den Entwurf zu einer „Rationalisierung" der Schuldstrafe, ohne jedoch die Notwendigkeit eines Präventionszwecks darzutun (die freilich mit dieser Kritik nicht desavouiert werden soll).

[16] Zur Unterscheidung von formeller und materialer Schuld: *Engisch*, Vorsatz und Fahrlässigkeit, S. 38 ff.; *Jescheck*, Strafrecht, S. 277 f.

[17] So die Definition der formellen Schuld bei *Jescheck*, Strafrecht, S. 277.

[18] *Nowakowski*, JurBl. 1953, S. 508.

Handelnden, sondern außerordentliche Fälle von Herostratentum oder Kampf gegen die Rechtsordnung überhaupt. Im allgemeinen ist die Normwidrigkeit unerwünschte, wenn auch unumgängliche Eigenschaft des intendierten Verhaltens. Da also ein positiver Konnex der Normwidrigkeit mit der Antriebsseite des Verhaltens typischerweise ebenso fehlt wie bei Nebenfolgen des Verhaltens kann von einem Wollen hier wie dort nur in gleichem Sinne die Rede sein: als — mißverständliche — Metapher für das Bewußtsein davon, daß die Verwirklichung (einer Nebenfolge oder einer Normwidrigkeit) vom eigenen Verhalten abhängt[19]. Willensschuld liegt nicht im „Wollen des strafbaren Erfolges"[20], sondern darin, „daß der Wille sich nicht hat durch eine Vorstellung bestimmen lassen, durch die er sich ihres Inhaltes wegen hätte bestimmen lassen sollen"[21]. Das Sachproblem der Willensschuld hängt nicht vom Umfang des Wollensbegriffs ab[22], sondern von der Funktion, welche die Kenntnis der Normwidrigkeit bei der Willensbildung (auch im engstmöglichen Verständnis) einnimmt[23]. Gegenstand der Schuldwertung ist ein Steuerungsprozeß, nicht aber ein numerus clausus psychischer Fakten.

Es wurde bereits ausgeführt, daß bei einem in Kenntnis der Normwidrigkeit vollzogenen Verhalten die normgemäße Alternative eine nur objektiv, nicht jedoch subjektiv sinnvolle Konsequenz darstellt. Der Delinquent kennt zwar mit Kenntnis der Norm die Prätention der Richtigkeit; gerade die Kenntnis dieses Anspruchs macht die Normkenntnis aus. Das heißt aber nicht, vor jedem bewußt normverstoßenden Verhalten müsse der Täter eine Entscheidung über die Normbefolgung fällen; denn eine Entscheidung setzt eine *subjektiv* ungeklärte Interessenlage voraus, fällt also nur dann, wenn der Täter den Ansprüchen der Norm noch irgendwelche Bedeutung beimißt. Je weniger der Täter geneigt ist, der Norm zu folgen, je mehr ihm Rechtstreue fehlt, um so weniger *entscheidet* er sich gegen das Recht. Wenn die Willensschuld definiert wird als „die bewußte Willensentscheidung gegen das Veto, das sich in der Vorstellung von der . . . Herbeiführung eines unerlaubten Erfolges . . . ankündigt"[24], so werden damit nur Fälle erfaßt, in denen die Rechtskenntnis beim Delinquenten noch eine Anregung zur Befolgung, also einen motivatorisch wirksamen Impuls, auslöst. Fehlt es hieran, so fehlen zugleich trotz Rechtskenntnis mangels Interesse an der Rechtsbefolgung die Voraussetzungen einer Entscheidung gegen das Recht. Auch die Formulierung, „schuldhaft" sei „erst der Wille, der dem Bösen vor dem Guten den Vorzug gibt, nach-

[19] S. o. S. 36 ff.

[20] *Galliner*, Bedeutung d. Erfolges, S. 15.

[21] *Baumgarten*, Aufbau, S. 118; ebenso abgrenzend: *Engisch*, Vorsatz und Fahrlässigkeit, S. 456; Arthur *Kaufmann*, Schuldprinzip, S. 153 zu Anm. 166.

[22] So schon *Kohlrausch*, Reform, S. 187 f.

[23] Das gilt selbst für die angeführten Fälle des Beabsichtigens der Normwidrigkeit.

[24] Arthur *Kaufmann*, Schuldprinzip, S. 153.

dem der Wollende beide verglichen und in ihrer Qualität erkannt hat"[25], stellt darauf ab, ob über die Normwidrigkeitskenntnis hinaus noch ein Entscheidungsakt stattgefunden hat, und kann deshalb den an der Rechtsbefolgung Desinteressierten gleichfalls nicht erfassen. Sollen nicht die Fälle gesteigerter Rechtsuntreue bei gegebener Normwidrigkeitskenntnis für schuldlos erklärt werden, so bleibt von der Willensschuld nur, daß sich der Wille trotz Normkenntnis entgegen der Norm gebildet hat[25a]. Die Bedeutung der Normkenntnis ist nunmehr evident: Sie betrifft nicht den Entscheidungsprozeß oder den *gebildeten* Willen, sondern ist nur für die Hypothese von Bedeutung, daß sich der Wille nicht so hätte bilden müssen, wenn dem Delinquenten die Norm ein Motiv gewesen wäre, oder in indeterministischer Redeweise: Sie ist Voraussetzung dafür, daß die Norm hätte Willensinhalt werden können.

Damit ist zugleich die Sonderproblematik der Schuld fahrlässigen Verhaltens (wie auch jeden Verhaltens ohne Kenntnis der Normwidrigkeit) formulierbar geworden: Inwieweit setzt die Hypothese des Anders-Wollen-Könnens (als Voraussetzung des Sich-anders-Verhalten-Könnens) stets Kenntnis der Normwidrigkeit voraus? Die Antwort liegt nach den Untersuchungen zu den Grenzen der subjektiven Macht im Rahmen der Verhaltensnorm[26] auf der Hand: Wenn schon ein Motiv zur Rechtsbefolgung unterstellt wird oder die Rechtsbefolgung vom Subjekt frei gewählt wird, so ist Folge dieser Hypothese oder dieser Wahl nicht nur, daß ein als normwidrig bereits erkanntes Verhalten vermieden wird, sondern auch ein solches Verhalten, das bei motivatorischer Dominanz des Rechtsbefolgungsmotivs als normwidrig erst erkannt worden wäre. Freilich darf weder schon ein solches Verhalten als schuldhaft angesehen werden, das bei unterstelltem Motiv oder unterstellter Wahl, eine *bestimmte gegebene* Norm zu befolgen, nicht eingeschlagen worden wäre; denn die Hypothese oder die Wahl bezieht sich nicht auf den Kenntnisstand des Subjekts vom Vorhandensein bestimmter Normen, sondern nur auf deren motivatorische Wirkung[27]; die Normunkenntnis kann unvermeidbar sein. Noch darf das Motiv unterstellt oder der Inhalt der Wahl dahin formuliert werden, das Recht überhaupt zu befolgen; denn um ein Delikt der Rechtsuntreue (crimen culpae) geht es bei den Verletzungsdelikten nicht. Zu prüfen ist vielmehr, ob das Subjekt, wäre ihm die Befolgung einer Norm bestimmten Inhalts Motiv, diese Norm als rechtlich gegeben erkannt hätte (Problem der Erkennbarkeit der Norm) und in Konsequenz des Motivs zur Befolgung die-

---

[25] *Bockelmann*, Verkehrsstrafrechtliche Aufsätze, S. 212 f.

[25a] Ob nun äußerstenfalls der sich trotz Normkenntnis bildende Wille noch „Willensschuld" begründet (so *Engisch*, MonSchrKrimPsych 1930, S. 566) oder selbst der sich trotz nur potentieller Normkenntnis bildende Wille (so *Mohrmann*, Wesen der Fahrlässigkeit, S. 36, 84), ist eine rein terminologische Frage, die hier dahinstehen soll.

[26] S. o. S. 34 ff., 41 ff.

[27] Vgl. das Parallelproblem bei der Verhaltensnorm, o. S. 42 f.

ser nunmehr als gegeben erkannten Norm (des Vermeidemotivs) den mißbilligten Erfolg vermieden hätte, sei es, weil es die Folgen seines Verhaltens bereits kannte (Schuld bei vorsätzlichem Verhalten ohne aktuelle Kenntnis der Normwidrigkeit), sei es, weil es in Konsequenz des Vermeidemotivs die Folgen seines Verhaltens erkannt hätte (Schuld bei fahrlässigem Verhalten). Selbst bei einem in Kenntnis der Normwidrigkeit vollzogenen Verhalten zielt die Hypothese oder das als freie Entscheidung Erwartete nicht auf ein Befolgungsmotiv für die gekannte Norm, sondern auf ein Motiv zur Befolgung einer Norm dieses Inhalts, sofern sie sich als bestehend erweisen sollte. Ob diese Norm dem Subjekt erkennbar oder aktuell bekannt ist, steht in den Voraussetzungen, die hypothetisch gesetzt werden, dahin; denn selbst die gegebene Verbotskenntnis ist nicht Gegenstand der Bewertung als schuldhaft, sondern das Fehlen der Motivation zur Befolgung einer Norm solchen Inhalts. Beschränkt auf die Fahrlässigkeit: Die Hypothese, die beim Täter, der in Kenntnis der Normwidrigkeit handelt, unmittelbar die Erfolgsvermeidung ergibt, führt bei Fahrlässigkeit dann zur Vermeidung, wenn sie zunächst Normkenntnis und Kenntnis der Verhaltensfolgen bewirkt. Daß es hierbei nicht um Pflichten zur Normkenntnis oder zur Erkenntnis der Verhaltensfolgen geht, sondern einzig um eine Pflicht zur Erfolgsvermeidung, zu deren Erfüllung freilich Normerkenntnis und Erfolgserkenntnis notwendige psychische Voraussetzungen sein können (scil. wenn das Subjekt ein vermeidbar schädigendes Verhalten plant), wurde bereits ausgeführt[28].

Wenn der Schuldgehalt fahrlässigen Verhaltens bestritten wird[29], so freilich nicht nur mit — hier bislang noch nicht angeschnittenen — Argumenten des materialen Schuldbegriffs, weil also die Kenntnis der Normwidrigkeit eo ipso Träger des negativen Wertakzentes sei[30], sondern auch der Bedeutung wegen, die der aktuellen Normkenntnis für das Funktionieren der Normbefolgung zukommen soll. Diese Einwendungen gegen die Schuldhaftigkeit fahrlässigen Verhaltens zielen darauf, nur die Kenntnis der Normwidrigkeit oder doch der Sozialschädlichkeit[31] gebe dem Subjekt ei-

---

[28] S. o. S. 13 ff.

[29] *Baumgarten,* Aufbau, S. 118 f.; ders., SchwZStR 34, S. 67 f.; *Bockelmann,* Verkehrsstrafrechtliche Aufsätze, S. 99 f., 212 f., freilich gegen sein „Rechtsgefühl": S. 221 Anm. 44; *Galliner,* Bedeutung des Erfolges, S. 18 ff., 29; *Germann,* Verbrechen, S. 88 f.; *Horn,* Verbotsirrtum, S. 150 f.; Arthur *Kaufmann,* Unrechtsbewußtsein, S. 97 ff.; ders., Schuldprinzip, S. 156 ff., 223 ff.; *Kohlrausch,* Reform, S. 184, 197, 215; *Sauer,* Allgemeine Strafrechtslehre, S. 180 (Vorwurf, aber kein Schuldvorwurf); über die ausländische Literatur informiert *Lang-Hinrichsen,* Materialien II, S. 407 f; weitere ausländische Literatur bei *Jescheck,* Strafrecht, S. 376 Anm. 17.

[30] Was jedoch bei Arthur *Kaufmann* (Schuldprinzip, S. 149 ff., 152, 153) und *Bockelmann* (Verkehrsstrafrechtliche Aufsätze, S. 212 f.) argumentationstechnisch im Vordergrund steht.

[31] *Kohlrausch,* Reform, S. 217; Arthur *Kaufmann,* Unrechtsbewußtsein, S. 143 ff., ders., Schuldprinzip, S. 131 ff.

nen *Anlaß* zu normgemäßem Verhalten. So finden sich die Formulierungen, der Kenntnisinhalt müsse notwendig geeignet sein, „Hemmungsvorstellungen" hervorzurufen[32] oder die „sittliche Nichtswürdigkeit der Tat und damit die Pflicht zu ihrer Unterlassung zum Bewußtsein zu bringen"[33] oder negativ: bei der Fahrlässigkeit fehle eine „Art von Warnsignal"[34]; auch wird auf eine an bewußte Willensinhalte gebundene imperativistische Funktion der Strafgesetze verwiesen[35]. Allen diesen Einwendungen ist eins zuzugeben: Bei Kenntnis der Normwidrigkeit ist es dem Subjekt ceteris paribus leichter, zur Erfolgsvermeidung zu gelangen, als bei Fehlen dieser Kenntnis. Der sich fahrlässig Verhaltende hätte zur Normbefolgung schon mehr leisten müssen als jeder Vorsatztäter in seiner Situation und erst recht mehr als der sich vorsätzlich in Normkenntnis Verhaltende, weil der Fahrlässigkeitstäter die intellektuellen Voraussetzungen der Vermeidung sämtlich erst hätte aktualisieren müssen; eben deshalb wird fahrlässiges Verhalten de lege lata für generell weniger strafwürdig angesehen.

Bei einem in Kenntnis der Normwidrigkeit Handelnden hat diese Kenntnis, wie die Tat beweist, nicht oder doch nicht hinreichend stark als Anlaß gewirkt, sich zur Vermeidung zu motivieren. Dem Delinquenten sind Hemmung, Warnung etc. eben nur Vorstellungselemente, nicht aber motivatorische Größen, jedenfalls nicht hinreichend starke Größen. Die Kenntnis der Normwidrigkeit kann deshalb nicht im subjektiv psychischen Sinne als Anlaß bezeichnet werden, sondern nur insoweit, als sie dem aktuell um Normbefolgung Bemühten Anlaß gewesen wäre und der Delinquent mit dem Fehlen dieser Normbefolgungsmotivation nicht gehört wird. Dem aktuell um Normbefolgung Bemühten ist aber nicht erst die Kenntnis der Normwidrigkeit Anlaß zur Änderung eines geplanten Verhaltens, sondern bereits die Kenntnis solcher Umstände, aus denen er die Normwidrigkeit synthetisieren kann.

Auf der gleichen Linie einer Bindung des Anlasses an die Kenntnis liegt die Behauptung, daß ein Umstand erst als Motiv ergriffen werden könne, wenn er „als mögliches Motiv" erkannt ist[36], — eine These gegen die Möglichkeit von Schuld bei Normunkenntnis und damit auch bei fahrlässigem Verhalten; doch auch diese These hält das Entscheidende zurück: die motivatorische Wirkung. In der zitierten Behauptung wird entweder ein Determinationsvorgang indeterministisch mißverstanden; denn nichts kann, deterministisch betrachtet, ergriffen werden, was nur erkannt ist und nicht motivatorisch wirkt; oder es wird ein indeterminierter (oder für Deterministen gesprochen: hypothetischer) Vorgang deterministisch (oder ohne

[32] Arthur *Kaufmann*, Unrechtsbewußtsein, S. 99.

[33] Arthur *Kaufmann*, Schuldprinzip, S. 131.

[34] *Baumgarten*, SchwZStR 34, S. 68.

[35] *Kohlrausch*, Reform, S. 184; *Bockelmann*, Verkehrsstrafrechtliche Aufsätze, S. 212.

[36] *Horn*, Verbotsirrtum, S. 101.

Beachtung des hypothetisch Gesetzten) mißverstanden; denn unterstellt, es würde etwas motivatorisch wirken, so kann es auch die Erkenntnis des durch den Verhaltensvollzug zu Bewerkstelligenden produzieren[37]. Freilich muß auch die frei gewählte oder hypothetisch gesetzte Motivation einen Inhalt haben (beiläufig: das muß sie auch bei vorgegebener Kenntnis des möglichen Motivs), jedoch setzt dieser Inhalt keinen Kenntnisstand voraus, vielmehr wird eine inhaltlich bestimmte Motivation gewählt oder hypothetisch gesetzt. Eine Schwierigkeit scheint nun daher zu resultieren, daß bei vorgegebener Motivkenntnis (Normkenntnis) die Hypothese (oder die Wahl) die Bewußtseinsebene nicht zu berühren scheint, wohl aber bei einem Verhalten ohne aktuelle Normkenntnis. Da jedoch, wie schon dargestellt wurde[38], die Normbefolgung und nicht die Normkenntnis bewertet wird, betrifft die Hypothese nicht das Motiv zur Befolgung einer als bestehend bereits erkannten Norm, sondern einer Norm bestimmten Inhalts, sofern sie sich als bestehend erweisen sollte. Letzteres ist allerdings im Fall aktueller Normkenntnis so evident, daß ein überhaupt noch denkfähiges Subjekt die richtige Schlußfolgerung ziehen muß, jedoch wird dadurch die aktuelle Normkenntnis nicht zur Voraussetzung der Wirksamkeit des hypothetisch gesetzten oder als freie Entscheidung erwarteten Motivs. Zudem besteht auch bei vorgegebener Motivkenntnis (Normkenntnis) der Akt der Normbefolgung nicht darin, die Kenntnis durch eine unbewußte Strebung zu ergänzen, sondern die Vermeidung zu steuern. Kommt der Inhalt des Antriebs nicht zum Bewußtsein, so bleibt es bei zeitlicher Parallelität von

---

[37] *Horn* versucht allerdings, „‚von innen heraus' die Fähigkeit zum Erkennen" zu erfragen (Verbotsirrtum, S. 87), und kommt zu dem Ergebnis, Schuld bedeute „Unterlassenkönnen aus Einsicht in das spezifische Handlungsunrecht" wie „aus Kenntnis des unspezifischen schlichten Verbotenseins" (aaO., S. 122); jedenfalls sei jedoch erforderlich, „daß der Täter sich zumindest eine Vorstellung von der Möglichkeit macht, daß das Handlungsprojekt irgendwie verboten sei" (aaO., S. 106); denn „jede Handlungsfähigkeit setzt . . . eine Zielvorstellung voraus" (aaO., S. 95). Nun ist die an der Norm orientierte Motivation schon deshalb keine innere Handlung, weil hier kein Prozeß zu determinieren ist, es vielmehr um die Bildung der Determinanten geht. Natürlich können widerstrebende Motive gegeneinander abgewogen und gegebene Motive auf ihre Durchführbarkeit hin geprüft werden, hierbei ist jedoch die Motivation nach Inhalt und Stärke immer schon vorausgesetzt. Hat der Begriff der Fähigkeit als Verhaltens*vollzugs*fähigkeit noch einen Sinn, weil der Gebrauch der Fähigkeit von Umständen abhängt, die nicht bereits Bedingungen dieser Fähigkeit sind, so entscheidet sich der Gebrauch der Verhaltens*motivations*fähigkeit einzig durch die Motivation. Deswegen ist streng genommen Ziel der Motivation auch nicht das (mögliche) Motiv, sondern dessen Befolgung, so daß Zielkenntnis bereits Kenntnis der *subjektiven* Vorzugswürdigkeit der Motivation bedeuten würde, also mit der Motivation zusammenfiele. Von der Motivkenntnis bleibt also nur, daß (auch) sie als Ausgangspunkt normgemäßer Motivation plausibel scheint. Dem guten Bürger ist die Normbefolgung aber schon plausibel, wenn die Normkenntnis aktualisierbar ist.

[38] S. o. S. 133 f.

ohnmächtiger Motivkenntnis (Normkenntnis) und blinder, tiefenpsychologisch zu deutender Motivlage. Nur wenn das Subjekt weiß, was es erstrebt, kann es aus seinem Kenntnisstand Verhaltensrichtlinien erarbeiten[39].

Der zu erwartende Einwand[40], pausenloses Bemühen um Normbefolgung sei nicht durchzuhalten und führe zur Lähmung aller Antriebe, trifft das Ergebnis nicht. Sofern die Bemühungen auf die Änderung eines geplanten Verhaltens hinauslaufen, beweist schon das Ergebnis die Nützlichkeit einer Bremse für unvorsichtige Aktivitäten; sofern eine neue, subjektiv ungewohnte Situation beurteilt wird, entspricht dies praktisch so weitgehend geübter Vorsicht, daß an der Durchführbarkeit dieser Maßnahme nicht zu zweifeln ist; sofern es sich aber, wie bei der überwältigenden Mehrzahl der von jedem Subjekt eingeschlagenen Verhaltensweisen, um eine wiederkehrende, stereotype Situation handelt, gehört ihre rechtliche Beurteilung mit hinreichender Gewöhnung zum Basiswissen[41]: Die Ausschaltung des Rechtsbefolgungsmotivs wird zum Automatismus; das Motiv kann nicht mehr wirken und braucht nicht mehr zu wirken, weil es bereits gewirkt hat. Im Ergebnis ist also (auch) immer dann, wenn das Subjekt aus dem aktuellen Kenntnisstand auf die Notwendigkeit einer Motivationsänderung schließen kann, die Normbefolgung objektiv sinnvolles und subjektiv erreichbares Motiv.

Rudolphi argumentiert, jeder „Akt der Freiheit" setze voraus, „daß die zu ergreifende Verhaltensmöglichkeit für den betreffenden Menschen einen wie auch immer gearteten Sinn hat". Fehlt aber „dem Täter zur Zeit seiner Tat jeder Anlaß, über die Rechtswidrigkeit seines Verhaltens nachzudenken, . . . (hat) es für ihn, etwa weil er an der Rechtmäßigkeit seines Verhaltens nicht den geringsten Zweifel hat, keinen Sinn, sich über die rechtliche Qualität seines Verhaltens zu informieren, so ist er nicht befähigt, durch einen Akt der Freiheit eine ihm objektiv gegebene Möglich-

---

[39] Es ist nun kein juristisches Problem mehr, ob ein Antrieb das Bewußtsein aufwecken kann — dann reicht auch bei fahrlässigem Verhalten die Unterstellung eines veränderten Antriebs — oder bei der Alternative das vermeidende Motiv sogleich als bewußter Antrieb einzusetzen ist. In beiden Fällen ist *Horns* Kenntnis von der Kenntnislücke (Verbotsirrtum, S. 95) motivatorisch überflüssig, sei es, weil sie durch das unterstellte Motiv bewirkt werden kann, sei es, weil sie ohne entsprechenden Antrieb nichts bewirkt.

[40] Als Kritik der Rechtsprechung zum Verbotsirrtum ist der Einwand bereits erhoben worden: *Rudolphi*, Unrechtsbewußtsein, S. 210, führt aus, es würde alle Handlungsenergien lahmlegen, wenn „jeder Mensch bei allem, was er zu tun im Begriffe steht" (beiläufig: zudem noch bei allem Unterlassen) „sich durch Anspannung seines Gewissens und eventuell sogar Einholung von Erkundigungen" (die sich, beiläufig, jeder sparen kann, indem er unterläßt resp. handelt) „Klarheit über die rechtliche Qualität seines Verhaltens zu verschaffen habe . . .".

[41] Vgl. das Parallelproblem bei der Vermeidbarkeit im Rahmen der Verhaltensnorm, o. S. 83 ff.

keit[42] zur Erkenntnis der Rechtswidrigkeit seines Verhaltens zu ergreifen"[43]. Hieran ist richtig, daß bei gegebener Überzeugung von der Rechtmäßigkeit das Normbefolgungsmotiv bereits an sein Ende gelangt ist. Ansonsten aber gilt: Selbst für jeden in Kenntnis der Normwidrigkeit handelnden Delinquenten hat das Alternativverhalten, wie die Tat beweist, keinen Sinn, und ergo fehlt dem Delinquenten auch ein individualpsychologisch verstandener Anlaß, sich dazu zu motivieren. Freilich hätte jeder gute Bürger einen Anlaß gesehen, sähe ihn aber auch bei jedem Verhalten, bei dem das Rechtsbefolgungsmotiv nicht bereits auf Grund der Gewöhnlichkeit des Verhaltens automatisch gehemmt wird. Soll das Recht nicht vor dem Faktum seiner Mißachtung kapitulieren, so kann der Anlaß nicht individualpsychologisch, sondern nur normativ (nicht als „Sollen", sondern als Bedingung der Schuldwertung verstanden) bestimmt werden[44]. „Sinnvoll" ist hierbei die Frage nach dem Recht so lange, wie sie nicht entschieden ist. Das Strafrecht hat nicht auf Impulse zu warten, sondern diese vorauszusetzen[45]. Wie sich zeigte, gilt dies gleichermaßen bei der Wertung eines in Kenntnis der Normwidrigkeit vollzogenen Verhaltens als schuldhaft wie auch bei der Wertung fahrlässigen Verhaltens.

Die Grenze des Bereichs, in dem ein Vorwurf erhoben werden kann, wird erst überschritten, wenn dem gut wollenden Bürger das zu beurteilende Verhalten einschließlich seiner motivatorischen Verästelungen verständlich, nachvollziehbar wird, wenn er also urteilt, es hätte ihm auch unterlaufen können, weil mit dem vorausgesetzten Rechtsbefolgungsmotiv[46] das

---

[42] Widersprüchlich hierzu *Rudolphi*, Unrechtsbewußtsein, S. 218: „. . . die auf eine mögliche Rechtswidrigkeit des geplanten Verhaltens hindeutenden Umstände" müßten „dem Täter tatsächlich bekannt, d. h. aktuell oder doch zumindest in einer jederzeit aktivierbaren Form bewußt gewesen sein". Die in *Rudolphis* System naheliegende Frage nach dem Anlaß zur Aktivierung führt zum regressus ad infinitum.

[43] Unrechtsbewußtsein, S. 209.

[44] Ob die Lozierung des Unrechtsbewußtseins im Gewissen in BGHSt. 2, S. 194 ff., der Kontingenz der Rechtsnormen, zumal des Parteiverrats, gerecht wird, ist hier nicht zu entscheiden; daß es jedoch, hält man es mit dem Gewissen, nicht um den Anlaß zur Gewissensanspannung geht, sondern um deren Gründlichkeit, also um die Dominanz des Befolgungsmotivs, wurde zutreffend gesehen (insbes.: BGHSt. 5, S. 284 ff., 289).

[45] Insbesondere *Köhlers* Fahrlässigkeitslehre (aber vgl. auch *Mezger*, Strafrecht, S. 354 f.; ders., GS 89, S. 254 ff.; *Engelmann*, Rechtsbeachtungspflicht, S. 166 f.), die auf der „bewußten Ablehnung einer gefühlsbetonten Vorstellung" aufbaut (*Köhler*, Fahrlässigkeit, S. 82 ff., 86), setzt damit falsch an. „Unlustbetonte Vorstellungen" (aaO., S. 87), „Spannungsgefühle" (aaO., S. 103) setzten bereits eine emotionale Zuwendung zur Erfolgsvermeidung voraus; *Köhlers* Modell erfaßt also gerade den besonderen Leichtsinn, das betätigte Desinteresse nicht: Das Recht gilt nur noch für denjenigen, der sich zumindest minimal darum kümmert.

[46] Daß das Motiv auf *Norm*befolgung zielen muß, nicht aber auf Hochschätzung oder gefühlsmäßige Zuwendung zum Rechtsgut, hat *Engisch*, Vorsatz und Fahrlässigkeit, S. 470, in der Kritik *Exners* treffend dargelegt.

normwidrige Verhalten auch nicht vermieden wird. Das Schuldurteil bei fahrlässigem Verhalten bringt somit gegenüber demjenigen bei vorsätzlichem Verhalten in Normkenntnis keine formale Erweiterung, sondern nur eine Verschärfung des Maßstabes: Nicht nur wenn die Verhaltensänderung *unmittelbar* als (objektiv) sinnvolle Konsequenz dem aktuellen Kenntnisstand zu entnehmen ist, sondern schon wenn die (objektive) Sinnhaftigkeit der Verhaltensänderung sich aus dem aktuellen Kenntnisstand erst nach einer *Verarbeitung* der Kenntnis durch das Motiv der Befolgung einer Norm des in Frage stehenden Inhalts erschließt, zeugt die Normübertretung von schlechter Motivation[47]; denn auch in letzterem Fall wäre mit gutem Wollen, also mit dem Motiv zur Normbefolgung, das normübertretende Verhalten vermieden worden, wenn auch die zur Normbefolgung führende Leistung hier größer ist als im ersteren Fall. Allerdings muß die Verhaltensprüfung (objektiv) sinnvoll sein, darf also nicht durch die aktuelle oder unmittelbar aktualisierbare Überzeugung von der Rechtmäßigkeit des Verhaltens gehemmt werden, was jedoch nicht besonders hervorgehoben werden muß, weil in diesem Fall die Verarbeitung keine Sinnhaftigkeit der Verhaltensänderung als Ergebnis zeitigte.

Aus den Überlegungen zur formellen Schuld ergibt sich folgender Schuldsachverhalt: Der Täter war so disponiert, daß er mit dem Motiv zur Befolgung einer Norm des in Frage stehenden Inhalts die Norm als gegeben erkannt und sich in Konsequenz dessen zur Vermeidung des vorgenommenen Verhaltens motiviert hätte. Der Schuldsachverhalt ist also im Verhaltenszeitpunkt bereits perfekt. Der reale Verlauf zum Erfolg und der reale Erfolg kommen in ihm nicht vor, da das Verhalten nur in seinen motivatorischen Bezügen gewertet wird, der bewertete Sachverhalt also von der Art ist, daß er den Erfolg nur in der Vorwegnahme durch die Vorstellung erfaßt. Der Schuldsachverhalt ist damit gegenüber dem normwidrigen Sachverhalt zugleich erweitert und verkürzt: Er erfordert zusätzlich zum normwidrigen Sachverhalt eine zumindest potentielle (d. h. durch das Motiv zur Befolgung einer Norm dieses Inhalts bedingte) Normkenntnis und verzichtet auf die Bestätigung der (potentiellen) Vorstellungen vom kommenden Geschehensverlauf durch die Realität. Da die Schuldmaterie nicht die gesamte Verbotsmaterie umfaßt, sich vielmehr mit den motivatorisch relevanten Elementen begnügt, diese hinwiederum durch den nachfolgenden realen Verlauf nicht modifiziert werden, liegt mit dem beendeten Versuch der gesamte Schuldsachverhalt vor. Die Beschränkung des geltenden Rechts auf die Sanktionierung vollendeter fahrlässiger Normübertretungen ist also nicht der Schuld wegen geboten[48]. Da der reale Verlauf auf den Schuldsachverhalt ohne Einfluß ist, kann auch beweistechnisch aus dem realen Verlauf nichts über die Schuld erschlossen werden; die „hin-

[47] *Schmidhäuser,* Strafrecht, 10/3 und 10/104: Willensschuld als auf Willensverhalten bezogene Schuld (was freilich bei den Automatismen auch wieder nicht paßt, vgl. o. S. 76 ff.).

[48] Insbesondere: Armin *Kaufmann,* ZRV 1964, S. 42 ff. m. Nachweisen, S. 44.

reichende Festigkeit", die „durch die erforderliche Kausalität zwischen Handlung und Erfolg" dem Tatbestand der fahrlässigen Verletzungsdelikte verliehen wird[49], wirkt sich auf die Konturen des Schuldsachverhaltes nicht aus. Die Bestrafung fahrlässiger Versuche erforderte also bezüglich der zweifellos schwierigen Ermittlung des Schuldsachverhaltes keine Leistung, die nicht bei der Bestrafung vollendeter fahrlässiger Delikte ohnehin erbracht werden müßte. Ob fahrlässige Versuche zu strafen sind, wird damit zur Frage kriminalpolitischer Zweckmäßigkeit.

[49] *H. Schröder*, ZStW 81, S. 27 f

9. Kapitel

PROBLEME DER MATERIALEN SCHULD BEI DER FAHRLÄSSIGKEIT

I. Die Zumutbarkeit als Fahrlässigkeitsproblem

Soweit das Recht schon bei vorsätzlichem Verhalten wegen einer für ein Subjekt bestehenden Notlage Nachsicht übt und auf Strafe verzichtet, obgleich die Normübertretung mit dem dominanten Motiv zur Normbefolgung unterblieben wäre, ist der Grund darin zu sehen, daß ein Subjekt nicht mehr strafwürdig ist, wenn es zur Normbefolgung existentielle Eigeninteressen aufopfern müßte (§ 52, 54 StGB). Nachsicht wird also nicht geübt, weil das Subjekt einen *Konflikt* erlebt (im Vorsatzfall kann Kenntnis der Normwidrigkeit fehlen oder die Norm subjektiv als bedeutungslos empfunden werden) oder keine persönlichkeitsadäquaten Entscheidungskriterien mehr findet, sondern weil bei dominantem Motiv zur Erhaltung dieser Eigeninteressen das Fehlen des Motivs zur Rechtsbefolgung keinen sinnvollen Strafgrund mehr abgibt[1]. Wird der Nichtgebrauch der Steuerungsmöglichkeit nicht angelastet, so muß auch ein fahrlässiges Verhalten straf-

---

[1] *Maurach* ist zuzugestehen, daß die Zumutbarkeit, die bei ihm freilich dem rechtfertigenden Notstand angenähert wird (vgl. die Beispiele in: Strafrecht, AT, § 44 II B 1 c), der Schuld auch vorgelagert werden kann (aaO., § 44 II c 2 a). Armin *Kaufmann* wendet zwar ein, da es um die Bewertung des „Druckes" gehe, der auf der „Fähigkeit, der Unrechtseinsicht gemäß zu handeln" laste, sei „die Pflichtkenntnis und damit das intellektuelle Moment der Vorwerfbarkeit . . . logisch der Zumutbarkeitsfrage vorgelagert" (Unterlassungsdelikte, S. 161). Jedoch wird nicht nur die Fähigkeit, der Norm zu folgen, belastet, sondern überhaupt die Fähigkeit, einen bestimmten Erfolg, sei er verboten oder nicht, zu vermeiden. Da der Motivationsdruck also nicht von einem motivatorischen Konflikt „Eigeninteressen contra Norm" abhängt, kann er nicht nur, wie bei *Maurach*, nach der Verbotsnorm bei der Tatverantwortung als Modifizierung der Sorgfalt, sondern sogar in der Verhaltensnorm berücksichtigt werden (so wurde der Notstand, § 54 StGB, teilweise als Rechtfertigungsgrund angesehen, vgl. *Welzel*, ZStW 58, S. 536; als Modifizierung der im Tatbestand lozierten Sorgfalt versteht *H. Mayer*, Strafrecht, S. 141; ders., Studienbuch, S. 135, die Zumutbarkeit). Gegen die Zuordnung zur Sorgfalt, die in dem hier gewählten normlogischen Modell Bestandteil der Verhaltensnorm ist, spricht einzig, daß die Chance der Normbefolgung erhalten, wenn auch nicht mit dem Nachdruck der Strafe erzwungen werden soll. Wer diese Chance preisgeben will, kann die Zumutbarkeit der Verhaltensnorm zuordnen.

frei sein, sofern dem Interesse an der Vermeidung der Verhaltensfolgen die Eigeninteressen entgegenstehen[2, 3]. Zwar wäre denkbar, daß der sich fahrlässig Verhaltende, hätte er seine Verhaltensfolgen gekannt, dem Recht gefolgt wäre; jedoch geht es nicht um die Messung der individuellen Widerstandskraft, vielmehr wird — bei Vorsatz wie bei Fahrlässigkeit — die menschliche Schwäche präsumiert. Daß hierbei nicht die (formelle) Schuld aufgehoben wird, sondern es sich um ein Problem des Schuldmaßes handelt, hat Armin *Kaufmann* dargetan[4]. Sein Ergebnis gilt auch beim hier entwickelten Verhaltens- und Motivationsmodell; denn die Entscheidung, ob das Rechtsbefolgungsmotiv, als dominant unterstellt, die Vermeidung bewirkt hätte, wird nicht tangiert (aber auch nicht vorausgesetzt, vgl. Anm. 1), sondern es geht darum, ob die Dominanz des Rechtsbefolgungsmotivs noch sinnvoll erwartet werden kann[5]. Entscheidend ist, ob der Mangel der Rechtsbefolgung auch in Notsituationen indiziell für eine als strafwürdig zu bewertende Haltung oder selbst Träger der Strafwürdigkeit sein kann; jenseits des Motivationsmodells steht allein die materiale Schuld in Frage[6].

Diese unmittelbare Übertragung von vorsätzlichem auf fahrlässiges Verhalten funktioniert nur, soweit das eingeschlagene Verhalten in seiner

---

[2] Soweit die Zumutbarkeit als Regulatorium der „‚subjektiven‘ Pflicht“ verstanden wird (*Henkel*, Mezger-Festschrift, S. 285; *Schönke-Schröder*, Strafgesetzbuch, § 59, Rdn. 173), ist diese Möglichkeit hier bereits mangels einer von der Vermeidepflicht abspaltbaren subjektiven Pflicht ausgeschlossen. Eine sachliche Differenz wird dadurch nicht impliziert.

[3] Eine Beschränkung auf „bewußte Fahrlässigkeit“ (*Jescheck*, Strafrecht, S. 334 i. V. m. S. 592) verkennt, daß die Erhaltung der Eigeninteressen schon der Aufklärung der gefährlichen Lage entgegenstehen kann.

[4] Unterlassungsdelikte, S. 153 ff., 159 ff.

[5] Deswegen ist *Freudenthals* Ansatz beim „Können“ (Schuld und Vorwurf, S. 7, 8) falsch. Freilich läßt sich argumentieren, ohne dominantes Vermeidemotiv könne der Täter nicht vermeiden und dieses Motiv werde eben nicht zugemutet; nur ist damit bereits entschieden, daß die Zumutbarkeit den Vorwurf wegen Nichtgebrauchs des Könnens limitiert, nicht aber Nichtkönnen voraussetzt. Eine restlos individualistische Bestimmung der Motivationslage endet beim tout comprende, c'est tout pardonner (zutr.: *Maurach*, Strafrecht, AT, § 33 II B). Jede Abweichung hiervon setzt eine Motivationskorrektur voraus, die sich bei der Vermeidbarkeit auf den Motivationsprozeß bei gegebenem Motiv, bei der Zumutbarkeit jedoch auf die gegebenen Motive bezieht. Treffend sagt *Engisch* (Vorsatz und Fahrlässigkeit, S. 444; ähnlich *Mezger*, Strafrecht, S. 372): „In Wahrheit sind das ‚Ich kann nicht mehr helfen‘ eines Arztes am Bette eines rettungslos Verlorenen und das ‚Ich kann nicht anders‘ Luthers vor dem Reichstag zu Worms unterscheidbare und zweckmäßig zu unterscheidende Dinge“ — freilich im letzteren Fall auf das Sprechen-Können, nicht auf das Für-wahr-Halten-Können bezogen.

[6] Zum „Begriff“ der Fahrlässigkeit gehört die Zumutbarkeit also nicht; a. A. *Kohlrausch-Lange*, Strafgesetzbuch, Anm. III vor § 51; wie hier: *Gallas*, Mezger-Festschrift, S. 323, bei Rückführung des Motivationsvorgangs auf die Gesinnung. Zur Trennung von psychologischem Feststellungsurteil und Schuld: *E. Wolf*, Schuldlehre, S. 151.

konkreten Ausführung zur Befreiung aus der Notsituation erforderlich ist, nicht aber, soweit das erforderliche Verhalten (i. e. in § 52 StGB: das abgenötigte Verhalten) unsorgfältigerweise in einer zur Befreiung nicht erforderlichen Ausgestaltung durchgeführt oder ein nicht erforderliches Verhalten eingeschlagen wird. Beispiele: Ein Arzt wird unter den Voraussetzungen des § 52 gezwungen, X zu narkotisieren. In seiner Aufregung wählt er die falsche Dosis, die tödlich wirkt. Der Fall soll so gelagert sein, daß der Arzt mit dem Motiv, ein Minimum an Schaden zu bewirken, eine bessere Ausführung bewerkstelligen könnte. — Ein ortskundiger Taxifahrer wird vom ortsunkundigen Y mit vorgehaltener Pistole gezwungen, ihn zum nächsten Bahnhof zu fahren und für die Ankunft binnen einer halben Stunde zu sorgen. Der Fahrer legt vor lauter Aufregung ein überhöhtes Tempo vor, obgleich dies nicht notwendig ist, um in der geforderten Zeit das Ziel zu erreichen, und überfährt — bei seinem Tempo unvermeidbar — einen Passanten. Mit dem Motiv, alle verbleibenden Möglichkeiten zum Schutz der Verkehrsteilnehmer offen zu halten, hätte er den Mangel der Notwendigkeit, übereilt zu fahren, erkannt.

In diesen — sicherlich konstruierten und nur zu Systemzwecken gebildeten — Beispielen sind die Rechtsgutsverletzungen weder Mittel, der Not zu entgehen, noch unvermeidbare Konsequenzen des Verhaltens, das zur Vermeidung der Selbstschädigung notwendig ist. Es kann also nicht schon deshalb Nachsicht geübt werden, weil dem Motiv der Rechtsbefolgung elementare Eigeninteressen entgegenstehen; denn der Täter hat erst dann einen plausiblen Grund, sich um Rechtsgutsverletzungen nicht zu kümmern, wenn er keine Alternative zu dem von ihm eingeschlagenen Verhalten erkennen kann. Freilich fällt es dem Täter in der Notsituation schwerer, seinen Steuerungsmechanismus zu kontrollieren. In Normalfällen ohne Motivationsdruck kann das Subjekt die zur Verhaltensbeurteilung erforderliche psychische Leistung dadurch einsparen, daß es das fragliche Verhalten — bevor es als „fraglich" eingestuft ist — unterläßt. Besteht hingegen, wie in den Situationen der §§ 52, 54 StGB, die Notwendigkeit, zu handeln, so sind die nicht erkannten Verhaltensfolgen immer und nur dann unvermeidbare Konsequenzen des zur Befreiung aus der Not erforderlichen Verhaltens, wenn in der verbleibenden Zeit die notwendigen Denkschritte nicht vollzogen werden können, so daß es nicht einmal zu einem problematischen Urteil kommt[7]. Nur bei hinreichender Zeit kann die Vermeidung der Normwidrigkeit mit der Rechtsbefolgung als dominantem Motiv geleistet werden; jedoch gerade die durchhaltende Dominanz des Motivs, in ruhigen Situationen nicht ihrerseits eine nennenswerte Leistung, fordert in bedrohenden Situationen äußerste psychische Anspannung. Zwar setzen weder das Verhaltensmodell, das der Verhaltensnorm zugrunde liegt, noch

[7] Bloßes Daran-Denken ist nicht gleich Erfolgskenntnis; zum Urteil über den Erfolgseintritt gehört die Einarbeitung in den vorhandenen Kenntnisstand; s. o. S. 117 ff.

das Motivationsmodell, von dem die Sanktionsnorm ausgeht, voraus, daß die zur Vermeidung erforderliche Dominanz des Rechtsbefolgungsmotivs (und in seiner Konsequenz: des Erfolgsvermeidemotivs) ungestört und leicht, ja überhaupt zu erbringen ist; das Motiv wird bei der Vermeidbarkeitsprüfung in hinreichender Intensität unterstellt. In den genannten Beispielen ist also — aktualisierbare Normkenntnis unterstellt — an der formellen Schuld nicht zu zweifeln. Jedoch ist über das Schuldmaß damit nichts ausgesagt. Wer geneigt ist, das Fehlen des „kühlen Kopfes“ in einer Notsituation als Konsequenz einer Werthaltung anzusehen, die, obgleich sie rechtlich falsch ist, doch dem guten Bürger noch Einfühlung erlaubt, für den steht auch in den gegebenen Beispielsfällen und in entsprechenden Fallgestaltungen die Strafwürdigkeit, also die materiale Schuld, zumindest aber deren Maß, in Frage. Die Schuldminderung kann also nicht allein dadurch bewirkt werden, daß das Motiv zur Erhaltung der Eigeninteressen der Rechtsbefolgung entgegensteht, sondern auch durch die nachvollziehbare, verständliche Störung, die eine existentiell bedrohende Situation im Vermeidemechanismus hervorruft.

Die beschriebene Störung des Motivationsmechanismus ist nicht an Notstands- und Nötigungsnotstandssituationen gebunden[8]. Auch z. B. der Mutter, die von einem schweren Unfall ihres Kindes erfährt und über den sofortigen Entschluß, ins Krankenhaus zu eilen, das Abschalten des Bügeleisens vergißt, so daß ein Brand ausbricht, wird man mit Nachsicht begegnen können, obgleich ihr bewußt war, daß ihre Eile zur Rettung des Kindes nichts beitragen konnte[9]. Besonders an diesem Beispiel zeigt sich, daß — anders als bei den Grundfällen vorsätzlichen und fahrlässigen Verhaltens im Notstand oder Nötigungsnotstand — es nicht um eine Berücksichtigung der nachvollziehbaren, verständlichen subjektiven Geringerwertigkeit des verletzten Rechtsguts geht, sondern um Nachsicht wegen der Störung des Motivationsmechanismus, der durch nachvollziehbares, verständliches ständiges Sich-Beschäftigen mit der Bedrohung der existentiellen Interessen blockiert wird. Dächte etwa im letzten Beispiel die Mutter an die Möglichkeit eines Brandes, so wäre ihr die Vermeidung zuzumuten; denn sie brauchte die Leistung, die im Fahrlässigkeitsfall wegen der Bedrohung von Eigeninteressen erschwert ist, nicht erst zu erbringen[10]. Voraussetzung der Schuldminderung ist freilich, daß die gefährdeten Eigeninteressen als

---

[8] *Baumann*, Strafrecht, AT, S. 465.

[9] Beispiel von *Nowakowski*, JurBl. 1953, S. 509.

[10] *Baumanns* Gleichbehandlung von vorsätzlicher und fahrlässiger Tat (Strafrecht, S. 465) ist demnach nur insoweit durchzuhalten, als entsprechende Motivationslagen gegeben kein können. — Auch liegt der Grund für die exkulpierende Wirkung dieser Motivationsstörungen nicht im geringen Maß der Schuld fahrlässigen Verhaltens (so aber *Stratenwerth*, Strafrecht, Rdn. 1210), sondern in der größeren Anfälligkeit des vom Fahrlässigkeitstäter zur Vermeidung in Gang zu setzenden Motivationsprozesses gegen Störungen dieser Art.

jedermann, also objektiv, wertvoll zu beurteilen sind[11], weil sich anderenfalls selbst in der aufregungsbedingten Unaufmerksamkeit eine verfehlte subjektive Werthierarchie offenbart[12]; wer schon über kleine oder ihn nicht berührende Gefahren die Normbefolgung vergißt, dem kann die Bedeutung der Normbefolgung durch Strafe vergegenwärtigt werden[13]. (Die Strafmaßerwägungen, um die es hier geht, sollen nicht im einzelnen verfolgt werden).

Die schuldmindernde Wirkung beim Handeln unter Motivationsdruck ist in § 53 Abs. 3 StGB anerkannt. Allerdings leidet diese Vorschrift an erheblichen Mängeln. Jenseits der Problematik, ob sie auf vorsätzliches wie fahrlässiges Verhalten, auf bewußte wie unbewußte Überschreitung des Erforderlichen anzuwenden ist und ob sie für den extensiven wie für den intensiven Exzeß gilt, ist verfehlt, daß sie überhaupt generell gilt, also auch dann, „wenn die Bestürzung so unberechtigt ist, daß sie keine Entschuldigung enthält"[14]. Insbesondere ist hierbei an geringfügige Angriffe zu denken, bei denen der Abwehrende bereits außer Fassung gerät, weil für ihn die höchsten Güter bedroht werden. „Die Zurechnung, diese feinste Leistung der Strafrechtspflege, wird durch eine grobe Regel matt gesetzt"[15]. Daß das Gesetz zu Lasten des Angreifers auch im Schuldbereich auf Proportionalität keine Rücksicht nimmt, kann wiederum am ehesten für fahrlässige Verletzungen im Notwehrexzeß überzeugen. Unter dem Druck, handeln zu müssen, hindern Bestürzung, Furcht und Schrecken eine Beschränkung auf das Erforderliche am intensivsten, wenn der Abwehrende nicht einmal weiß, daß er eine Verletzung (bestimmter Intensität) durch

---

[11] *Jescheck*, Strafrecht, S. 396; *Mezger-Blei*, Strafrecht, AT, S. 235; *Nowakowski*, JurBl. 1853, S. 509; *Welzel*, Strafrecht, S. 184.

[12] Beim nachfolgenden Beispiel mag die Gedankenlosigkeit noch verständlich sein: Dem Studenten X offenbart bei einer Autofahrt seine Freundin, sie sei schwanger. X ist konsterniert und übersieht ein Halteschild, was zu einem Unfall führt. — Wohl schon von mangelnder Ausprägung der Rechtsnormen in der subjektiven Werthierarchie zeugt folgendes Verhalten: Die soeben durchgefallene und vermeintlich ungerecht behandelte Examenskandidatin gibt, einem bereits grassierenden Gerücht folgend, die Meinung kund, daß ihr Prüfer etwas gegen „Frauen" habe, ergebe sich wohl aus seiner Homosexualität (Sorgfaltswidrigkeit bezüglich der Wahrheitsfrage; *Hirsch*, Ehre, S. 168 ff., 203; *Welzel*, Strafrecht, S. 313). — Noch stärker überschritten wird die Grenze des noch Verständlichen und Nachvollziehbaren in folgendem Fall: Der fanatische Anhänger eines Fußballclubs schlägt, als der Schiedsrichter zu Lasten der favorisierten Mannschaft eine Fehlentscheidung trifft, in seiner Erregung seinem Vordermann eine Bierflasche auf den Kopf, ohne die Folgen zu bedenken. — Die Erregung mag in allen drei Fällen gleich stark sein, trotzdem zeugt sie von einer je verschieden zu bewertenden Haltung dem Recht gegenüber.

[13] Fälle eines Motivationsdrucks, der nach § 51 Abs. 1 StGB zu bewerten wäre, stehen hier nicht zur Diskussion; vgl. dazu insbes. Armin *Kaufmann*, Unterlassungsdelikte, S. 154 und dort Anm. 165.

[14] *M. E. Mayer*, Strafrecht, AT, S. 282.

[15] *M. E. Mayer*, Strafrecht, AT, S. 282 f.; *Maurach*, Strafrecht, AT, § 34 IV 2.

seine Abwehrhandlung zufügen wird, und deshalb zu einer Erforderlichkeitsprüfung erst gelangen könnte, nachdem er sich das hierzu notwendige Wissen erschlossen hat. Dies gilt freilich für die vermeidbare Verletzung des Angreifers wie eines Dritten gleichermaßen[16]. Die Entschuldigung von Drittschädigungen darf hierbei nicht auf Situationen beschränkt werden, in denen der (präsumierte) Motivationsdruck die Stärke eines Nötigungsnotstandes oder Notstandes nach den §§ 52, 54 StGB erreicht, denn nach der Wertung des § 53 Abs. 3 StGB kann der gute Bürger bereits bei geringeren Bedrohungen verständlicherweise seinen kühlen Kopf verlieren. Eine allein auf die Verletzung des Angreifers bezogene Schuldminderung in den hier zu diskutierenden Fahrlässigkeitsfällen, soll sie nicht mit dem psychologischen Mirakel einer zum Angreifer relativen Vermeidbarkeitserschwerung begründet werden, bedeutete die Legalisierung vorweggenommener Strafe, selbst noch in der subtilen Formulierung, daß dem Angegriffenen mit Billigung des Rechts alles andere mehr zugemutet werden könne, als gerade die Wahrung der Interessen des Angreifers[17]; sollten solche Überlegungen auch bei Schaffung der Vorschrift Pate gestanden haben, so steht doch nichts im Weg, sie herauszuinterpretieren.

Diese skizzenhaften Vorgriffe auf materiale Schuld- und Strafmaßerwägungen sollten nur aufzeigen, daß die Zumutbarkeitsfrage bei der Schuld fahrlässigen Verhaltens in Gestalt der auch für vorsätzliches Verhalten geltenden Schuldminderungsgründe wie auch darüber hinaus zu stellen ist, da sowohl wegen der größeren Leistung, welche die Vermeidung nur unbewußt steuerbarer Erfolge verlangt, die Strafwürdigkeitsgrenze eher unterschritten wird, als auch wegen der spezifischen Art des zu Lei-

---

[16] In RGSt. 58, S. 27 ff., fehlt es bereits an der Vermeidbarkeit: Die denkbare Möglichkeit, daß hinter dem eingedrungenen Angreifer ein Nicht-Angreifer steht, kann sich für den Angegriffenen auch mit dem Vermeidemotiv nicht zu einer verhaltensbestimmenden Wahrscheinlichkeit verdichten, da sie zu weit abliegt; zutr.: *Engisch*, Vorsatz und Fahrlässigkeit, S. 442 Anm. 5.

[17] Nur bei vorsätzlicher Verletzung läßt sich für die Beschränkung auf den intensiven Notwehrexzeß anführen, verständlich sei lediglich, wenn der Abwehrende dem Angriff in übertriebenem Sicherheitsbedürfnis zu streng begegne, nicht aber, wenn er gegen Dritte oder den nicht mehr Angreifenden vorgehe. Jedenfalls muß diese Exkulpation auch die Putativnotwehr — unbeschadet ihrer systematischen Einordnung — umfassen; denn eine Differenzierung des zumutbaren Maßes beim Einsatz der Vermeidemöglichkeit zwischen der Diagnostizierung des Ob des Angriffs und dem Maß der Abwehr wird dem einheitlichen Motivdruck nicht gerecht (BGH NJW 1968, S. 1885, der Sache nach, freilich ohne § 53 Abs. 3 anzuwenden; auch *Welzel*, Strafrecht, S. 89: soweit der Täter glaube, schnell handeln zu müssen, werde sein Irrtum meist unvermeidbar sein.). Ob die Verletzung auch bei bewußter Notwehrüberschreitung entschuldigt werden kann (*Mezger-Blei*, Strafrecht, AT, S. 234; *Maurach*, Strafrecht, AT, § 34 IV 2; *Jescheck*, Strafrecht, S. 324 m. Nachweisen; Gegenmeinung: *Schönke-Schröder*, § 53, Rdn. 36 m. Nachweisen; *Schmidhäuser*, Strafrecht, 11/31; *Welzel*, Strafrecht, S. 88) ist hier nicht zu entscheiden, da bei Fahrlässigkeit ein Bewußtsein der Nicht-Erforderlichkeit notwendig fehlt.

stenden solche Faktoren hinderlich sein können, die bei vorsätzlichem Verhalten der Vermeidung nicht im Wege stehen, da die Erfolgskenntnis nicht mehr geleistet werden muß. Nur in der letzteren Fallgruppe wird die Zumutbarkeit zum spezifischen Fahrlässigkeitsproblem. Hierbei liegt der Ansatz für Zumutbarkeitserwägungen in einer Beeinträchtigung des Motivationsmechanismus, die bei Dominanz des Vermeidemotivs überspielt würde, jedoch verständlicherweise nicht überspielt wird. *Engisch* ist zuzustimmen, wenn er bei *fehlender* Vermeidbarkeit Zumutbarkeitserwägungen für überflüssig hält[18]; jedoch bleibt — wohl entgegen *Engisch* — die Möglichkeit, daß die Beeinträchtigung des „Erkennenkönnens", solange es sich nicht um eine völlige Verhinderung, sondern nur um eine — verständliche — Erschwerung handelt, den Ansatz für Zumutbarkeitserwägungen abgibt[19].

Die Anwendung von Zumutbarkeitserwägungen speziell bei fahrlässigem Verhalten entspricht verbreiteter Ansicht, jedoch wird das Spezifikum nur selten getroffen. So soll die „menschliche Schwäche" nachgesehen werden, wenn der Täter „infolge unverschuldeter Erregungs- oder Ermüdungszustände . . . unbesonnen handelt"[20]. Die Schuldminderung soll sich dabei nicht nur auf die bereits geschilderten Situationen beziehen, in denen ein in seiner Gewichtigkeit verständliches Motiv die Motivation besetzt hält, sondern auch dann gelten, wenn etwa „ein Kraftfahrer in einer ohne sein Verschulden plötzlich auftretenden Gefahr, die sofortiges Handeln gebietet, infolge Schreck oder Verwirrung nicht das richtige Mittel zur Gefahrenabwehr ergreift"[21]. Kann die Schreckreaktion, sei sie eine Körperbewegung oder bloß starre Kontemplation des Geschehensablaufs, durch die Motivation nicht beeinflußt werden, erfolgt sie also reflektorisch, so fehlt es bereits an einem vermeidbaren Verhalten oder an der Handlungsfähigkeit zu vermeidendem Tun. Die Steuerbarkeit kommt hier nur bei einer Vorverlagerung, also als Übernahmefahrlässigkeit, in den Blick. Ein „Verschulden", genauer: eine Vermeidbarkeit[22] der prekären Situation kann die fehlende Vermeidbarkeit von Verletzungen in der prekären Situation nicht mehr ersetzen. Bleibt jedoch das Verhalten durch die Motivation beherrschbar, so heißt sich sorgfältig verhalten: sich mit dem dominanten Motiv zur Vermeidung verhalten. Dieses Motiv liegt in der geschilderten Verkehrssituation auch typischerweise aktuell vor[23], jedoch hat es nur ein

---

[18] Vorsatz und Fahrlässigkeit, S. 443.

[19] Freilich kann im Fall des Leinenfängerkutschers (RGSt. 30, S. 25 ff.) von einer Motivationshemmung nicht die Rede sein. *Engischs* (Vorsatz und Fahrlässigkeit, S. 443) Wendung gegen die Deutung bei *Marcetus* (Zumutbarkeit, S. 33), dem Kutscher fehle die Möglichkeit zu besonnener Überlegung, ist zuzustimmen.

[20] *Welzel*, Strafrecht, S. 183.

[21] *Welzel*, Strafrecht, S. 183.

[22] Oft wird von „Voraussehbarkeit" der Situation gesprochen (BGH VRS 26, S. 205 ff., 206; *Spiegel*, DAR 1968, S. 291); hierzu s. o. S. 76 f. und dort Anm. 144 sowie u. Anm. 29.

[23] Vgl. die unten Anm. 29 genannten Entscheidungen.

Verhalten produziert, das seinerseits verletzt[24]. Dies kann auf rechtlich unterschiedlich zu würdigende Weisen vor sich gehen:

1. Gruppe. Beispiel: Ein Autofahrer fährt mit 30 Stundenkilometern auf einer Vorfahrtsstraße und sieht, wie auf einer untergeordneten Querstraße ein Fahrzeug, der abgegebenen Warnzeichen ungeachtet, herausfährt, ohne die Vorfahrt zu achten. Um durch plötzliches Bremsen seine Nachfolger nicht zu gefährden, beschleunigt er sein Tempo auf 50 Stundenkilometer, eine für die Vorfahrtstraße noch angemessene Geschwindigkeit, passiert erwartungsgemäß die Einmündung, bevor der von dort kommende Fahrer herausgefahren ist, jedoch läuft ihm unmittelbar hinter der Kreuzung plötzlich ein Fußgänger vor sein Fahrzeug und wird — bei 50 Stundenkilometern (nicht jedoch bei 30) unvermeidbar — verletzt. Das Verhalten des Fahrers liegt noch im Rahmen des im Straßenverkehr erlaubten Risikos. Die Schädigung war zwar durch langsameres Fahren vermeidbar, nicht aber verboten.

2. Gruppe. Beispiel: Wie zu 1., jedoch überquert hinter der Kreuzung, wie der Fahrer schon vor seinem Manöver sieht, ein Fußgänger solcherart die Straße, daß er bei einer Beschleunigung des Fahrzeugs überfahren würde. Dem Fahrer stehen drei Alternativen offen: Er bremst langsam und läuft Gefahr, auf den aus der Querstraße Kommenden aufzufahren; er bremst heftig, läuft dann aber Gefahr, daß sein Nachfolger auffährt; er beschleunigt, verletzt dann aber den Fußgänger, wenn dieser nicht das Manöver bemerkt und zurückweicht. Die Lösung liegt in der Anwendung der Notstandsregeln; mit dem Recht als Motiv ist das nach dem bedrohten Rechtsgut und der Verletzungschance geringste Risiko zu wählen[25]. Ergreift der Fahrer das sich danach ergebende Verhalten, handelt er nicht normwidrig. Geht man davon aus, daß das geeignete Verhalten zwar ex ante, aber objektiv zu bestimmen sei[26], so irrt sich der Fahrer unvermeidbar, wenn er von diesem objektiv bestimmten Verhalten abweicht, weil er mit dem Motiv, das Günstigste zu tun, zum „falschen" Entschluß kommt; denn dominiert das Rettungsmotiv, so zeigt das Ergebnis die Unerreichbarkeit einer besseren Motivation. Hält man jedoch, wie es hier geschieht, das Recht für einen Komplex von Verhaltensregeln, der nur über die Motivation wirken kann, so wird es *unter Zurechnungsgesichtspunkten* sinnlos, ein Verhalten, das mit der Erfolgsvermeidung als Motiv nicht ergrif-

---

[24] Es handelt sich nur dann um ein Begehungsdelikt — Übernahmefahrlässigkeit dahingestellt — wenn das eingeschlagene Verhalten ein anderes Rechtsgut verletzt als das ursprünglich bedrohte oder dieses intensiver; denn anderenfalls könnte nicht die Unterlassung des eingeschlagenen Verhaltens (Verbotsbefolgung) den Erfolg vermeiden (hierzu s. o. S. 24 ff., 103), sondern nur die Vornahme einer Rettungshandlung (Gebotsbefolgung).

[25] Die von *Maurach* zur Zumutbarkeit genannten Fälle (Strafrecht, AT, § 44 II B 1 c i. V. m. § 44 II C 2 a) liegen in diesem Rechtfertigungsbereich; ebenso das Naturheilkundebeispiel *Henkels*, Mezger-Festschrift, S. 286.

[26] *Lenckner*, Notstand, S. 80.

fen werden kann, noch für normwidrig zu erklären: Das geeignete Verhalten bestimmt sich (bei selbstverständlich objektiver Bestimmung der Wertigkeiten der Rechtsgüter) *subjektiv* ex ante. Praktisch wird die Wahl des Verhaltens häufig so vor sich gehen, daß der Täter einige Alternativen versperrt sieht (deren Gefährlichkeit drängt sich ihm auf) und er sodann einen Ausweg wählt, dessen Gefährlichkeit ihm nicht gleichermaßen evident ist und zu dessen Beurteilung[27] er nicht mehr gelangt[28]. Die durch das eingeschlagene Ausweichverhalten verursachten Schädigungen könnten mit dem Motiv zur Vermeidung vermieden werden, jedoch kommt es zu dieser Motivierung deshalb nicht, weil die Verhaltensvarianten des Ausweichverhaltens auf Grund ihrer subjektiv evidenten Gefährlichkeit stärker zur Vermeidung drängen und für weitere Erkenntnisakte die Zeit fehlt. Verlangt die Norm in diesem Zeitpunkt eine Entscheidung, so kann sie nur eine Entscheidung nach der gegebenen Erkenntnislage verlangen, soweit sie sich auf das beschränken will, was sie einzig mit der Aussicht auf Erreichung ihres Zweckes vorschreiben kann: Motivationsregeln. Jedenfalls bedarf es weder bei subjektiver noch bei objektiver Bestimmung der Eignung des Verhaltens besonderer Zumutbarkeitserwägungen. Auch in dieser Gruppe bleibt für die Beurteilung des Verhaltens in der prekären Situation irrelevant, ob die Situation voraussehbar war; denn das aktuell Unvermeidbare wird nicht dadurch aktuell vermeidbar, daß es einmal vermeidbar war[29]. Selbst wenn die vermeidende Reaktion nahelag, sich aufdrängte, fehlt es an der aktuellen Vermeidbarkeit, solange der Täter sich die Alternative trotz gegebenen Vermeidemotivs nicht aktuell erschließt[30], und es bleibt die praktisch damit wohl überwiegend entscheidende Möglichkeit einer Haftung für Übernahmefahrlässigkeit.

---

[27] Zum Unterschied von Urteilen und bloßem Daran-Denken s. o. S. 117 ff.

[28] Aus psychologischer Sicht: *H. D. Schmidt*, Fahrlässigkeit und Entscheidung, S. 150: „Je weniger Zeit für die Entscheidung zur Verfügung steht, desto weniger Alternativen (aus einer großen Zahl objektiv verfügbarer) werden subjektiv widergespiegelt".

[29] In der umfangreichen Rechtsprechung zu dieser Frage in Verkehrssachen wird nicht auf die Zumutbarkeit abgestellt, sondern allgemeiner von Entschuldigung (BGH VRS 34, S. 434 ff., 435), fehlender Vorwerfbarkeit (BGH, VRS 26, S. 203 ff., 205) oder fehlender Fahrlässigkeit (BGH VRS 23, S. 369 ff., 370; VRS 16, S. 126 ff., 130; VRS 10, S. 213 ff., 214; VRS 4, S. 91 ff., 92) gesprochen, wobei einzig die letztere Version die Situation zutreffend wertet. Daß die Formel der Rechtsprechung, die Situation dürfe nicht verschuldet oder voraussehbar sein, nicht die unvermeidbare Fehlhandlung über ein versari in re illicita als vermeidbare werten will, hat *Spiegel* dargetan (DAR 1968, S. 291, 292). Sowohl die von ihm herausgestellte „innerlich präformierte Reaktionsbereitschaft, um auf die angekündigte mögliche Situation adäquat reagieren zu können und nicht panikartig" (aaO., S. 291), wie auch sein Abstellen auf die Kenntnis des Täters von dem „Grad seiner eigenen seelischen Umstellfähigkeit" (aaO., S. 292) bedeuten nichts anderes als eine Vorverlagerung der Vermeidbarkeitsprüfung.

[30] Abw.: BGH VRS 5, S. 368 ff., 369; *Spiegel*, DAR 1968, S. 292.

3. Gruppe. Zumutbarkeitsfragen werden freilich aktuell, wenn das Verhalten des Täters nicht von einem dominanten Vermeidemotiv bestimmt wird. Beispiel: Auf enger, aufsteigender Straße rollt ein Lastwagen plötzlich rückwärts auf einen PKW zu; dessen Fahrer lenkt, um nicht zermalmt zu werden, auf den Bürgersteig und verletzt dort einen Passanten. Hier gilt das eingangs dieses Abschnitts zum Notstand und zur Erweiterung der Unzumutbarkeit bei Fahrlässigkeit auf Motivationserschwerungen Ausgeführte; Zumutbarkeitserwägungen sind also insbesondere auch dann anzustellen, wenn der Täter wegen der Dominanz des Motivs, sich zu retten, in der verbleibenden Zeit die Möglichkeiten zur Ermittlung des geringstmöglichen Eingriffs nicht ausnutzt.

Als Erbhöfe der Zumutbarkeitslehre bei Fahrlässigkeit gelten Fälle wie der des Leinenfängerkutschers[31], des Memelfährmanns[32] etc.[33]. Es fehlt jedoch an einer das Gewöhnliche übersteigenden Behinderung der Funktion des Motivations*mechanismus;* die Unzumutbarkeit basiert in diesen Fällen vielmehr auf dem Verständnis für die subjektive Übergewichtigkeit der Motivations*gründe*. Es handelt sich um eine legislatorisch nicht geregelte Erweiterung der Notstandsregelungen in den Bereich der Risikoabwägungen[34]. Hierbei bleibt gleichgültig, ob die Rechtsgutsverletzung wegen der Dominanz der verständlichen Motivationsgründe nicht bedacht wird, ob sie bedacht, aber nicht beurteilt wird oder ob sie auch beurteilt, also vorsätzlich herbeigeführt wird; denn unzumutbar ist nicht, daß der Täter urteilt, sondern daß er — mit oder ohne Kenntnis der Verletzungschance — seine Eigeninteressen zurückstellt[35]. Spezielle Fahrlässigkeitsprobleme tauchen hierbei jedenfalls nicht auf.

II. Die Bedeutung der Lebensführung für die Schuld bei der Fahrlässigkeit

Bei den bislang angestellten Untersuchungen wurde die Schuldfrage einzig auf den Zeitpunkt der Vermeidbarkeit bezogen; es wurde nur abgehandelt, ob dem Täter in dem Zeitpunkt, in dem er mit dem Motiv, einen Erfolg zu vermeiden, den Erfolg vermieden hätte, die Norm und damit das Wissen um die objektiv-rechtliche Verhaltensmaxime zugänglich war. An der punktuellen Festlegung der vorrechtlichen Vermeidbarkeit als Inhalt der Verhaltensnorm ist nicht zu rütteln. Die Vermeidbarkeit interessiert rechtlich nur für diejenigen Zeitpunkte, für die Vermeidung auch

[31] RGSt. 30, S. 25 ff.

[32] RGSt. 57, S. 172 ff., bei hinzukommender Einwilligung in ein Risiko.

[33] RGSt. 74, S. 195 ff., 196, auf S. 198 freilich schon die Vermeidbarkeit bezweifelnd; RGSt. 36, S. 78 ff.; zu weiteren Entscheidungen zutreffend *Engisch*, Vorsatz und Fahrlässigkeit, S. 442 Anm. 5, der insbesondere bei RGSt. 58, S. 27 ff., mit Recht die Vermeidbarkeit bezweifelt.

[34] Vgl. *Welzel*, Strafrecht, S. 184.

[35] Ob die einzelnen Fälle zur Lösung anderen Entschuldigungsgründen zugeordnet werden können (Leipziger Kommentar — *Mezger*, Anm. 12 a vor § 51) ist eine cura posterior. Die Zumutbarkeit ist kein subsidiäres Institut.

vorgeschrieben ist, und das Verhalten, das vorgeschrieben wird, muß sich für einen bestimmten Zeitpunkt ermitteln lassen. Dies ist die *tatbestandliche* Grenze jeder strafrechtlichen Verhaltensbewertung. Im Falle des Arztes etwa, der schon auf der Universität nicht aufgepaßt und deshalb später — und dann unvermeidbar — einen Patienten zu Tode kuriert, wäre die Vermeidbarkeit zum Zeitpunkt des Studiums nur anzulasten, wenn § 222 StGB eine Pflicht zum Lernen konstatierte[36]. Da es an einer solchen Pflicht fehlt[37], und der Behandlungsfehler unvermeidbar ist, entscheidet sich die Normwidrigkeit nach der Vermeidbarkeit bei Übernahme der Behandlung. Die Erkennbarkeit des Erfolgseintritts als psychische Voraussetzung der Vermeidbarkeit darf nie damit begründet werden, daß zu einem früheren Zeitpunkt der Erwerb von Fähigkeiten möglich war, die den Erfolgseintritt erkennbar gemacht hätten[38]; denn verpflichtet die verletzte Norm nicht zum Erwerb dieser Fähigkeiten, so sind diese für den Norminhalt, d. h. für den Tatbestand, irrelevant; verpflichtet aber die Norm hierzu, so liegt der Normverstoß bereits in der Unterlassung des Erwerbs. Allerdings ließe sich einwenden, zum Erwerb jener Fähigkeiten werde nicht verpflichtet, er sei vielmehr, wie die Erkenntnis des Erfolgseintritts, nur psychische Voraussetzung der Vermeidung[39]; besteht jedoch im Zeitpunkt, in dem der Täter sich die Fähigkeiten aneignen kann, keine Pflicht zur Vermeidung, im Zeitpunkt der Verpflichtung hingegen keine Vermeidbarkeit, so kann die Norm ihren Zweck, Regel zur Vermeidung bestimmter Erfolge zu sein, nicht mehr erfüllen: Wenn sie befolgt werden könnte, trifft sie nicht, wenn sie aber trifft, kann sie nicht mehr befolgt werden. Die Norm muß in irgendeinem Zeitpunkt befolgbar sein und verpflichten zugleich, d. h. sie muß eine aktuell vermeidbare Erfolgsherbeiführung verbieten oder einen aktuell abwendbaren Erfolg abzuwenden gebieten[40].

Diese Überlegungen gehören freilich nicht unmittelbar in den Schuldbereich; denn es geht in ihnen um den Zeitpunkt, in dem die Verhaltensnorm — schuldhaft oder schuldlos — übertreten wird. Bei der Schuldfrage wird dieser Zeitpunkt jedoch mittelbar bedeutsam, weil zu klären ist, ob gerade im Zeitpunkt der vorrechtlichen Vermeidbarkeit die Normwidrigkeit erkennbar, also unter der Hypothese der Rechtstreue motivatorisch wirksam, sein muß oder ob diese Prüfung der Rechtstreue vorverlagert und eine Lebensführungs- oder Lebensentscheidungsschuld gebildet werden kann.

---

[36] Hierzu *Engisch*, Vorsatz und Fahrlässigkeit, S. 318; *Horn*, Verbotsirrtum, S. 146.

[37] Aber RGSt. 67, S. 12 ff., 22 f.: Ausbildungs- und Fortbildungspflicht für Ärzte.

[38] Nachweise der Gegenmeinung bei *Engisch*, Vorsatz und Fahrlässigkeit, S. 319 Anm. 39. Gegen die von *Welzel* vertretene Ansicht, entscheidend sei der Bildungsstand, den der Täter „aus seiner sozialen Stellung heraus besitzen sollte" (Strafrecht, S. 176), zutr. *Schmidhäuser*, Strafrecht, 10/108.

[39] Dies wäre der Versuch, schon das Vermeidenkönnen durch eine Art Lebensführungsschuld zu erweitern; *v. Bar*, Gesetz und Schuld, II., S. 443 f.

[40] *Engisch*, Vorsatz und Fahrlässigkeit, S. 319.

Zur Klärung des für Wertungen gegebenen Spielraums ist zunächst auf den normlogischen Befund zu verweisen, nach welchem die Voraussetzungen der Sanktionsbedürftigkeit sich nach dem Zweck der Sanktionsnorm bestimmen, in Konsequenz dessen nicht sämtlich in Pflichtverletzungen und überhaupt nicht in vollendeten Pflichtverletzungen bestehen müssen und insbesondere nicht auf eine Pflicht angewiesen sind, die eine Beachtung der Verhaltensnorm anordnet, weil eine solche Beachtungsnorm — ihrerseits in der Beachtung normativ ungesichert — zum Zweck des Strafrechts nichts beiträgt: Mehr als richtige Motivation läßt sich nicht vorschreiben[41]. Daß etwas als sanktionswürdig bewertet wird, heißt also nicht, daß es eine Normwidrigkeit oder Teil einer solchen sei; die Sanktionsnorm regelt kein Verhalten desjenigen mehr, der die Verhaltensnorm übertritt, sondern ein Verhalten des zur Verurteilung Berufenen. Bei dieser normlogischen Konzeption ist ein Verhalten nicht schon deswegen gesollt, weil sein Gegenteil Bedingung einer Sanktion ist, mag es auch nach dem psychologischen Modell, das bei Ermittlung der Sanktionswürdigkeit zugrunde liegt, psychische Voraussetzung der Verhaltensnormbefolgung sein. Konkret: Daß die Erkennbarkeit der Norm Schuldvoraussetzung ist, besagt nicht, die fehlende Erkenntnis trotz Erkennbarkeit sei normwidrig (normwidrige Unterlassung); denn nicht Normkenntnis wird vorgeschrieben, sondern Vermeidung bestimmter Erfolge. Aus diesem Befund folgt die Unzulässigkeit, im Rahmen der Sanktionsvoraussetzungen Normwidrigkeiten zu konstruieren; daß insbesondere bestimmte Lebensentscheidungen, Lebensführungen nicht verboten sind, besagt nichts gegen ihre Relevanz für die Begründung der formellen oder materialen Schuld. Die These, „das Täterschuldproblem ist in Wahrheit ein Unrechtsproblem“[42], ist falsch. Die Momente, bei deren Vorliegen ein Subjekt als sanktionswürdig beurteilt wird, sind als Funktionen der Zwecke zu ermitteln, zu deren Verwirklichung die *Sanktions*norm aufgestellt wird, und besagen deshalb über den Pflichtumfang des zu bestrafenden Subjekts nichts. Daraus ergibt sich zugleich, daß entgegen verbreiteter Terminologie von „verschuldeter“, „vorwerfbarer“ Lebensführung im strafrechtlich-technischen Sinn von Schuld und Vorwurf nicht gesprochen werden kann, vielmehr die Lebensführung nur ein Baustein bei der Konstituierung von Schuld und Vorwurf ist.

Freilich können auch Normensysteme gebildet werden, in denen Rechtsbefolgungspflichten vorkommen, jedoch ist die Wahl einer solchen Konzeption — ungeachtet der durch die Schaffung nicht sanktionierter Hilfsnormen zu erwartenden Komplizierung der Normwidrigkeits- und Schuldproblematik — nicht erforderlich, um mangelnde Rechtsbefolgung auch habitueller Art als Voraussetzung der Sanktionswürdigkeit zu werten.

Was das Sachproblem angeht, so ist bereits durch die für Vorsatz und Fahrlässigkeit einheitliche Zeitpunktfixierung der Vermeidbarkeit ausge-

[41] S. o. S. 13 ff., auch S. 125 f.

[42] *Horn*, Verbotsirrtum, S. 145; der Sache nach auch Arthur *Kaufmann*, Schuldprinzip, S. 193.

macht, daß spezielle Fahrlässigkeitsprobleme nicht mehr auftauchen können. Ob eine im Zeitpunkt der Erfolgsvermeidbarkeit unvermeidbare Rechtsunkenntnis durch habituelle Momente der Täterpersönlichkeit nicht nur im Prinzip, wie hier bejaht wurde, sondern auch aus plausiblen Werterwägungen begründbar ersetzt werden kann, soll als ein Problem der allgemeinen Schuldlehre hier dahinstehen. Eine Erörterung der Bedeutung habitueller Schuldmomente ist jedoch insoweit geboten, als neben der Rechtsblindheit und dem Affekt die Fahrlässigkeit von *Welzel* als ein Beweisstück für die Notwendigkeit der Berücksichtigung von solchen Schuldmomenten angesehen wird, die in der Lebensführung angelegt sind[42a].

Welzel erkennt, daß die aktuelle Beurteilung jeden Verhaltens auf seine Rechtmäßigkeit im täglichen Leben nicht durchgehalten werden kann und muß: „Viele Tätigkeitsweisen des täglichen Lebens . . . enthalten Gefahrmöglichkeiten für Rechtsgüter. Das Hineinwachsen des Menschen in das soziale Leben umfaßt auch das aktive Sicheinstellen auf diese Gefahren und ihre Verhütung, das einmal durch einzelne Willensakte erworben werden muß, schließlich in das unbewußte Haltungsgefüge der Persönlichkeit eingeht und hier ein unbewußtes Eingestelltsein oder 'Gespanntsein auf Gefahren' (Engisch) ausbildet“[43]. Damit wandelt sich „Sorgfalt“ im alltäglichen Regelfall vom bewußt steuernden Verhalten zur Haltung. Die „Grundentscheidungen des Lebens“, zu denen auch das „Eingestelltsein auf bestimmte Aufgaben“ gehört, treten „ins Halb- und Unbewußte zurück“ und entfalten „von hier aus eine determinierende Wirkung für weitere Entschließungen“[44]. „Die Schuld der einzelnen Tat“ wurzelt „in einem bleibenden Moment, nämlich in dem fehlerhaften Aufbau der Persönlichkeitsschicht, in einem vorwerfbaren Charakterfehler (sog. 'Täterschuld')“[45]. Weil der Aufbau der Persönlichkeitsschicht Willensleistung des Subjekts ist, bleibt ein — wenn auch mediatisierter — Bezug der Schuld auf den Willen bestehen, der die „Sorgfalt“ von einem „Charaktermangel“ der „Besorgnis“ im Sinne *Engischs*[46] scheidet. „Sorgfalt ist *willensbedingtes*, bewußtes oder unbewußtes Eingestelltsein auf Aufgaben mit einer das seelische Geschehen auf die Aufgabenerfüllung richtenden Tendenz“[47], so daß auch die Schuld der Fahrlässigkeit „Willensschuld“ bleibt[48].

Wenn hier von Sorgfalt die Rede ist, so wird damit nicht unmittelbar die im Verkehr erforderliche Sorgfalt gemeint und die Übertragung der Sätze auf das hier gewählte Modell für die Bewertung fahrlässigen Verhaltens hat nicht unmittelbar bei der Sorgfalt als dem Motiv zur Erfolgs-

---

[42a] *Welzel*, Strafrecht, S. 150 f.; ders., ZStW 60, S. 468 ff.; ders., Fahrlässigkeit und Verkehrsdelikte, S. 30 ff.

[43] *Welzel*, ZStW 60, S. 472.

[44] *Welzel*, ZStW 60, S. 471.

[45] *Welzel*, Strafrecht, S. 150.

[46] MonSchrKrimBiol 1967, S. 117.

[47] *Welzel*, ZStW 60, S. 472, Sperrung nicht Original.

[48] *Welzel*, ZStW 60, S. 473.

vermeidung anzusetzen; vielmehr geht es um rechtsbefolgende Sorgfalt, um Sorgfalt bei Erfüllung der *rechtlich* sinnvollen Aufgabe, also bei Verwirklichung der *Rechts*werte[49], und damit höchst eigentlich um ein Schuldproblem, das vom Problem der wertfreien Verhaltensautomatismen, die zum Kreis der vorrechtlichen Vermeidemechanismen gehören, getrennt werden muß.

Aus den Darlegungen *Welzels* folgt zunächst, daß das Ausbleiben einer bewußten Prüfung des Verhaltens an den Rechtsnormen nicht schon die Schuldhaftigkeit des Verhaltens indiziert. Sofern die „Funktionsgrenzen der automatisierten Handlungsbereitschaften"[50] berücksichtigt werden, kann die Ausrichtung des Verhaltens an den Rechtsnormen unbewußt erfolgen, und ständiges Fragen nach der rechtlichen Bewertung erübrigt sich. Es handelt sich hier um die oben bereits beschriebenen Fälle, in denen die rechtliche Bewertung eines stereotypen Verhaltens zum Basiswissen gehört: Über das Verhalten kann nicht mehr abweichend geurteilt werden[51]. Nun kann freilich das Gespanntsein auf Gefahren, sofern es im Unterbewußtsein nicht hinreichend ausgebildet ist, auch durch das steuernde Bewußtsein geleistet werden; anderenfalls wäre die Bildung des unbewußten Gespanntseins durch Automatisierung der bewußten „Sorgfalt" nicht zu erklären. Dementsprechend kommt bei Prüfung der *formellen* Schuld das Leistungsvermögen des Unterbewußten nicht in den Blick; denn die Grenzen des Vermögens zur Befolgung von Normen liegen nicht schon in den Grenzen ihrer habituellen Verankerung, sondern erst in den Grenzen des subjektiven Leistungsvermögens überhaupt. Auch *Welzel* sieht, wie referiert wurde, in der „Sorgfalt" willensbedingtes, *bewußtes* oder unbewußtes Eingestelltsein auf Gefahren[52]. Damit erschließt sich erst der Kern seiner täterbezogenen Schuldkonzeption im Fahrlässigkeitsbereich: Sie zielt nicht auf eine generelle Ersetzung des aktuellen Vermögens, sich an den Rechtsnormen zu orientieren, durch ein vor dem Zeitpunkt der Vermeidbarkeit liegendes Vermögen zur Rechtsbeachtung, sondern auf eine Typisierung des besonders sanktionswürdigen Fahrlässigkeitstäters als nicht nur aktuell, sondern aktuell und habituell leichtsinnig, und zwar in den Fällen stereotyp normwidrigen Verhaltens, in denen der habituell Sorgfältige schon durch automatisierte, also unbewußte, psychische Reaktionen die Normwidrigkeit vermieden hätte. Die Lebensführungsschuld bringt hier — ohne den tatzeitbezogenen formellen Schuldbegriff notwendig anzutasten — einzig materiale Konsequenzen: Sie charakterisiert den Täter, dessen normwidriges Verhalten nicht nur aus einmaliger, vielmehr aus habituell verankerter Unaufmerksamkeit folgt. Ihre Bedeutung für die Bemessung einer spezialpräventiv wirkenden Sanktion ist damit evident.

[49] *Welzel,* ZStW 60, S. 454 ff.

[50] *Welzel,* Strafrecht, S. 152; ders., Fahrlässigkeit und Verkehrsdelikte, S. 33 f.

[51] S. o. S. 137.

[52] *Welzel,* ZStW 60, S. 472.

Allerdings besteht der Einwand, welcher Anteil am Haltungsgefüge auf erworbenem Charakter und welcher auf Selbstformung des Subjekts beruhe, lasse sich nicht ermitteln. „Der Gedanke der Lebensführungs- oder Lebensentscheidungsschuld wäre nur dann durchführbar, wenn man zwischen schicksalhaft empfangenem und schuldhaft erworbenem Charakter unterscheiden könnte; aber das gelingt schon bei der eigenen Person kaum, bei einer fremden Person ist es ganz unmöglich“[53]. Wird dieses Argument als richtig unterstellt, so trifft es nicht nur die Schuld als Lebensführungsschuld, sondern das Schuldprinzip überhaupt; denn hat die Haltung des Täters Anteil am Zustandekommen der einzelnen Tat — und nur in solchen Fällen geht es überhaupt um Lebensführungsschuld —, so stellt sich das Problem von Charakter und Selbstformung unmittelbar für die Determinanten der Tat, kann also auch bei Ermittlung der Tatschuld nicht übersprungen werden.

Die materiale Schuld und die Möglichkeit ihrer Ersetzung durch andere Faktoren, die eine Sanktionswürdigkeit des Subjekts begründen (Gefährlichkeit, Prävention), soll hier jedoch nicht mehr erörtert werden. Es ging nur darum, den Rahmen für die Bewertung fahrlässigen Verhaltens abzustekken. Unter der positivierten Voraussetzung der Schuldhaftigkeit des Verhaltens erwies sich, daß Sonderprobleme gegenüber der Bewertung vorsätzlichen Verhaltens überhaupt nur bei Bestimmung der Zumutbarkeit auftauchen, ohne daß allerdings auch nur in diesem Bereich davon abzugehen wäre, die Sanktionsvoraussetzungen solcherart als Funktion des Sanktionszwecks anzusehen, wie die Voraussetzungen fahrlässigen Verhaltens dem Zweck der Verhaltensnorm folgen.

---

[53] Arthur *Kaufmann*, Schuldprinzip, S. 190, m. Nachweisen Anm. 344—346.

LITERATURVERZEICHNIS

Ach, N.:	Über den Willensakt und die Willenshandlung, in: Die Motivation menschlichen Handelns, hgg. v. H. Thomae, 3. Auflage, Köln/Berlin 1966, S. 149 ff.
Ambrosius, Jürgen:	Untersuchungen zur Vorsatzabgrenzung, Neuwied 1966.
Amselek, Paul:	Méthode Phénoménologique et Theorie du Droit, Paris 1964.
v. Bar, Ludwig:	Gesetz und Schuld im Strafrecht, Bd. II, Die Schuld nach dem Strafgesetze, Berlin 1907.
Baumann, Jürgen:	Die Rechtswidrigkeit der fahrlässigen Handlung, MDR 1957, S. 646 ff.
—	Strafrecht, AT, 5. Auflage, Bielefeld 1968.
—	*mit Arzt, Günter, und Weber, Ulrich,* Strafrechtsfälle mit Lösungen, AT, 3. Auflage, Bielefeld 1969.
Baumgarten, Arthur:	Der Aufbau der Verbrechenslehre, Tübingen 1913.
—	Die Verbrechensformel, SchwZStR 34, S. 58 ff.
Beling, Ernst:	Grundzüge des Strafrechts, 10. Auflage, Tübingen 1928.
Bergius, Rudolf:	Behavioristische Motivationsbegriffe, in: Handbuch der Psychologie, Bd. 2, Allgemeine Psychologie, Teil II, Motivation, hgg. v. H. Thomae, Göttingen 1965, S. 817 ff.
Bierling, Ernst Rudolf:	Juristische Prinzipienlehre, Bd. I, Freiburg/Leipzig 1894.
Binavince, Emilio S.:	Die vier Momente der Fahrlässigkeitsdelikte, Bielefeld 1969.
Binding, Karl:	Die Normen und ihre Übertretung, Bd. II, Schuld und Vorsatz, Teil 1, Zurechnungsfähigkeit, Schuld, 2. Auflage, Leipzig 1914; Bd. IV, Die Fahrlässigkeit, Leipzig 1919.
—	Die Schuld im deutschen Strafrecht, Leipzig 1919.
Bockelmann, Paul:	Über das Verhältnis von Täterschaft und Teilnahme, Göttingen 1949.
—	Verkehrsrechtliche Aufsätze und Vorträge, Hamburg 1967.
—	Strafrecht des Arztes, Stuttgart 1968.
Boldt, Gottfried:	Zur Struktur der Fahrlässigkeits-Tat, ZStW 68, S. 335 ff.
Cerezo, José:	Der finale Handlungsbegriff als Grundlage des Strafrechtssystems, ZStW 71, S. 136 ff.
Cossio, Carlos:	Norm, Recht und Philosophie, Öst. Z. f. öff. R. 1948, S. 338 ff., 466 ff.
—	Panorama der egologischen Rechtslehre, ARSP 1952/3, S. 161 ff.
—	Egologische Theorie und reine Rechtslehre, Öst. Z. f. öff. R. 1953, S. 15 ff.

Deutsch, Erwin: Fahrlässigkeit und erforderliche Sorgfalt, Köln/Berlin/Bonn/München 1963.

Graf zu Dohna, Alexander: Die Rechtswidrigkeit als allgemeingültiges Merkmal etc., Halle a. S. 1905.

— Der Aufbau der Verbrechenslehre, 4. Auflage, Bonn 1950.

Dreher, Eduard: Referat zu „Vorsatz, Wissentlichkeit, Absicht, Fahrlässigkeit und Leichtfertigkeit", in: Niederschriften über die Sitzungen der großen Strafrechtskommission, Bd. XII, Bonn 1959, S. 102 ff.

— Besprechung von H. Welzel, Strafrecht, MDR 1970, S. 365 f.

— Strafgesetzbuch, 31. Auflage, München 1970.

Dubs, Hans: Die fahrlässigen Delikte im modernen Strafrecht, SchwZStR 78, S. 31 ff.

Engelmann, Woldemar: Rechtsbeachtungspflicht und rechtliche Schuld, in: Festschrift für L. Traeger, Berlin 1926, S. 133 ff.

Engisch, Karl: Untersuchungen über Vorsatz und Fahrlässigkeit im Strafrecht, Berlin 1930.

— Besprechung von G. Mohrmann, Wesen der Fahrlässigkeit, Mon. Schr. Krim. Psych. 1930, S. 565 ff.

— Die Kausalität als Merkmal der strafrechtlichen Tatbestände, Tübingen 1931.

— Notstand und Putativnotstand, Mon. Schr. Krim. Biol. 1932, S. 420 ff.

— Der Arzt im Strafrecht, Mon. Schr. Krim. Biol. 1939, S. 414 ff.

— Der finale Handlungsbegriff, in: Probleme der Strafrechtserneuerung (Kohlrausch-Festschrift), Berlin 1944, S. 141 ff.

— Anmerkung zu BGH v. 22. 4. 1955 — 5 StR 35/55, NJW 1955, S. 1688 f.

— Tatbestandsirrtum und Verbotsirrtum bei Rechtfertigungsgründen, ZStW 70, S. 566 ff.

— Der Unrechtstatbestand im Strafrecht, in: Hundert Jahre Deutsches Rechtsleben (Juristentags-Festschrift), Bd. I, Karlsruhe 1960, S. 401 ff.

— Besprechung von Armin Kaufmann, Die Dogmatik der Unterlassungsdelikte, JZ 1962, S. 189 ff.

— Vom Weltbild des Juristen, 2. Auflage, Heidelberg 1965.

— Um die Charakterschuld, Mon. Schr. Krim. Biol. 1967, S. 108 ff.

— Einführung in das juristische Denken, 4. Auflage, Stuttgart/Berlin/Köln/Mainz 1968.

Esser, Josef: Unrecht, Schuld und Strafe im Lichte der materialen Wertlehre, Z. f. österr. R. 1946 Nr. 3/4 (Rittler-Festschrift), Innsbruck 1946, S. 7 ff.

Exner, Franz: Das Wesen der Fahrlässigkeit, Leipzig/Wien 1910.

— Fahrlässiges Zusammenwirken, in: Beiträge zur Strafrechtswissenschaft (Frank-Festgabe), Bd. I, Tübingen 1930, S. 569 ff.

Fechner, Erich: Ideologie und Rechtspositivismus, in: Ideologie und Recht, hgg. v. W. Maihofer, Frankfurt/M. 1969, S. 97 ff.

Fischer, Sigrid: Das Vergessen als Fahrlässigkeit, Breslau-Neukirch 1934.

Frank, Reinhard: Über den Aufbau des Schuldbegriffs, Gießen 1907.

— Das Strafgesetzbuch für das Deutsche Reich, 18. Auflage, Tübingen 1931.

Franzheim, Horst: Sind falsche Reflexe des Kraftfahrers strafbar? NJW 1965, S. 2000 f.

Freudenthal, Berthold: Schuld und Vorwurf im geltenden Strafrecht, Tübingen 1922.

Gallas, Wilhelm: Pflichtenkollision als Schuldausschließungsgrund, in: Festschrift für E. Mezger, München/Berlin 1954, S. 311 ff.

— Zum gegenwärtigen Stand der Lehre vom Verbrechen, ZStW 67, S. 1 ff.

— Diskussionsbemerkungen zu „Vorsatz, Wissentlichkeit, Absicht, Fahrlässigkeit und Leichtfertigkeit" in: Niederschriften über die Sitzungen der Großen Strafrechtskommission, Bd. XII, Bonn 1959, S. 106 ff.

Galliner, Moritz: Die Bedeutung des Erfolges bei den Schuldformen etc., Breslau 1910.

Germann, Oskar Adolf: Über den Grund der Strafbarkeit des Versuchs, Aarau 1914.

— Das Verbrechen im neuen Strafrecht, Zürich 1942.

— Vorsatzprobleme, SchwZStR 77, S. 345 ff.

Gessner, Carlo: Die bewußte Fahrlässigkeit, Diss. Saarbrücken 1959.

Gimbernat Ordeig, Enrique: Die innere und äußere Problematik der inadäquaten Handlungen, Diss. Hamburg 1962.

Gössel, Karl-Heinz: Wertungsprobleme des Begriffs der finalen Handlung, Berlin 1966.

Goldschmidt, James: Der Notstand, ein Schuldproblem, Wien 1913.

— Normativer Schuldbegriff, in: Beiträge zur Strafrechtswissenschaft (Frank-Festgabe), Bd. I, Tübingen 1930, S. 428 ff.

Grünhut, Max: Begriffsbildung und Rechtsanwendung im Strafrecht, Tübingen 1926.

Grünwald, Gerald: Der Vorsatz des Unterlassungsdelikts, in: Beiträge zur gesamten Strafrechtswissenschaft (H. Mayer-Festschrift), Berlin 1966, S. 281 ff.

Hälschner, Hugo: Das gemeine deutsche Strafrecht, Bd. I, Die allgemeinen strafrechtlichen Lehren, Bonn 1881.

Haensel, Werner: Beiträge zur Strukturanalyse des Wollens, Leipzig 1939.

Hall, Karl Alfred: Über die Leichtfertigkeit, in: Festschrift für E. Mezger, München/Berlin 1954, S. 229 ff.

— Fahrlässigkeit im Vorsatz, Marburg 1959.

Hardwig, Werner: Die Zurechnung, Hamburg 1957.
— Pflichtkenntnis, Vorsatz und Fahrlässigkeit, ZStW 78, S. 1 ff.
— Verursachung und Erfolgszurechnung, JZ 1968, S. 289 ff.

Hare, R. M.: The Language of Morals, Oxford 1961.

Heegner, Fritz: Zum Problem des Reaktionsvermögens, ZentralBl. f. Verk. Med. 1957, S. 130 ff.
— Reaktionsverhalten und Fahrtauglichkeitsprognose, ZentralBl. f. Verk. Med. 1960, S. 71 ff.

Henkel, Heinrich: Zumutbarkeit und Unzumutbarkeit als regulatives Rechtsprinzip, in: Festschrift für E. Mezger, München/Berlin 1954, S. 249 ff.

Hennemann, Gerhard: Das Problem der Kausalität in der Physik, Z. f. phil. Forschung Bd. 22, S. 369 ff.

Heyde, Johannes Erich: Entwertung der Kausalität? 2. Auflage, Stuttgart 1962.

v. Hippel, Robert: Die Grenze von Vorsatz und Fahrlässigkeit, Leipzig 1903.

Hirsch, Hans-Joachim: Soziale Adäquanz und Unrechtslehre, ZStW 74, S. 78 ff.
— Ehre und Beleidigung, Karlsruhe 1967.

Hofstätter, Peter R.: Psychologie, Frankfurt/M. 1957/1967.

Hold v. Ferneck, Alexander: Die Rechtswidrigkeit, Bd. I, Der Begriff der Rechtswidrigkeit, Jena 1903.

Honig, Richard: Kausalität und objektive Zurechnung, in: Beiträge zur Strafrechtswissenschaft (Frank-Festgabe), Bd. I, Tübingen 1930, S. 174 ff.

Horn, Eckhard: Verbotsirrtum und Vorwerfbarkeit, Berlin 1969.

Husserl, Edmund: Logische Untersuchungen, Bd. I, Prolegomena zur reinen Logik, 5. Auflage, Tübingen 1968.

Jakobs, Günther: Die Konkurrenz von Tötungsdelikten mit Körperverletzungsdelikten, Bonn 1967.
— Fallbesprechung, JuS 1969, S. 485 ff.

Jescheck, Hans-Heinrich: Diskussionsbemerkungen zu „Vorsatz, Wissentlichkeit, Absicht, Fahrlässigkeit und Leichtfertigkeit“ in: Niederschriften über die Sitzungen der großen Strafrechtskommission, Bd. XII, Bonn 1959, S. 106 ff.
— Der strafrechtliche Handlungsbegriff in dogmengeschichtlicher Entwicklung, in: Festschrift für Eb. Schmidt, Göttingen 1961, S. 139 ff.
— Aufbau und Stellung des bedingten Vorsatzes im Verbrechensbegriff, in: Existenz und Ordnung (Erik Wolf-Festschrift), Frankfurt 1962, S. 473 ff.
— Aufbau und Behandlung der Fahrlässigkeit im modernen Strafrecht, Freiburg 1965.
— Lehrbuch des Strafrechts, AT, Berlin 1969.

Kadečka, Ferdinand: Willensstrafrecht und Verbrechensbegriff, ZStW 59, S. 1 ff.

Kahrs, Hans-Jürgen: Das Vermeidbarkeitsprinzip und die conditio-sine-qua-non-Formel im Strafrecht, Hamburg 1968.

Kaufmann, Armin:	Lebendiges und Totes in Bindungs Normentheorie, Göttingen 1954.
—	Der dolus eventualis im Deliktsaufbau, ZStW 70, S. 64 ff.
—	Die Dogmatik der Unterlassungsdelikte, Göttingen 1959.
—	Schuldfähigkeit und Verbotsirrtum, in: Festschrift für Eb. Schmidt, Göttingen 1961, S. 319 ff.
—	Unterlassung und Vorsatz, in: Festschrift für H. v. Weber, Bonn 1963, S. 207 ff.
—	Das fahrlässige Delikt, ZRV 1964, S. 41 ff.
Kaufmann, Arthur:	Das Unrechtsbewußtsein in der Schuldlehre des Strafrechts, Mainz 1949.
—	Das Schuldprinzip, Heidelberg 1961.
—	Die ontologische Struktur der Handlung, in: Beiträge zur gesamten Strafrechtswissenschaft (H. Mayer-Festschrift), Berlin 1966, S. 79 ff.
—	Die finale Handlungslehre und die Fahrlässigkeit, JuS 1967, S. 145 ff.
Kaufmann, Felix:	Logik und Rechtswissenschaft, Tübingen 1922.
—	Die Kriterien des Rechts, Tübingen 1924.
—	Die philosophischen Grundprobleme der Lehre von der Strafrechtsschuld, Leipzig/Wien 1929.
Kelsen, Hans:	Hauptprobleme der Staatsrechtslehre, 2. Auflage, Tübingen 1923.
—	Reine Rechtslehre, 2. Auflage, Wien 1960.
Kienapfel, Diethelm:	Das erlaubte Risiko im Strafrecht, Frankfurt/M. 1966.
Klöne, Herbart:	Die Tatfahrlässigkeit im Aufbau der Straftat, Diss. Hamburg 1963.
Klug, Ulrich:	Bemerkungen zur logischen Analyse einiger rechtstheoretischer Begriffe und Behauptungen, in: Logik und Logikkalkül, hgg. v. M. Käsbauer u. a., Freiburg 1962, S. 115 ff.
Knauber, Karl Heinz:	Anm. zu BGH v. 26. 11. 1970 — 4 StR 26/70, NJW 1971, S. 627.
Köhler, August:	Probleme der Fahrlässigkeit im Strafrecht, München 1912.
Koffka, Else:	Anm. zu OLG Köln v. 11. 2. 1969 — Ss 15/69, JR 1971, S. 165 f.
Kohlrausch, Eduard:	Irrtum und Schuldbegriff im Strafrecht, Bd. I, Berlin 1903.
—	Die Schuld, in: Die Reform des Reichsstrafgesetzbuchs, hgg. v. P. F. Aschrott und F. v. Liszt, Berlin 1910, S. 179 ff.
— und Lange Richard:	Strafgesetzbuch, 43. Auflage, Berlin 1961.
Krauß, Detlef:	Die Zurechnung des Erfolges im Unrechtstatbestand, Diss. Göttingen 1963.
—	Erfolgsunwert und Handlungsunwert im Unrecht, ZStW 76, S. 19 ff.
Krüger, Uwe:	Der Adressat des Rechtsgesetzes, Berlin 1969.
Lackner, Karl und Maassen, Hermann:	Strafgesetzbuch, 6. Auflage, München 1970.

Lammasch, Heinrich: Criminalpolitische Studien, GS 44, S. 147 ff.

Lampe, Ernst-Joachim: Das personale Unrecht, Berlin 1967.

Lang-Hinrichsen, Dietrich: Zur Problematik der Lehre von Tatbestands- und Verbotsirrtum, JR 1952, S. 184 ff.

— Tatbestandslehre und Verbotsirrtum, JR 1952, S. 356 ff.

— Die Schuld- und Irrtumslehre, in: Materialien zur Strafrechtsreform, Bd. 2 I, Bonn 1954, S. 381 ff.

Larenz, Karl: Hegels Zurechnungslehre und der Begriff der objektiven Zurechnung, Leipzig 1927.

— Tatzurechnung und „Unterbrechung des Kausalzusammenhanges", NJW 1955, S. 1009 ff.

— Methodenlehre der Rechtswissenschaft, 2. Auflage, Berlin/Heidelberg/New York 1969.

— Der Rechtssatz als Bestimmungssatz, in: Festschrift für K. Engisch, Frankfurt/M. 1969, S. 150 ff.

Leipziger Kommentar: Strafgesetzbuch, begr. v. L. Ebermayer u. a., Bd. I, 8. Auflage, hgg. v. H. Jagusch u. a., Berlin 1957

Lenckner, Theodor: Der rechtfertigende Notstand, Tübingen 1965.

— Technische Normen und Fahrlässigkeit, in: Festschrift für K. Engisch, Frankfurt/M. 1969, S. 490 ff.

Leonhard, Karl: Verhütung von Verkehrsunfällen durch den Erwerb von Automatismen, ZVS 1957, S. 6 ff.

Lersch, Philipp: Aufbau der Person, 10. Auflage, München 1966.

Liepmann, Moritz: Die Reform des deutschen Strafrechts, Hamburg 1912.

Lindworsky, J.: Zur Klärung des Begriffs Motiv, in: Die Motivation menschlichen Handelns, hgg. v. H. Thomae, 3. Auflage, Berlin 1966, S. 37 ff.

Loewenheim, Ulrich: Error in obiecto und aberratio ictus, JuS 1966, S. 310 ff.

Lorenz, Dieter: Der Maßstab des einsichtigen Menschen, Bad Homburg v. d. H. 1967.

Luff, Karl: Die biologische Betrachtung von Verkehrsunfällen und ihre Bedeutung für die Verkehrsrechtsprechung, DAR 1959, S. 89 ff.

— Medizinisch-psychologische Aspekte zum Verkehrsverhalten von Kraftfahrern, ZVS 1967, S. 219 ff.

— Reflektorisches Verhalten des Kraftfahrers, in: Anstösse (Berichte aus der evang. Akad. Hofgeismar), Nr. 4, S. 104 f.

Maihofer, Werner: Der Handlungsbegriff im Verbrechenssystem, Tübingen 1953.

— Der Unrechtsvorwurf, in: Festschrift für Theodor Rittler, Aalen 1957, S. 141 ff.

— Zur Systematik der Fahrlässigkeit, ZStW 70, S. 159 ff.

— Der soziale Handlungsbegriff, in: Festschrift für Eb. Schmidt, Göttingen 1961, S. 156 ff.

Maiwald, Manfred: Der „dolus generalis", ZStW 78, S. 30 ff.

Mannheim, Hermann: Der Maßstab der Fahrlässigkeit im Strafrecht, Breslau 1912.

Marcetus, Karl: Der Gedanke der Zumutbarkeit etc., Breslau 1928.

Maurach, Reinhart: Schuld und Verantwortung, Wolfenbüttel/Hannover 1948.

— Deutsches Strafrecht, AT, 3. Auflage, Karlsruhe 1965; BT, 5. Auflage, Karlsruhe 1969.

May, Erich: Das verkehrsrichtige Verhalten als Rechtfertigungsgrund, NJW 1958, S. 1262 ff.

Mayer, Hellmuth: Strafrecht, AT, Stuttgart/Köln 1953.

— Das Problem des sog. dolus generalis, JZ 1956, S. 109 ff.

— Vorbemerkungen zur Lehre vom Handlungsbegriff, in: Festschrift für H. v. Weber, Bonn 1963, S. 137 ff.

— Strafrecht, AT, Stuttgart/Berlin/Köln/Mainz 1967 (zitiert: Studienbuch).

Mayer, Max Ernst: Der allgemeine Teil des deutschen Strafrechts, Heidelberg 1915.

Merkel, Adolf: Kriminalistische Abhandlungen, Teil I, Zur Lehre von den Grundeinteilungen des Unrechts und seiner Rechtsfolgen, Leipzig 1867.

— Rechtsnorm und subjectives Recht etc., GrünhutsZ VI, S. 367 ff.

— Die Lehre von Verbrechen und Strafe, hgg. v. M. Liepmann, Stuttgart 1912.

Mezger, Edmund: Die subjektiven Unrechtselemente, GS 89, S. 207 ff.

— Strafrecht, München und Leipzig 1931.

— Rechtsirrtum und Rechtsblindheit, in: Probleme der Strafrechtserneuerung (Kohlrausch-Festschrift), Berlin 1944, S. 180 ff.

— Moderne Wege der Strafrechtsdogmatik, Berlin/München 1950.

— und Blei, Hermann: Strafrecht, AT, 14. Auflage, München 1970.

Mierke, Karl: Störungen und Belastungen der Konzentrationsfähigkeit des Kraftfahrers, NJW 1960, S. 1380 ff.

Mohrmann, Gottlieb: Die neueren Ansichten über das Wesen der Fahrlässigkeit im Strafrecht, Breslau 1929.

Mueller, Max Ludwig: Die Bedeutung des Kausalzusammenhangs im Straf- und Schadensersatzrecht, Tübingen 1912.

Müller-Limmroth, Wolf: Fehlverhalten des Autofahrers aus der Sicht des Mediziners und Physiologen, DAR 1968, S. 293 ff.

— Die physiologischen Grundlagen der Anforderung im Straßenverkehr, in: Handbuch der Verkehrsmedizin, hgg. v. K. Wagner und H. J. Wagner, Berlin/Heidelberg/New York 1968, S. 122 ff.

Münzberg, Wolfgang: Verhalten und Erfolg als Grundlage der Rechtswidrigkeit und Haftung, Frankfurt/M. 1966.

Niese, Werner: Finalität, Vorsatz und Fahrlässigkeit, Tübingen 1951.

Noll, Peter: Tatbestand und Rechtswidrigkeit: Die Wertabwägung als Prinzip der Rechtfertigung, ZStW 77, S. 1 ff.

Nowakowski, Friedrich: Zur Lehre von der Rechtswidrigkeit, ZStW 63, S. 287 ff.
Zur Theorie der Fahrlässigkeit, JurBl. 1953, S. 506 ff.

— Das österreichische Strafrecht in seinen Grundzügen, Graz/Wien/Köln 1955.

— Freiheit, Schuld, Vergeltung, in: Festschrift für Th. Rittler, Aalen 1957, S. 55 ff.

— Zu Welzels Lehre von der Fahrlässigkeit, JZ 1958, S. 335 ff., 388 ff.

Oehler, Dietrich: Das objektive Zweckmoment in der rechtswidrigen Handlung, Berlin 1959.

— Die erlaubte Gefahrsetzung und die Fahrlässigkeit, in: Festschrift für Eb. Schmidt, Göttingen 1961, S. 232 ff.

Olivecrona, Karl: Der Imperativ des Gesetzes, Kopenhagen 1942.

— Law as Fact, 2. Auflage, London 1971.

Platzgummer, Winfried: Die Bewußtseinsform des Vorsatzes, Wien 1964.

Radbruch, Gustav: Der Handlungsbegriff in seiner Bedeutung für das Strafrechtssystem, Berlin 1904.

— Über den Schuldbegriff, ZStW 24, S. 333 ff.

Rehberg, Jürg: Zur Lehre vom „Erlaubten Risiko", Zürich 1962.

Roeder, Hermann: Die Einhaltung des sozialadäquaten Risikos und ihr systematischer Standort im Verbrechensaufbau, Berlin 1969.

Rödig, Jürgen: Die Denkform der Alternative in der Jurisprudenz, Berlin/Heidelberg/New York 1969.

Rohracher, Hubert: Einführung in die Psychologie, 5. Auflage, Wien/Innsbruck 1965.

Rothacker, Erich: Die Schichten der Persönlichkeit, 6. Auflage, Bonn 1965.

Roxin, Claus: Zur Kritik der finalen Handlungslehre, ZStW 74, S. 515 ff.

— Täterschaft und Tatherrschaft, Hamburg 1963.

— Zur Abgrenzung von bedingtem Vorsatz und bewußter Fahrlässigkeit, JuS 1964, S. 53 ff.

— Einige Bemerkungen zum Verhältnis von Rechtsidee und Rechtsstoff in der Systematik unseres Strafrechts, in: Gedächtnisschrift für G. Radbruch, Göttingen 1968.

— Gedanken zur Problematik der Zurechnung im Strafrecht, in: Festschrift für R. M. Honig, Göttingen 1970, S. 133 ff.

— Kriminalpolitik und Strafrechtssystem, Berlin 1970.

Rudolphi, Hans-Joachim: Unrechtsbewußtsein, Verbotsirrtum und Vermeidbarkeit des Verbotsirrtums, Göttingen 1969.

— Vorhersehbarkeit und Schutzzweck der Norm in der strafrechtlichen Fahrlässigkeitslehre, JuS 1969, S. 550 ff.

Sattler, Gerhard: Schrecksekunde und zivilrechtliche Fahrlässigkeit, NJW 1967, S. 422 ff.

Sauer, Wilhelm: Allgemeine Strafrechtslehre, 3. Auflage, Berlin 1955.

Schaffstein, Friedrich: Putative Rechtfertigungsgründe und finale Handlungslehre, MDR 1951, S. 196 ff.

Schewe, Günter: Bewußtsein und Vorsatz, Neuwied/Berlin 1967.

Schmidhäuser, Eberhard: Zum Begriff der bewußten Fahrlässigkeit, GA 1957, S. 305 ff.

— Aussagepflicht und Aussagedelikt, in: Göttinger Festschrift für das OLG Celle, Göttingen 1961, S. 207 ff.

— Über Aktualität und Potentialität des Unrechtsbewußtseins, in: Beiträge zur gesamten Strafrechtswissenschaft (H. Mayer-Festschrift), Berlin 1966, S. 317 ff.

— Vorsatzbegriff und Begriffsjurisprudenz im Strafrecht, Tübingen 1968.

— Strafrecht, AT, Tübingen 1970.

— Über die Wertstruktur der Notwehr, in: Festschrift für R. M. Honig, Göttingen 1970, S. 185 ff.

Schmidt, Eberhard: Der Arzt im Strafrecht, Leipzig 1939.

Schmidt, Eike: Fahrlässigkeit und Rechtfertigung im Bürgerlichen Recht, Diss. Freiburg 1966.

— Wahrnehmung berechtigter Interessen als Rechtfertigungsgrund, JZ 1970, S. 8 ff.

Schmidt, Hans-Dieter: Fahrlässigkeit und Entscheidung, in: Psychologie und Rechtspraxis, hgg. v. H. D. Schmidt u. a., Berlin (DDR) 1966, S. 140 ff.

Schmitz, Wilhelm Ludolf: Bewußtes oder unbewußtes Fahren, ZVS 1958, S. 18 ff.

Schönke, Adolf und Schröder, Horst: Strafgesetzbuch, 15. Auflage, München 1970.

Schröder, Horst: Aufbau und Grenzen des Vorsatzbegriffs, in: Festschrift für W. Sauer, Berlin 1949, S. 207 ff.

— Die Irrtumsrechtsprechung des BGH, ZStW 65, S. 178 ff.

— Die Gefährdungsdelikte im Strafrecht, ZStW 81, S. 7 ff.

Schwander, V.: Gefährliche Tat und Rechtswidrigkeit, SchwZStR 63, S. 281 ff.

Seebald, Rudolf: Nachweis der modifizierenden Kausalität des pflichtwidrigen Verhaltens, GA 1969, S. 193 ff.

Spendel, Günter: Die Kausalitätsformel der Bedingungstheorie für die Handlungsdelikte, Herborn 1948.

— Zur Unterscheidung von Tun und Unterlassen, in: Festschrift für Eb. Schmidt, Göttingen 1961, S. 183 ff.

— Conditio-sine-qua-non-Formel und Fahrlässigkeit, JuS 1964, S. 14 ff.

Spiegel, Richard: Die Grenze der strafrechtlichen Verantwortung des Kraftfahrers für Fehlreaktionen, in: Anstösse (Berichte aus der evang. Akad. Hofgeismar), Nr. 4, S. 107 ff.

— Die strafrechtliche Verantwortlichkeit des Kraftfahrers für Fehlreaktionen, DAR 1968, S. 283 ff.

Stegmüller, Wolfgang: Probleme und Resultate der Wissenschaftstheorie und analytischen Philosophie, Bd. I, Wissenschaftliche Erklärung und Begründung, Berlin/Heidelberg/New York 1969.

Stoll, Hans: Zum Rechtfertigungsgrund des verkehrsrichtigen Verhaltens, JZ 1958, S. 137 ff.

Stratenwerth, Günter: Das rechtstheoretische Problem der „Natur der Sache", Tübingen 1957.

— Dolus eventualis und bewußte Fahrlässigkeit, ZStW 71, S. 51 ff.

— Arbeitsteilung und ärztliche Sorgfaltspflicht, in: Festschrift für Eb. Schmidt, Göttingen 1961, S. 383 ff.

— Handlungs- und Erfolgsunwert im Strafrecht, SchwZStR 79, S. 233 ff.

— Die Bedeutung der finalen Handlungslehre für das schweizerische Strafrecht, SchwZStR 81, S. 179 ff.

— Strafrecht, AT, Köln/Berlin/Bonn/München 1971.

Stree, Walter: Teilnahme am Unterlassungsdelikt, GA 1963, S. 1 ff.

Tarnowski, Hans: Die systematische Bedeutung der adäquaten Kausalitätstheorie etc., Berlin/Leipzig 1927.

Thomae, Hans: Der Mensch in der Entscheidung, München 1960.

— Zur allgemeinen Charakteristik des Motivationsgeschehens, in: Handbuch der Psychologie, Bd. 2, Allgemeine Psychologie, Teil II, Motivation, hgg. v. H. Thomae, Göttingen 1965, S. 45 ff.

— Einführungen, in: Die Motivation menschlichen Handelns, hgg. v. H. Thomae, 3. Auflage, Köln/Berlin 1966, S. 13 ff., 35 f., 93 ff.

— Die Erscheinungsweise des Antriebsgeschehens, in: Die Motivation menschlichen Handelns, hgg. v. H. Thomae, 3. Auflage, Köln/Berlin 1966, S. 61 ff.

Thon, August: Rechtsnorm und subjectives Recht, Weimar 1878.

Tiedemann, Klaus: Tatbestandsfunktionen im Nebenstrafrecht, Tübingen 1969.

Traeger, Ludwig: Der Kausalbegriff im Straf- und Zivilrecht, Marburg 1904.

Ulsenheimer, Klaus: Das Verhältnis zwischen Pflichtwidrigkeit und Erfolg bei den Fahrlässigkeitsdelikten, Bonn 1965.

— Erfolgsrelevante und erfolgsneutrale Pflichtverletzungen im Rahmen der Fahrlässigkeitsdelikte, JZ 1969, S. 364 ff.

Undeutsch, Udo: Zurechnungsfähigkeit bei Bewußtseinsstörung, in: A. Ponsold, Lehrbuch der gerichtlichen Medizin, 2. Auflage, Stuttgart 1957, S. 130 ff.

— Ist das Fehlverhalten eines Kraftfahrers immer eine Handlung im strafrechtlichen Sinne?, in: Anstösse (Berichte aus der evang. Akad. Hofgeismar), Nr. 4, S. 106 f.

Walder, Hans: Probleme bei Fahrlässigkeitsdelikten, ZBernJV 1968, S. 161 ff.

Warnke, Klaus: Die Entstehung und Behandlung der Dolusarten, Diss. Berlin 1966.

v. Weber, Hellmuth: Bemerkungen zur Lehre vom Handlungsbegriff, in: Festschrift für K. Engisch, Frankfurt/M. 1969, S. 328 ff.

Wellek, A.: Exkurs über die Eigenständigkeit des Willens, in: Die Motivation menschlichen Handelns, hgg. v. H. Thomae, 3. Auflage, Köln/Berlin 1966, S. 156 ff.

Welzel, Hans: Kausalität und Handlung, ZStW 51, S. 703 ff.

— Naturalismus und Wertphilosophie im Strafrecht, Mannheim/Berlin/Leipzig 1935.

— Studien zum System des Strafrechts, ZStW 58, S. 491 ff.

— Der Allgemeine Teil des deutschen Strafrechts in seinen Grundzügen, Berlin 1940.

— Persönlichkeit und Schuld, ZStW 60, S. 428 ff.

— Das Deutsche Strafrecht, 2. Auflage, Berlin 1949; 3. Auflage, Berlin 1954; 7. Auflage, Berlin 1960; 11. Auflage, Berlin 1969.

— Über den substantiellen Begriff des Strafgesetzes, in: Probleme der Strafrechtserneuerung (Kohlrausch-Festschrift), Berlin 1944, S. 101 ff.

— Die finale Handlungslehre und die fahrlässigen Handlungen, JZ 1956, S. 316 f.

— Diskussionsbemerkungen zu „Vorsatz, Wissentlichkeit, Absicht, Fahrlässigkeit und Leichtfertigkeit" in: Niederschriften über die Sitzungen der Großen Strafrechtskommission, Bd. XII, Bonn 1959, S. 106 ff.

— Fahrlässigkeit und Verkehrsdelikte, Karlsruhe 1961.

— Das neue Bild des Strafrechtssystems, 4. Auflage, Göttingen 1961.

— Die deutsche strafrechtliche Dogmatik der letzten 100 Jahre und die finale Handlungslehre, JuS 1966, S. 421 ff.

— Ein unausrottbares Mißverständnis? Zur Interpretation der finalen Handlungslehre, NJW 1968, S. 425 ff.

Wessels, Johannes: Anmerkung zu BGH v. 27. 4. 1966 — 2 StR 36/66, JZ 1967, S. 449 ff.

— Strafrecht, AT, Karlsruhe 1970.

Wiethölter, Rudolf: Der Rechtfertigungsgrund des verkehrsrichtigen Verhaltens, Karlsruhe 1960.

Wimmer, August: Über unzulässige Vertiefung der Schuldfrage bei Fehlleistungen von Kraftfahrern, NJW 1959, S. 1753 ff.

Wolf, Erik: Strafrechtliche Schuldlehre, Mannheim/Berlin/Leipzig 1928.

— Vom Wesen des Täters, Tübingen 1932.

Wolff, Ernst Amadeus: Kausalität von Tun und Unterlassen, Heidelberg 1965.

Wolff, Karl: Grundlehre des Sollens, zugleich eine Theorie der Rechtserkenntnis, Innsbruck 1924.

Wussow, Werner: Zur Lehre von der Sozialadäquanz, NJW 1958, S. 891 ff.

Zipf, Heinz: Rechtskonformes und sozialadäquates Verhalten im Strafrecht, ZStW 82, S. 633 ff.

www.ingramcontent.com/pod-product-compliance
Lightning Source LLC
LaVergne TN
LVHW010648300926
849161LV00005B/1062
* 9 7 8 3 1 1 0 0 3 8 8 9 7 *